KB203254

정신질환을 완전치유 받을 분의 책

정신질환 불치병이 아닙니다.

강요셉지음

"내 영혼아 네가 어찌하여 낙심하며 어찌하여 내 속에서 불안해하는가. 너는 하나님께 소망을 두라 그가 나타나 도우심으로 말미암아 내가 여전히 찬송하리로다."(시42:5)

성령

정신질환 불치병이
아닙니다.

성령

들어가는 말

사람은 육체가 건강하고 정신이 건강해야 사는 것이 행복합니다. 그런데 세상에서 살아가기가 힘이 들다가 보니까, 정신적인 질환으로 고통을 당하는 분들이 많습니다. "2023년 5월 24일 서울연구원이 건강보험심사평가원 '건강보험통계'를 분석한 내용에 따르면 서울 시내 개인병원(의원) 중 가장 큰 증가율을 보인 진료과목은 **"정신건강의학과로 같은 기간 302개에서 534개로 76.8% 늘었다"**고 합니다. 이 통계에서 말하는 바와 같이 지금 대한민국은 거대한 정신병동이라고 하는 이들도 있습니다.

필자가 정신질환과 우울증에 대한 전문적인 책을 집필하는 이유는 코로나 19로 인하여 예수님을 믿고 교회를 다니는 성도들도 많은 분들이 코로나 블루로 고통을 당하면서 살아가는 분들이 많이 있기 때문에 이분들에게 정신질환을 치유하고 자유하게 할 수 있는 하나님의 뜻을 전하게 위하여 책을 집필하는 것입니다.

중요한 것은 20대 미만 정신 질환 환자 3년 새 22%가 증가했다는 것입니다. 질병관리청이 실시한 '2021년 청소년건강행태조사'에서는 우리 청소년들이 지난 1년간 스트레스를 대단히 많이 느낀 비율(인지율)이 38.8%, 우울감 경험은 26.8%였다고 합니다. 2020년 조사 결과보다 스트레스 인지율은 4.6%포인트, 우울감 경험은 1.6%포인트 올랐습니다. 우리나라 아동과 청소년들의 정신 건강에 적신호가 켜진 것입니다.

필자는 25년이 넘는 세월동안 말씀과 성령으로 정신질환 환자를 치유하며 지냈습니다. 정신질환 환자를 치유하다가 보면 참으로 안타까운 경우가 많습니다. 첫째가 세상 거의 모든 사람이 알게 모르게 정신적 장애를 겪으면서 살아간다는 것입니다. 세상 살아가기가 힘이 들고 정신적인 상처와 스트레스가 심하여 정신질환의 거대한 울타리에 우리 모두 포함되어 있다고 보아야 합니다. 그런데도 사람들은 스스로를 정상이라 생각하며 살아갑니다. 이 착각에서 깨어날 때 정신질환에서 회복이 시작됩니다.

정신질환은 예수 안에서 치유가 됩니다. 믿음을 가지시기를 바랍니다. 정신적인 병은 약을 먹는다고 완치되는 것이 아닙니다. 심리적인 방법으로 치유한다고 완치되는 것도 아닙니다. 물론 일시적으로 호전은 될지 몰라도 근본적인 치유는 되지 않습니다. 정신질환과 우울의 근본적인 치유는 말씀과 성령으로 깊은 차원의 치유를 해야 완치가 됩니다. 무조건 말씀을 듣는다고 치유가 되는 것이 아닙니다. 성령으로 세례를 받고 성령 안에서 온몸으로 기도하며 성령으로 충만해야 깊은 곳에 자리 잡은 정신질환과 우울증을 일으키는 근본이 제거되면서 완치가 되는 것입니다.

이 책을 통하여 정신질환이나 우울증으로 고통을 당하는 분들은 예수 안에서 완치 될 수 있다는 확신을 가지고 모두 치유하여 살아계신 하나님의 축복의 도구들이 다 되시기를 소원합니다.

주후 2023년   07월 30일
충만한 교회 성전에서
저자 강요셉목사.

세부적인목차

1장 정신질환 불치병이 아닙니다.

(시42:5)"내 영혼아 네가 어찌하여 낙심하며 어찌하여 내 속에서 불안해하는가. 너는 하나님께 소망을 두라 그가 나타나 도우심으로 말미암아 내가 여전히 찬송하리로다."

하나님은 만병의 의사이십니다. 세상에서 불치병이라고 하는 정신질환도 하나님께 나오면 치유 받고 정상적인 삶을 살아갈 수가 있습니다. 본문에서 다윗은 "내 영혼아 네가 어찌하여 낙심하며 어찌하여 내 속에서 불안해하는가. 너는 하나님께 소망을 두라 그가 나타나 도우심으로 말미암아 내가 여전히 찬송하리로다." 라고 탄식하고 있습니다. 골리앗을 물맷돌로 잡은 다윗도 불안과 두려움으로 고통을 당했다고 볼 수가 있습니다. 이로보아 누구도 예외가 될 수 없이 불안과 두려움으로 고통을 당할 수가 있다는 것입니다.

"2023년 5월 24일 서울연구원이 건강보험심사평가원 '건강보험통계'를 분석한 내용에 따르면 서울 시내 개인병원(의원) 중 소아청소년과는 2017년 521개에서 지난해 456개로 12.5% 줄었다. 성형외과 신경과, 내과 등 개인병원 진료과목 총 20개 중 5년 전보다 수가 줄어든 과목은 소아청소년과와 영상의학과(-2.4%)뿐이다. 이에 대해 대한소아청소년과의사회는 "저출산과 낮은 수가 등으로 수입이 계속 줄어 동네에서 소아청소년과의원을 운영하기가 불가능한 상황"이라고 설명했다. **가장 큰 증가율을 보인 진료과목**

은 정신의학과로 같은 기간 302개에서 534개로 76.8% 늘었다. 이어 마취통증의학과 41.2%, 흉부외과 37.5%가 뒤를 이었다." 이 통계에서 말하는 바와 같이 지금 대한민국은 거대한 정신병동이라고 하는 이들도 있습니다.

필자는 25년 동안 말씀과 성령으로 정신질환과 우울증으로 고통을 당하는 성도들을 치유하여 자유하게 하는 목회를 해온 목사입니다. 필자가 그동안 정신질병과 우울증과 영적인 질병을 치유하면서 임상적으로 경험한 사항들을 책으로 출간하기도 했습니다. 다시 정신질환과 우울증에 대한 전문적인 책을 집필하는 이유는 코로나 19로 인하여 예수님을 믿고 교회를 다니는 성도들도 많은 분들이 코로나 블루로 고통을 당하면서 살아가는 분들이 많이 있기 때문에 이분들에게 정신질환을 치유하고 자유하게 할 수 있는 하나님의 뜻을 전하게 위하여 책을 집필하는 것입니다.

과거로부터 정신질환은 여러 오해의 대상이 되었습니다. 특히 조현병과 같이 현실 판단력에 문제를 일으키는 질병에 걸린 환자들은 공포와 기피의 대상이 되기도 하고, 종교적, 사회적으로 차별 취급받는 일이 흔히 벌어져 왔습니다. 발생 원인이 잘 드러나지 않고, 이해할 수 없는 행동을 하며, 치료가 어려운 등의 다양한 이유가 있었을 것이지만, 이는 정신질환자들을 더욱 사회로부터 격리시켜 질병을 악화시킨다는 점에서 전혀 좋은 행동이 아닐 것입니다. 다양한 이유로 인해 신경학적 이상과 인지기능저하 등이 발생한 이들은 당장 적극적 치료를 받아야 하지만 사회적 위신 실추에 대한 두려움, 자신의 생각이나 느낌, 경험이 병적인 것이라는 것을 결코 인정하지 않는 태도 등으로 인해 제대로 된 치료가 이루어지지 않는 경우가 많습니다.

정신건강의학과에서는 병식(병의 자기인식)이라는 단어를 많이 사용합니다. 정신건강의학과는 이걸 굉장히 중요하게 생각을 하는데 병식(병의 자기인식)이라는 것은 환자가 걸린 병에 대해서 얼마나 이해를 잘 하고 스스로 병에 걸렸다고 생각을 하는지, 그것에 대해서 어떤 생각을 하고 있는지 물어보고 반응을 보고 병식을 평가하는데 총 6단계로 평가를 '병식 인사이트'라고 하는데 이게 꼭 정신과 질환만이 아니라 일상생활이나 그런 것들을 적용하며 생각해봐도 되는 것입니다. 병식(병의 자기인식) 1단계는 자신의 질병의 완벽한 부정입니다. 2단계는 자신의 병에 대해서 약간 인식하는 것입니다. 그러나 부정이 더 큰 단계입니다. 3단계는 병을 인정하나 원인은 내 탓이 아니고 다른 탓으로 돌리는 것입니다. 4단계는 자신의 질병을 인정하고 어느 정도 자신의 문제라고 인식합니다. 5단계는 자신의 질병에 대하여 지식적으로 알게 되는 단계입니다. 그러나 적극적인 치료는 머뭇거리는 단계입니다. 6단계는 자신의 질병에 대하여 정서적으로나 진실적으로 통찰하는 단계입니다. 환자가 병의 원인과 의미를 인정함에 따라서 치료에 적극적으로 참여함으로 재발 위험이 극히 낮아지게 되는 것입니다. 환자에게 병식(병의 자기인식)을 높이기 위하여 공감대를 형성하는 것이 무엇보다도 중요합니다. 공감대를 형성하기 위하여 각 분야의 전문가 등의 교육과 전문서적의 구독을 통하여 자신의 질병을 인식하는 것이 중요합니다. 또 다양한 치유 프로그램을 통하여 환자가 자신의 질병에 대한 의식을 높일 수가 있습니다. 환자가 자신의 질병을 정확하게 인식해야 치료에 적극적으로 참여함으로 완전치유가 가능하고 재발 위험이 극히 낮아지게 되는 것입니다. 인정하지 않고 치유받으려고 하지 않으면 치유는 안됩니다.

병식(병의 자기인식)을 세부적으로 설명하면 첫 번째는 내가 병이 걸렸다는 걸 완전히 부정하는 단계입니다. 내가 정신질환에 걸려, 절대 그럴 리가 없어 이렇게 생각하는 것입니다. 그럴 리가 있어도 아니고 나는 절대아니다. 이런 분들은 병원이나 교회에 스스로 잘 안 옵니다. 우울증이나 조현병 환자의 초기라든가 알코올 중독이 있는 분들이라든가 이런 경우는 이제 스스로 아프다고 생각을 안 하시고 뭔가 누가 데리고 오거나 마지못해 따라 오시니까 치료를 하기가 사실 굉장히 힘든 것입니다. 교회에 와도 예배에 집중하거나 기도하지 않고 다른 생각만 하는 것입니다. 이럴 때는 치료가 어렵다는 것입니다. 왜냐하면 내가 자신을 환자로 생각 안 하는데 보호자가 데리고 와도 뭐 물어봐도 잘 얘기 안 하고, 뭔가 화가 나 있고, 공격적이고, 이런 상황이 이제 병식 첫째 단계이고, 두 번째 단계는 뭐냐 하면 자신이 아프다는 걸 약간 인식을 하고 도움이 필요하다는 것도 알지만 그러면서 동시에 또 아니라고 부정을 하는 것입니다.

필자는 개인적으로 2단계 환자분들을 진료하기가 더 힘이 듭니다. 예를 들어 우울하거나 힘들어서 교회에 오시는데 스스로 옵니다. 혹은 뭐 누가 권해서 내가 생각했을 때 내가 요즘 좀 평소에 비해서 우울하긴 한 것 같아 그래서 교회를 찾긴 했는데 또 저한 테 계속 확인을 하는 것입니다. 자신이 진짜 치료가 필요한 것인 지, 내가 집중 기도를 하면서 치료를 받아야 하는지…. 목사님! 내 가 진짜 치료가 필요합니까? 목사님! 예배드리고 기도한다고 내 가 치료가 됩니까? 목사님! 저 괜찮지 않아요. 이렇게 긍정도 아니 고 부정하는 것입니다. 세 번째 단계는 이제 자신이 아프다는 걸 압니다. 그런데 다른 사람 핑계를 대는 것입니다. 외부 탓을 합니 다. 주변에 누가 나를 힘들게 해서 우울증이 걸리고 공황장애, 불 면증이 생겼다는 것입니다. 알코올 중독자라면 술을 마신 것은 사 생활이 힘들어서 마신다. 아내가 자꾸 속상하게 해서 마신다. 자 식이 내 말을 안 들어서 마신다. 이것만 없으면 나는 술을 마실 일 이 없다. 이렇게 핑계를 대는 것입니다. 우리가 사실 공부 같은 것 할 때도 나는 뭐 이것만 없으면 공부 잘할 거야, 집중이 잘 될 거 야, 이렇게 얘기를 하지 않습니까? 아마 3단계에는 누구나 한 번 씩은 경험해보셨을 것입니다. 책상만 내가 좀 깨끗했어도 환경이 좋았더라면, 공부방이 있다면, 내가 어저께 잠만 더 잘 잤었더라 면…. 이것이 3단계입니다. 4단계는 이제 조금 애매한데 질병이 걸렸다고 하는데 자신 때문은 아니야, 아버지나 어머니 때문은 아 닌데, 뭐 때문에 내가 지금 힘들고 불안하고 우울하고 하면서…. 여러 가지를 생각하고 그럼에도 불구하고 외부에서 원인을 찾으 려고 자꾸 분석하다가 명확한 대상은 없구나, 3단계는 확실히 누군가를 비난하는 단계가 병식 3단계라면, 4단계는 뭔가 뭔지 모를 오히려 모호해진 게 병식 수준으로는 한 단계 성장한 거라고 보실 수 있습니다. 희한하네! 이거는 오히려 더 징신질환에 대하여 불명확해진 것 같은데 라고 하는 단계입니다.

병식(병의 자기인식) 5단계는 지적 수준의 병식이라고 내가 머리로 아는 대로 그런 거구나 오케이! 오케이! 머리로 안다는 것입니다. 그러나 가슴이 받아들여야 자신의 몸과 마음에 들어오지 않습니까? 자신이 받아들이기 되게 어렵다는 것입니다. 내 문제임을 알고, 그렇지만 이제 내가 치료가 필요함도 알고 하지만 이제 이게 행동 변화로 이어지지는 않는 것입니다. 이게 마치 내가 뭐 누군가랑 싸웠는데 내가 잘못한 것 같아 머릿속은 잘못한 것 같은데 사과하기는 싫다는 것입니다. 응~ 내가 지금 학교 성적이 떨어지는 이유가 엄마 때문도 아니고, 아빠 때문도 아니고, 학교 선생님 때문도 아니고, 학원 때문도 아니고, 그냥 내가 불성실해서 성적이 떨어진 거야 이것까지는 이제 알았는데, 그러면 어떻게 해야 되겠습니까? 공부를 열심히 몰입하여 해야 하지 않습니까? 그런데 공부하기 싫다는 것입니다. 공부를 안 하는 것입니다. 이게 5단계입니다. 마지막 이제 6단계는 감정적 통찰 단계입니다. 이제 가슴도 납득합니다. 생각도 마음도 인식하고, 지적으로도 지각하고 감정적으로도 자각하고 그래서 이제 근본적인 변화 행동 변화까지 이어지는 단계가 6단계입니다. 이때부터 치료가 거의 시작되는 것인데, 그렇지는 않아요. 1 2 3단계로 교회나 병원에 오시는 분들이 많습니다. 성령치유 목회자들이나 정신과 의사들의 최종적인 목표는 6단계지만 사실은 그렇게까지 가기는 아주 쉽지 않고 환자분들도 많이 노력을 하셔야 합니다. 뭐~ 예를 들어 알코올 중독을 예를 들으면 내가 술 마시는 원인이 남 때문도 아니고, 사회 때문도 아니고, 직장 때문도 아니고, 이것은 병이야 알코올 중독은 치료할 질환이야, 그래서 내가 정신과도 가고, 교회도 가고, 내 의지로도 금주를 해야 돼, 전문치료를 받아야 되, 이렇게 생각을 하면서 실제로 행동까지 이어지는 게 6단계입니다. 그래서 치료가 6단계가 제일 잘 치료가 되기 시작하는 것입니다. 필자는 환자가 자신이 정신질환 환자라고 인정하고 성령으로 치유해야 한다고 집중하고 매달리면 60%는 치료가 된 것이라고 말합니다. 그래서 목표는 6단계인데 사실 4-5 단계만 돼도 치료를 하는 대는 사실 큰 어려움은 없습니다. 주변 보호자가 관심을 가지면 되기 때문입니다.

이렇게 정신질환 환자들이 자신이 인정하지 않아서 적합한 치료를 하지 않고 하루 이틀 지나다가 방치할 경우에는 매우 악화되는 경우가 많습니다. 종국에는 극단적 행동을 저지르기도 하고, 범죄에 연루되어 인생을 망치기도 합니다. 특히 자신이 책임지고 있는 사회적 지위를 감당하지 못하고 잘못된 결정을 내리다가 많은 이들을 도탄에 빠뜨리기도 합니다. 정신질환은 초기에 환자가 인정하고 적극적인 성령치유를 하면 거의 정상적인 삶을 살아갈 수가 있습니다. 그런데 귀중한 시간을 질질 끌어서 치유하지 못하고 정상적인 삶을 살지 못하고 정신건강의학과 약에 취해서 살다가 세상을 마감하기도 합니다.

현실적으로 정신질환에 대한 사람들의 인식은 냉혹합니다. 사회적 인식이 발달됨에 따라 일단 상대가 정신질환이 있다는 것을 알면 무턱대고 비하하거나 혐오하는 경향은 많이 없어졌지만 "정신병자"라는 단어가 당연하다는 듯이 욕으로 사용 되는 것에 알 수 있듯이, 정신질환자를 기피하는 것은 여전하며 정신질환에 무지할 경우(비록 직접적으로 드러내지는 경우라도) 불가피한 질병이 아닌 꾀병이나 변명으로 받아들이는 경우가 많습니다. 또 영적, 정신적으로 무지한 목회자들이 귀신들렸다고 귀신만 쫓아내려고 이리저리 방황하다가 사람노릇을 못하게 하는 경우도 많습니다. 반대로 정신과 약만 의존하여 치료를 하라고 조언하기도 합니다. 필자가 체험한 바로는 정신과 약도 어느 정도 시기까지 복용을 하면서 성령으로 영적치유를 병행하니 쉽게 정상으로 회복이 되더라는 것입니다. 전문성을 가지고 지혜롭게 판단해야 합니다.

무차별적인 혐오를 자제하자는 측에서도 사회적 피해를 막기 위해 정신질환자를 비질환자와 격리해야 한다고 주장하기도 하는 등, 정신질환자를 일종의(비자발적) 잠재적 가해자나 일반적인 방법으로는 손쓸 수 없는 자연재해 취급하는 시선 때문에 미리 치료할 수 있는 사람들조차도 사회적 시선이나 불이익이 두려워 심해진 후에야 치료를 시작하기도 합니다. 분명이 알아야 할 사실은 정신질환이 있다는 것은 인성이 나쁘다는 것이 아니며, 아무리 비질환자의 입장에서 정신질환자들의 증상이 이해되지 않더라도, 그것이 사람을 무시해도 된다거나 배척하는 것이 정당화될 수는 없다는 것입니다. 인성은 개개인의 차이일 뿐 정신질환 환자를 차별하는 것을 정당화 할 이유가 되지는 않으며, 오히려 정신질환을 앓는다는 이유로 따돌림을 당하거나 온갖 부정적인 말에 시달려, 그것이 사람의 사회성을 저하시키는 원인이 되기도 합니다. 이것은 선천적으로 사람의 인성이 나쁜 게 아닌, 사회적인 편견과 혐오가 오히려 가해자를 만드는 것이나 마찬가지입니다. 더불어 어느 누구든 예측 불가한 경로로 정신질환을 얻게 될지는 알 수 없는 것이고, 사실 알고 보면 정신질환은 은근 흔하다는 것도 알아두는 것이 좋습니다. 자신도 언젠가는 정신적인 질환으로 고생할 수 있습니다.

현대 사회에서는 정신병 용어가 무분별하게 쓰이는 일이 많습니다. 예를 들어 난독증이나 호모포비아 같은 것이 있습니다. -포비아(싫어함=공포증) 와 -필리아(과잉 사랑하고 좋아하는 증세)는 그 자체로는 단순히 "싫어함"과 "좋아함"을 의미하는 단어이긴 하지만, 이 용어를 정신과에서 사용하기 때문에 큰 혼동을 일으키는 경우가 허다합니다. 일반인이 이해하기 힘든 행동, 상식에 반하는 행동을 하는 사람들을 일컬어 정신병자라 칭하며 매도하는 경우도 있는데, 정신질환자에 대한 모독임은 둘째 치고 정신병에 대한 편견을 가중시키는 행위가 될 수 있음을 알아두어야 합니다.

정신질환자들이 치료를 받지 않거나 치료를 중단하는 이유 중 하나는 정신질환자에 대한 부정적인 인식이 상당하기 때문입니다. 위에서 언급한 정신질환자의 범죄 등으로 인해 정신질환자들을 사람들은 더욱 안 좋게 바라보고 있습니다. 이로 인해 우울증, 불안장애, 강박증, 불면증 환자들도 정신과 진료를 꺼리는 분위기가 다소 감지되고 있습니다. 대한민국이 OECD 자살률 2위의 스트레스 많은 사회라는 점을 감안하면 국가적, 사회적으로는 절대 바람직하지 않은 현상입니다.

정신병이라는 표현 자체가 매도의 의미로 사용되고 있는 것이 현실도 정신병의 부정적인 인식 형성에 한 몫 합니다. 다른 사람에게 진지한 의미로 "교회에 가서 치유기도를 받아볼까요?" "정신병원에 가서 상담을 받아보지 않겠습니까?"라고 말해도 자신에게 욕설을 퍼부었다고 생각하는 사람이 적지 않습니다. 한마디로 "정신병 환자 = 미치광이"라는 인식이 있다는 것입니다. 이것은 자신에게 정신적인 문제가 있다고 인식하는 사람에게도 마찬가지입니다.

자신의 질병에 대해 이식이 부족한 것도 문제가 큽니다. 조현병, 조울증 등의 정신질환자경우 치료를 중단하는 절대 다수의 이유는 자신이 병이 있어서 치료를 받아야 한다는 사실을 인지하지 못하거나, 의사의 소견 없이 증상이 호전되었으니 더 이상의 치료는 필요 없다고 멋대로 자가진단을 내리기 때문입니다. 이로 인해 2016년 강남역 묻지 마 살인사건, 2018년 강북삼성병원 정신건강의학과 의사 살인 사건, 2018년 7월 영양군 경찰 살인사건은 조현병을 앓는 환자가 강제 입원시키려고 한 경찰에게 상해를 입혀 사망하게 된 사건입니다. 2019년 4월 진주 방화·살인 사건, 부산에서 조현병 환자의 친누나 살해사건 등 조현병, 조울증 환자의 사건/사고는 모두 예수님을 믿고 성령으로 치료를 받지 않거나 제때 항 정신 병제를 투여 받지 않은 상태에서 발생했습니다. 치료를 받는 환자의 경우 일반인보다 오히려 범죄율이 낮습니다. 잘 모르는 사람들의 관점으로는 놀랄 수도 있겠지만, 이 분야 전문가들은 거의 다 동의하는 사실입니다. 강북삼성병원 사건의 피해자 임세원 교수의 유족들이 자신의 가족을 잃었음에도 가해자를 원망하지 않고, 편견 없는 치료 환경을 만들어달라는 매우 침착한 반응을 보인 것도 이런 점을 알고 있었기 때문입니다.

정신질환에 속하는 알코올 의존 증에 대해서만큼은 몹쓸 술주정 때문에 욕을 해도 또 술이 문제라고 하면서 어쩌지 못합니다. 그러기 때문에 정신질환 환자들이 술 문제 있어서 일반인들보다 무방비 상태로 빠지게 되고 결국 술로 인해서 자신의 정신적 결함을 합리화합니다. 죄도 술로 합리화하면서 빠져나가려고 하는데 정신적 결함을 합리화하는 거야 아무것도 아닙니다. 무엇보다 더 심각한 것은 이런 환자들에게 술 강요를 하는 무 개념들도 있습니다. 결국 술로 인해 기존의 병이 더욱 악화가 되고, 질병의 종류와 정도에 따라서 더욱 악화됩니다. 그래서 정신질환 환자들에게 술 문제는 간염 환자에게 다루는 술 문제와 동일하게 다루고, 술 문제는 정신과에서 주요 문제로 다룹니다. 아니, 정신과에서 가장 악독한 정신병으로 취급하는 것이 알코올 중독과 치매입니다. 정신병을 가진 사람을 비 정신병 환자로 취급하는 경우 그냥 1회 성 취급이면 정신병을 가진 사람에게는 잠깐이나마 고맙지만, 이런 취급을 지속적으로 한다면 오히려 정신병을 가진 사람에게는 심각한 독입니다. 잠깐 보는 사이라면 어차피 다음에 만날 때까지는 신경을 거의 안 쓰지만, 정상적인 가족이나 동거인이 이럴 경우 양쪽 다 미치고 환장하는 사태가 발생합니다.

환자 측은 아무리 발언해도 정신병이 있음을 봐주지 않고 오로지 비 정신병 환자로 취급해주는 말을 들어야 해서 상태가 악화되고, 가족이나 동거인의 경우 정신병 환자를 비 정신병 환자로 보고, 왜 하는 짓이 저런 거지? 왜 안 변하지? 대체 왜 말귀를 못 알아 처먹지? 하는 짓이 답답하네? 말을 안 들으면 짐승이니 짐승답게 쳐 맞아야 되겠네? 등의 서로 엇갈린 시점으로 바라보기 때문에 서로 스트레스가 쌓이고 쌓여 틈만 나면 서로 싸움이 일어나 치료를 방관하는 악순환이 이어집니다. 특히 가족의 경우 정신병을 가진 가족을 비 정신병 환자로 바라보며 합리화 및 책임을 회피하는 경향이 있으며. 경제난을 겪고 있는 가정이라면 치료비가 부담되어 애써 비 정신병 환자로 취급하며 회피하려는 현상은 더욱 심합니다. 자기 스스로 정신병에 대한 이해를 갖는 경우가 매우 부족하기 때문에 문제는 더 크게 일어날 수 있습니다.

정신병을 경험하지 못한 사람들은 대부분 물리적인 상해나 감염, 질환만을 병으로 인식하고 있으나 정신병도 엄연히 병입니다. 몸이 아파서 제대로 움직일 수 없는 것처럼, 정신에 문제가 생겨서 정상적인 생활을 할 수 없게 된 것입니다. 아프면 환자입니다. 그렇지만 정신병은 겉으로 드러나거나 말거나, 세간에 널린 정신질환에 무식 덕에 제대로 인지하지 못하기 일쑤라, 일부 사람들은 정신병의 개념을 전면 부정하여 꾀병 취급을 하거나, 치료가 아닌 의지력이나 처벌만으로 해결이 가능하다고 생각하기도 합니다. 하지만 그런 생각은 엄연히 오산입니다.

잊지 말아야 합니다. 정신질환은 의지의 병이 아닙니다. 정신이 무너지면 뇌도 무너지는 것이 정신질환이며 반드시 정신질환을 전문으로 치료하는 목회자나 전문의와의 상담을 통해 해결해 나가야 합니다. 이런 말도 안 되는 얘기를 믿었다가, 정신이 더 이상해진 끝에 끔찍한 방법으로 자살한 작가가 있습니다. 미시마 유키오가 갑자기 극우 성향으로 돌변한 것이나, 미시마 사건 당시에 자위대 기지 안으로 쳐들어가서 난동을 피우다 자살한 것, 모두 그가 평소에 앓고 있던 우울증이 심해진 결과였다고 합니다.

정신질환은 의지의 병이 라고 하는 것은 사고로 다리를 잃은 사람한테 걷다 보면 저절로 나아진다고 말하는 것과 똑같습니다. 사실 본인이 직장근무나 학업에 매진하는 게 아니면 성령의 역사로 기도하며 안수받으며 치료하고, 정신건강의학과에 가서 심리치료만 계속 해도 경증은 2-3개월, 중증은 길어봐야 1년 이내로 완치가 가능하지만, 보통은 거의 다 직장근무나 학업에 전념하기 때문에 이 과정에서 오는 스트레스를 견디려면 성령안에서 기도하며 심리치료와 약물치료가 병행되어야 합니다. 고쳐지지 않고 비정신병 취급하다가 변을 당하며 조현병 범죄가 발생하는 궁극적 원인이기도 합니다. 정신질환자에 대한 부정적 시선이 환자로 하여금 치료 거부를 느끼게 유도하고 그 상태로 방치된 환자는 결국 충동적으로 범행을 저지르는 것입니다.

코로나 19의 여파로 인하여 교회예배당에도 정신질환과 우울증으로 고통을 당하는 분들이 상상외로 많다고 합니다. 이유는 코로나19가 전염되는 것을 방지하기 위하여 예배당에 나가서 예배를 드리고 기도를 하지 못했기 때문입니다. 자연스럽게 상처와 스트레스를 해소하지 못함으로 인하여 정신질환이나 우울증, 불면증으로 고생을 하고 있습니다. 또 다른 문제는 예수님을 믿고 교회예배당에 나가는 성도의 의식이 정신질환이 있어도 옆에 있는 성도들이 알아차릴까봐 숨기기에 급급하기 때문입니다. 정신질환이라고 하면 사람들의 인식은 냉혹합니다. 사회적 인식이 발달됨에 따라 일단 상대가 정신질환이 있다는 것을 알면 무턱대고 비하하거나 혐오하는 경향은 많이 없어졌지만 "정신병자"라는 단어가 당연하다는 듯이 욕으로 사용 되는 것에 알 수 있듯이, 정신질환자를 기피하는 것은 여전하며 정신질환에 무지할 경우(비록 직접적으로 드러내지는 경우라도) 불가피한 질병이 아닌 꾀병이나 의지가 약하다는 변명으로 받아들이는 경우가 많습니다.

또 영적, 정신적으로 무지한 목회자들이 귀신들렸다고 귀신만 쫓아내려고 이리저리 방황하다가 사람노릇을 못하게 하는 경우도 많습니다. 반대로 정신과 약만 의존하여 치료를 하라고 조언하기도 합니다. 필자가 체험한 바로는 정신과 약도 어느 정도 시기까지 복용을 하면서 성령으로 영적치유를 병행하니 쉽게 정상으로 회복이 되더라는 것입니다. 우리 목회자들이나 성도님들은 정신질환에 대한 전문성을 가지고 지혜롭게 판단해야 합니다.

　무차별적인 혐오를 자제하자는 측에서도 사회적 피해를 막기 위해 정신질환자를 비질환자와 격리해야 한다고 주장하기도 하는 등, 정신질환자를 일종의(비자발적) 잠재적 가해자나 일반적인 방법으로는 손쓸 수 없는 자연재해 취급하는 시선 때문에 미리 치료할 수 있는 사람들조차도 사회적 시선이나 불이익이 두려워 심해진 후에야 치료를 시작하기도 합니다. 분명이 알아야 할 사실은 정신질환이 있다는 것은 인성이 나쁘다는 것이 아니며, 아무리 비질환자의 입장에서 정신질환자들의 증상이 이해되지 않더라도, 그것이 사람을 무시해도 된다거나 배척하는 것이 정당화될 수는 없다는 것입니다. 인성은 개개인의 차이일 뿐 정신질환 환자를 차별하는 것을 정당화 할 이유가 되지는 않으며, 오히려 정신질환을 앓는다는 이유로 따돌림을 당하거나 온갖 부정적인 말에 시달려, 그것이 사람의 사회성을 저하시키는 원인이 되기도 합니다. 이것은 선천적으로 사람의 인성이 나쁜 게 아닌, 사회적인 편견과 혐오가 오히려 가해자를 만드는 것이나 마찬가지입니다. 더불어 어느 누구든 예측 불가한 경로로 정신질환을 얻게 될지는 알 수 없는 것이고, 사실 알고 보면 정신질환은 은근 흔하다는 것도 알아두는 것이 좋습니다. 아니 자신도 정신질환 환자일 수가 있다는 것입니다.

　정신질환이나 우울증은 상처와 스트레스로 인하여 발생한다고 보아야 합니다. 스트레스를 받으면 초기에는 그로 인한 불안 증상

(초조, 걱정, 근심 등)이 발생하고 점차 우울 증상이 나타나게 됩니다. 대부분의 경우 불안이나 우울 증상은 일시적이고 스트레스가 지나가면 사라지게 됩니다. 그러나 스트레스 요인이 너무 과도하거나 오래 지속되는 경우, 개인이 스트레스 상황을 이겨낼 육체 힘이 약화되어 있는 경우에는 각종 정신질환으로 발전할 수 있습니다. 스트레스로 인해 흔히 생길 수 있는 정신질환은 적응장애, 불안장애, 기분장애, 식이장애, 성기능장애, 수면장애, 신체형장애, 알코올 및 물질 사용 장애 등이 있습니다. 우리나라 주부들에게 흔한 화병도 스트레스와 매우 밀접한 정신질환으로 볼 수 있습니다.

신체질환의 경우도 스트레스와 밀접한 연관이 있습니다. 내과 입원 환자의 70% 정도가 스트레스와 연관되어 있다는 연구를 볼 때, 스트레스가 신체질환의 발생 원인이나 악화 요인으로 작용한다는 사실은 이미 잘 알려져 있습니다. 이런 경우 정신과적으로 정신신체장애라는 진단을 붙이게 됩니다. 정신-심리적인 요인에 의해 신체적인 질병이 발생하거나 악화될 경우에 붙이는 병명으로 정신-심리적 요인에 의해 치료 결과도 큰 차이를 보입니다. 특히 스트레스에 취약한 우리 몸의 기관인 근 골격계(긴장성 두통 등), 위장관계(과민성 대장증후군), 심혈관계(고혈압) 등이 영향을 더 많이 받는 것으로 알려져 있습니다. 장기간 스트레스를 받으면 면역 기능이 떨어져 질병에 걸리기 쉬운 상태가 됩니다. 다양한 정신신체장애의 발병과 악화는 물론이고 암과 같은 심각한 질환도 영향을 많이 주는 것으로 알려지고 있습니다.

세상에 상처스트레스를 치료하는 약은 없습니다. 상처와 스트레스 뒤에는 영적인 문제가 결부되어 있기 때문입니다. 그러기 때문에 세상 정신건강의학과의 진료로서는 상처와 스트레스로 인하여 발생한 문제들을 다스릴 수가 없습니다. 이는 반드시 예수님을 믿고 예배당에 나와서 예배드리며 기도하다가 성령으로 세례를 받고 지속적으로 기도하다가 보면 성령의 역사로 상처와 스트레스가 정화되면서 영적-정신적- 육체적으로 건강하게 되는 것입니다.

　이를 깨닫지 못한 성도들이 정신건강의학과만을 의존하여 정신과 약으로 치료가 되는 것으로 알고 있는 경우가 많습니다. 정신과 약은 치료제가 아니고 신경전달물질을 조절해주는 약입니다. **성도님들이 알아야 할 것은 정신건강의학과 의사들이 환자에게 실질적인 도움을 주지는 못하면서 오히려 본인들 스스로가 환자들보다 더 정신적으로 문제 있는 인간이라는 편견은 한국뿐만 아니라 해외에서도 널리 퍼져 있다는 것입니다.** 정신병원 감금 문제나 정상인을 정신병자로 몰아 강제치료를 하는 문제가 이미 선진국에서 먼저 겪었던 문제이기 때문인 듯합니다. 각종 창작물을 보아도 한니발 렉터, 이라부 이치로, 아이제이아 프리드랜더, 텅 루 킴 등 본인이 더 정신적으로 문제가 심각하거나 악행을 저지르는 정신과 의사들이 많이 등장합니다. 정신과 의사를 전적으로 믿을 수가 없다는 것입니다. 정신질환으로 고생하는 성도들은 교회예배당에 나가서 예배를 드리면 성령 안에서 오래기도하며 성령치유를 병행해야 합니다. 성령치유가 영적-정신적-육체적으로 건강하게 합니다.

2장 정신질환 우울증의 원인을 바로알자

(시42:5)"내 영혼아 네가 어찌하여 낙심하며 어찌하여
내 속에서 불안해하는 가 너는 하나님께 소망을 두라 그가
나타나 도우심으로 말미암아 내가 여전히 찬송하리로다."

필자가 그동안 성령 치유사역을 하면서 정신적인 문제가 있는 아이들을 치유할 때 깨달은 것이 있습니다. 그것은 이 아이들이 태중에서 부터 잘못된 상태로 태어난다는 것입니다. 어렸을 때 치유하지 않고 방심하다가 중 고등학생시절에 스트레스와 환경에 문제가 발생하여 밖으로 나타난다는 것입니다. 태중에서부터 들어와 잠재된 영적이고 정신적인 문제가 있더라도 환경에 문제가 없고, 정신적인 문제가 없고, 건강에 문제가 없으면 밖으로 나타나지 않고 숨어있는 것이 보통입니다. 숨어 있다가 환경에 문제가 생기고 스트레스를 받아 체력이 떨어져 영-혼-육이 정상적인 기능을 발휘하지 못할 때 밖으로 나타나는 것입니다. 그러므로 사전에 얼마든지 예방할 수가 있다는 것입니다.

최근 발표된 결과(우울·불안, 사춘기라고 그냥 넘기지 마세요. 2023. 4. 14)에 의하면 성인 정신 질환자의 50%가 만 14세 이전에 정신 건강 문제를 겪는다고 합니다. 한국인 4명 중 1명은 평생 한 번 이상 정신 질환을 경험한다는 것입니다. 정신 질환을 조기에 발견해 적절한 치료를 해나간다면 심각한 문제로 번지는 것을 막

을 수 있습니다. 하지만 아직 우리 사회는 아이들의 정신 건강 문제를 일종의 성장 통 혹은 중 2병 사춘기 문제 정도로 가볍게 생각하거나 제대로 인식하지 못하는 경향이 있습니다. 문제를 알아차리더라도 사회적 낙인이 두려워 드러내지 못하고 제대로 대처하지 못하게 됩니다. 결국 정신 건강 치료에 대한 선입견 혹은 부정적인 견해로 치료 적기(適期)를 놓치는 경우가 흔하다는 것입니다.

그런데 대부분 육신의 건강에 대해서 이야기하지 정신적인 건강에 대해서 이야기하는 분들은 없습니다. 그래서 건강이라 하면 육신 건강이라 말을 하고 육신건강에만 신경 쓰지만, 사실 정말 중요한 것은 정신 건강입니다. 정신이 건강해야 그 사람이 보다 건강한 삶을 살 수 있는 것입니다. 그렇기 때문에 육신의 건강보다 더 많은 관심을 가지고 더 많은 투자를 해야 하는 것이 정신의 건강이라고 말씀드릴 수 있습니다. 우리 사람들에게는 두 가지 감정이 있다고 합니다. 기쁜 감정과 슬픈 감정이라고 합니다. 그런데 기쁜 감정은 우리의 삶에 기쁨을 주고 활기차게 하지만, 슬픈 감정은 우리를 우울하게 만들고 우리의 삶을 망가뜨리는 위력을 가지고 있습니다. 때문에 우리들은 기쁜 감정을 가지도록 애써야 하고, 가능하면 우리 안의 슬픈 감정에 대하여서는 우리가 잡히지 않도록 상당한 노력을 해야 합니다. 그런데 의외로 많은 분들이 슬픈 감정에 잡혀 있어 쉽게 슬퍼하고 쉽게 울기도 하고, 그 슬픈 감정을 이기지 못해서 분노를 느끼며 불안에 떨기도 하고 정상적인 생활을 하지 못하는 분들도 있습니다.

우리나라만 정신질환우울증 환자가 많은 것처럼 말하지만, 사실은 미국에도 정신질환우울증 환자가 굉장히 많다고 합니다. 2021년도 한 해의 통계에 따르면 미국이 한해에 정신건강우울 질병을 위해 쏟아 부은 돈이 약 46조원이라고 합니다. 이렇게 정신건강우울 질병에 미국이 엄청난 돈을 쏟아 붓고 있다고 합니다. 그렇게 말할 수 있습니다. 물론 사람이 살다보면 기쁜 일도 있고, 슬픈 일도 있습니다. 그런데 기쁜 일은 오랫동안 간직하지 못하면서 이 슬픈 일에 대해서는 너무나 오래 간직하고 기억하고 있다는 것이 문제입니다. 절대로 정신건강우울 질병에 안 걸리는 사람은 '뭐 그럴수도 있지' 하는 사람은 절대로 정신건강우울 질병에 안 걸립니다. 근데 왜 하필 내가 그런 일을 당하는가? 하면서 곱씹는 사람들은 정신건강우울 질병에 걸릴 확률이 너무나 많습니다. 자신이 우울한 생각을 가질 때 조심하여야 할 것은 단순히 우울한 감정 때문에 내가 정신건강우울 질병에 빠져있고 우울해 하고 있구나, 라고 생각해서는 안 됩니다. 그 우울한 감정을 뒤집고 들어오는 존재가 있다는 것을 아셔야 합니다. 이 우울한 감정을 통해서 우울한 생각을 통해서 나의 삶을 망가뜨리려고 하는 흑암의 존재가 있다는 걸 꼭 기억하시고, 자신의 마음의 짐을 벗어버리도록 노력해야 합니다. 필자가 성령으로 전인 치유를 하면서 의외로 뭔가에 눌려 있는 분들이 있습니다. 몸이 눌린 것이 아니라, 마음이 눌려 움직이지 못하는 사람들을 많이 보았습니다. 그런데 의외로 이런 사람들이 교회 안에도 많이 있습니다. 교회 밖에만 정신건강우울 질병에 걸린 사람들이 있는 것이 아니고, 교회 안에도 정신건강우울 질병에 걸려 고생하는 분들이 많이 있습니다. 심지어 교회 직분자들 중에서도 이 정신건강우울 질병 때문에 고생하고, 예배의 기쁨과 하나님의 축복을 제대로 누리지 못하는 사람들도 많습니다. 정신건강우울 질병에서 해방 받는 비결이라는 제목의 말씀을 통해서 정신질환에 걸리신 분들이 있다면 치유 받으시기 바랍니다.

1. 의사들이 말하는 정신건강 우울 질병의 원인. 정신건강우울 질병에 걸리는 이유는 화학적 불균형에 의해서 걸린다고 했습니다. 이 말을 조금 풀어서 전달하면 우리 뇌에는 정보 전달자가 있습니다. 이 두뇌에 있는 정보 전달자가 정보를 충분히 전달해 주지 못할 때 우울증이 일어나는 것입니다. 그래서 이 신경전달 물질이 충분히 전달되어지면 기분이 좋은데, 이 정보를 전달하는 신경 전달 물질이 충분히 전달되어지지 못하면 이 사람의 감정이 낮아져서 정신건강우울 질병에 걸린다고 합니다. 의사들이 정신건강우울 질병을 치유할 때 약물 투여의 이유는 정보 전달물질이 충분히 전달되어지지 않았으므로 그 뇌에 활발한 운동이 일어날 수 있도록 약물을 투여하는 것입니다.

아드레날린은 호르몬으로 흥분상태, 그러니깐 교감신경이 활성화 된 상태에서 분비가 잘되는데, 특별히 심박수를 늘리고 혈압을 낮추는 작용을 합니다. 이름은 아드레날린 말고도 에피네프린이라고도 합니다. 신체가 긴장했거나 흥분했을 때 분비되는 만큼, 잘 활동할 수 있도록 심박수가 늘어나는 것입니다. 그리고 혈당을 높이는 작용도 작지만 한다고 합니다.

그리고 세로토닌과 도파민은 신경 전달물질로서 호르몬은 아닙니다. 호르몬은 내분비계통에 분비되어야 하는 것입니다. 그러니까 혈액을 통해서 온 신체로 가야하는 것입니다. 아드레날린은 혈액으로도 분비됩니다. 신경말단에서도 분비가 됩니다. 그러니까 아드레날린은 신경 전달물질이면서도, 호르몬의 역할도 하지만, 도파민이나 세로토닌은 호르몬의 역할보다는 신경 전달 물질로서의 기능이 강합니다. 둘 다 대뇌에서 신경 전달 물질로 쓰인다고 밖에 더 설명 못하겠습니다. 세로토닌은 수면 주기나 우울증과 관련이 있다고 합니다. 도파민은 정신분열증이나 사랑에 빠졌을 때 그 농도가 정상과는 상당히 달라진다고 합니다.

① 도파민이란 신경말단에서 분비되는 신경호르몬입니다. 도파민 분자는 인간의 쾌감, 감정 등 마음을 창출시키는 중요한 물질이고, 인간의 뇌에서 작용하는 신경호르몬의 약 절반 정도가 도파민 관련분자들입니다. 도파민은 단백질의 성분인 티로신이라는 아미노산으로부터 유도되는 물질입니다. 티로신은 생체에서 합성되지 않고 단백질로 체내에 들어와 분해가 된 후 다른 관련분자로 유도되어 작용을 합니다.

그러나 도파민 분자는 독성이 있는 물질이며 특별한 곳에서 정해진 기능을 하면 문제가 없으나 그 양이 과다하거나 부족하게 되면 뇌기능에 영향을 미치게 됩니다. 이 도파민이 뇌 내에 부족해지면 감정은 둔감해지고 반대로 많아지면 감정은 풍부해집니다. 인간에게만 나타나는 정신 분열증도 도파민 과다에 의한 것이라고 알려져 있습니다.

② 세로토닌이 부족하면 이런 증상이 나타납니다. 우울장애로서 전반적인 슬픈 기분 및 무력감, 고립감, 허무감, 죄책감등을 느끼며 그로 인해 자살충동, 불면증, 체중감소, 식욕과 성욕감퇴, 일상에서의 즐거움과 흥미 상실 등의 특성이 나타나는 장애입니다. 성격장애로서 인지능력이나 정서, 대인관계, 충동조절 등의 부분에서 각 개인이 속한 사회의 일반적인 사회문화적 기대에서 심하게 이탈된 행동이나 내적 경험이 지속적으로 나타나는 장애가 나타납니다. 섭식장애로서 음식을 먹는 데에 있어서 심한 장애를 보이는 장애입니다. 불안장애로서 뇌 전두엽의 이상으로 인해 세로토닌 기능이 저하되어 공황장애가 오는 것입니다.

그러니 사람들의 호르몬이 정상적으로 흐르지 않을 때 우울정신 신경 질병에 걸립니다. 우울증이 가을에 그리고 주부에게 심한 이유가 여기에 있습니다. 40대 중반의 주부 권모씨가 요즘 혼잣말로 자주 되뇌는 말입니다. 요즘 그녀는 모든 것이 슬프고 우울한 기분에 젖곤 합니다. 그러다보면 아등바등 사는 것이 무의미해 보이면서 만사 의욕을 잃고 무력감에 빠지기도 합니다. 시쳇말로 멍 때리는 일도 점점 늘어만 갑니다. 몸에만 감기가 오는 것이 아닙니다. 마음에도 감기가 걸립니다. 다름 아닌 우울증입니다. 특히 계절적으로 가을만 오면 계절성 우울증이 더 심해지기도 한다는 것이 전문가들의 설명입니다. 한 자료에 따르면 가을철에 우울증이 가장 많다고 합니다. 아니 필자가 병원에 능력전도 다닐 때 체험한 바로는 9월부터 우울증 환자가 많이 입원하기 시작합니다. 특히 주부 우울증은 더 심각합니다. 한 가정의 안방마님으로서의 막중한 역할과 비중이 매우 큰 주부가 우울증에 걸리면 한 가족에게 끼치는 영향도 막심할 뿐 아니라, 자칫 심할 경우 이혼과 자살 등 극단적인 상황을 초래할 수도 있습니다. 이 때문에 마음의 감기라고 불리는 우울증 증상이 있을 경우 비록 일시적이라 할지라도 자칫 방치해서 더 큰 병으로 키우기 보다는 적절한 시기에 전문적인 치료를 받는 것이 이롭다는 것이 전문가들의 공통된 지적입니다.

사실 가을만 되면 쓸쓸해지고 우울해지는 것은 그만한 이유가 있다고 합니다. 이것은 인체의 생체시계와 밀접한 관련성이 있다는 것입니다. 인간의 생체시계는 일조량과 밀접한 관련이 있는데 가을에는 특히 일조량이 적어짐에 따라 멜라토닌이라는 호르몬 양이 늘어나게 된다고 합니다. 멜라토닌은 수면 조절 호르몬으로 기분을 가라앉게 하는 우울증과 관련이 깊습니다. 또 뇌 신경전달물질인 세로토닌과 도파민, 노에피네프린 등의 불균형도 우울증 원인으로 꼽힙니다.

또 주부가 우울증에 쉽게 걸리는 이유는 여성이 성호르몬의 변화가 심한 까닭입니다. 주부들은 결혼 후 임신과 출산, 폐경기 등을 거치면서 심한 호르몬의 변동을 겪게 되는데 이 가운데 여성호르몬인 에스트로겐의 농도가 떨어지면 우울증에 빠지게 된다는 설명입니다. 갱년기에 즈음해 난소 호르몬이 급격히 감소하는 것도 우울증과 관련이 있기도 합니다.

더군다나 남성에 비해 여성이 더욱 감성적이어서 쉽게 정신적인 상처를 받을 수 있는데다 육아와 자녀교육, 끝없이 이어지는 집안 일로 주부 스트레스는 이만 저만 큰 것이 아닌 까닭입니다. 또 자신을 내세우기 보다는 누구의 아내, 또는 누구의 엄마로서 살다보면 정체성의 혼란을 겪는데다가 사회적으로 소외되기도 해 주부 우울증은 더 심해질 수 있다는 분석입니다. 한 조사에 따르면 우울증 환자는 전 국민의 5%정도지만, 30~40대가 전체 환자의 40%이며, 그 중 2/3가 여자라는 얘기도 들립니다. 왜 갱년기 우울증에 걸리는가? 호르몬에 이상이 왔기 때문입니다. 그래서 갱년기 우울증도 다 다릅니다. 어떤 분은 조금 빠르게 오시는 분들도 있고, 어떤 분들은 조금 느리게 오시는 분들도 있고. 어떤 분들은 지나 간 줄도 모르고 지나가시는 분들도 있습니다. 제일 큰 축복은 지나간 줄도 모르고 지나가는 것이 좋습니다. 또 갱년기 우울증에 걸리셔서 삶을 비관을 하고, 내가 괜히 저 남자를 만나서 내 삶이 이렇게 되었지 하면 골치 아픕니다. 가능하면 주님 안에서 성령으로 온몸기도하며 늘 기뻐하시면서 살다 우울증이 있었는지 없었는지도 모르게 지나가는 것이 제일 좋습니다.

우울증에는 두 가지가 있습니다. 하나는 양성 우울증이 있습니다. 또 하나는 양극성 우울증이 있습니다. 양성 우울증은 무엇인가하면, 한 가지 증세가 계속 되는 것을 양성 우울증이라고 합니다.

다 슬픈 감정만 계속 되는 것 이것이 양성 우울증이라고 하는 것입니다. 그럼 양극성 우울증이란 쉽게 말하면 조울증이란 말을 들어 보셨습니까? 두 가지 증세가 반복되는 것을 말합니다. 조금 전에는 울더니, 1분 후에는 웃는 것입니다. 또 1분 후에는 막 웃더니 또 1분 후에는 우는 것입니다. 어제까지만 해도 너무 기분이 좋아 웃다가 오늘 만나면 기분이 완전히 내려가 있습니다. 이것이 두 가지 증세를 보이는 양극성 우울증인 것입니다. 한 가지가 계속 되는 것을 양성 우울증이라고 합니다.

그리고 사람이 질병으로 인하여 오랫동안 고생을 하면 우울증이 걸린다고 의사들이 말합니다. 그럴 것입니다. 오랫동안 질병으로 고생을 하면 즐거움이 많이 없을 수도 있고, 질병으로 인하여 슬프고 또 왜 나만 이렇게 고생을 해야 하는가 하는 생각도 들 수 있을 것입니다. 그러다 보니 우울증에 걸릴 수 있다는 것입니다. 그런가 하면 그 사람의 뇌에 문제가 있었기 때문에 우울증에 걸린다고 말씀하시는 분들도 있습니다. 필자가 볼 때 뇌에 문제가 있었기 때문에 우울증에 걸린다는 것은 참고해야 할 말씀이고 또 정신건강이 나빠서 우울증에 걸리기도 하는 것입니다.

2.심리학자들과 상담사들이 주장하는 정신건강 우울 질병의 원인. 많은 심리학자들이나 일반 상담을 하시는 분들은 정신건강우울 질병에 원인에 대해 조금 더 구체적으로 말을 하고 있습니다. "이 사람이 과거에 어떤 상처가 있었다. 이 치욕스런 상처의 경험

을 잊어버리지 못하고 있기 때문에 우울증에 걸린다." 이런 말들을 합니다. 그렇겠지요. 분명히 이 사람이 기분이 나쁠 때에는 기분 나쁜 이유가 있을 것입니다. 정신건강우울 질병에 걸렸을 때에는 정신건강우울 질병에 걸릴 만한 이유가 있었을 것입니다. 전부 다 과거의 사건과 관련이 있는 것입니다. 그래서 우울한 사건이 있었다든지… 또한 치욕스러운 경험이라든지… 이런 것들을 치유하지 못하고 치욕스런 경험으로 가지고 있다 보니까, 정신건강우울 질병에 걸려 다운이 되는 것입니다. 그런가 하면 이 치욕스러운 상처, 경험으로 인해 이 사람의 사고가 너무 부정적인 그런 사고로 가득하기에 정신건강우울 질병에 걸릴 수밖에 없는 것입니다.

이 사람이 이 상처를 드러내고 누군가에게 이야기를 하면 치유될 수 있는 길도 있을 것인데, 들어내지 않고 자꾸 혼자 마음의 벽을 쌓는 것입니다. 저는 이런 분들을 많이 보았습니다. 뭔가 말을 하면 도와줄 수 있는 길이 있겠고, 말을 하기만 하면 해결될 수 있는 길이 있겠는데, 말을 하지 않는 것입니다. 마음의 벽을 자꾸 쌓는 것입니다. 사람들을 향하여 마음의 벽을 쌓다보니 결국 자신 혼자만이 갇히게 되는 것입니다. 마음의 벽을 자꾸 쌓아 보세요. 자신 앞에 벽을 쌓아 보세요. 자신만 저 멀리 보지 못하고 다른 사람은 다 보게 됩니다.

정신건강우울 질병에 걸리신 분들이 복음 안에서 치유 받기 원하는 마음을 가지고 목사님이나 내면치유 사역자에게 찾아가서 말을 하면 충분히 치유 될 수 있는데, 말을 너무 안 하는 것입니다. 입을 다물고 마음의 벽을 그대로 쌓고 있다 보니 치유될 수 있는 길이 없어지는 것입니다. 이런 것은 굉장히 위험한 것입니다. 그러다가 정신건강우울 질병에 걸린다고 말을 하고 있습니다. 우리들은 이런 것들을 잘 참고해야 하겠습니다. 맞는 말이기에 치유에 참고해야 합니다.

그러나 정신과 의사들이나 심리학자들이 모르고 있는 것이 무엇이냐 하면 영적인 배경을 모르고 있는 것입니다. 다시 말해서 보이지 않으니 영적인 문제를 모르는 것입니다. 모든 사람에게는 상처가 있을 수 있고, 모든 사람에게는 부정적인 생각이 있을 수 있고, 모든 사람에게는 마음의 벽을 쌓아 둘 수 있는 가능성이 다 있으나, 이런 것들을 통하여 배후에서, 사단이 이 사람을 정복하려하는 엄청난 영적인 존재가 사람을 공격하는 무엇인가가 있다는 것을 의사들이 모르고 있다는 말입니다.

그러니 약물 치유를 하고 심리 치유를 하는 이유는 이 부분에 대해서 모르기 때문에 자기가 아는 분야에서만 치료하는 대책을 세우다 보니 약물 치료를 하고 심리 치료를 하는 것입니다. 그러나 저희들은 이 두 가지를 충분히 참고하여야 합니다. 이 의사들의 말이나 심리학자들의 말을 충분히 참고하면서, 우리가 조금 관심을 가지고, 이 사람에 대해서 도와줘야 할 부분이 있다면 영적인 문제에 대해서 영적인 배경에 대해서 자신에게 이러한 생각을 자꾸 넣어주는 존재에 대해서 영적으로 말해 줄 필요가 있다는 것입니다. 그러니 정신과의사나 심리의사들이 하는 사역은 서로 보완하면서 사역하면 참 좋습니다. 너무 한 쪽만을 주장하면 고립될 수가 있기 때문입니다. 저는 이런 부분을 심리학자들의 말도 조금 참고하는 것도 괜찮다고 봅니다.

3.성령치유 사역자들이 주장하는 정신건강 우울 질병원인. 어떠한 형태의 죄이든지 적은 것이 씨앗이 되어 누룩과 같이 우리들의 정신과 마음과 육체를 파괴해 나가는 것입니다. 표면적인 생각이 잠재의식까지 진행되어 신경 세포가 파괴되고 자율 신경이 파괴되어 자신의 생각이나 의지대로 조절이 되지 아니합니다. 말초 신경의 자극은 내장기관의 파괴를 가져오고 뿐만 아니라, 인체의 호르몬 기능이 조화를 잃게 됩니다. 이로 인하여 체액과 혈액이 산성화되거나 혼탁해져서 인체의 여러 가지 질병에 대한 면역력이 상실됩니다. 그래서 특별한 부위의 세포가 비정상적인 세포로 파괴되면서 육체의 병으로까지 진행되어 갑니다. 영의 병과 원인이나 결과가 유사합니다. 그러나 외적인 악한 영의 영향이나 침투로 인하여 질병이 발생하는 것이 아니라, 내적인 자신의 성품이나 인격(혼)이 조화를 이루지 못한 마음인 "병든 영혼"의 죄로 말미암아 일어나는 질병입니다. 주로 특별한 신체적 장애가 없음에도 불구하고 신체적 통증을 동반하는 질병으로 대개 자율신경의 부조화를 통하여 병으로 진행됩니다.

자율 신경은 교감신경과 부교감신경으로 나뉘는데 좌절, 낙심, 분노, 미워하는 마음, 질투하는 마음, 원망하거나 불평하는 마음,

불안이나 염려나 낙심 등은 교감신경과에 속합니다. 반대로 기쁜 마음, 평안한 마음, 사랑의 마음이나 용서의 마음, 온유한 마음 등은 주로 부교감 신경에 속합니다. 이 자율신경의 균형이 조화가 깨어질 때 각종 장기의 혈관 근육 등에 퍼져 있는 세포에 영향을 주므로 신체에 이상을 일으키게 됩니다. 자율 신경을 자극하는 것이 바로 인간의 감정이나 화나 정신적 혹은 심적 스트레스를 받게 되어 평안함이 깨뜨려지고 자신 안의 주인이신 하나님과의 불화가 시작됩니다. 이 스트레스는 하나님의 뜻대로 살지 못하거나 믿음으로 살지 못한 죄의 결과입니다. 그래서 하나님은 우리에게 주 안에서 항상 기뻐하라고 하시는 것입니다(빌 4:4-7).

감정적인 충격을 받으면 사고기능은 저하되고 합리적인 판단이 흐려져서 앞뒤를 생각할 겨를이 없이 공격적이 됩니다. 이로 인하여 심령이 상하게 되어 본성인 육성이 드러나게 됩니다. 이러한 화가 분노로 격한 심령으로 확산됩니다. 이러한 화병이 통제되지 못하면 빈발하게 되어 병적이 되고 질병으로 진행됩니다. 충격이나 신경성 원인에 의한 모든 질병은 모두 이 혼(정신)에 속한 병인데 이 정신의 문제는 영적인 질병과 정신적인 질병과 육체적인 질병의 3가지 형태로 진행됩니다.

화나 분노가 내적으로 스며들거나 발산되지 않은 상태로 속으로 심령이 상하게 됩니다. 정신적인 손상이 계속되어 뇌신경 세포의 파괴가 진행되면 노이로제나 우울증 및 정신병으로 발전하게 됩니다. 그렇지 않고 내장기관의 신경세포가 손상이나 자극이 계속되면 육체적인 질병으로 발전하게 되어 심신 상관병으로 발전하게 됩니다. 심신 상관병이란 육체의 이상 현상으로 발전된 혼(마음)의 병을 의학적으로 심신 상관병이라 말합니다. 질병의 발생은 대략 이렇게 진행이 됩니다.

① 제 1 단계 환경의 위기: 사업이나 직장 가정 및 인간관계의 파탄이나 다른 사람으로부터 영향이나 자극이나 마음의 충격을 받게 됩니다. 정신에 문제가 생기게 된다는 말입니다.

② 제 2 단계 자아의 위기: 이를 자신의 인격이나 체력이나 믿음으로 소화하지 못하면 내적인 갈등이나 불안, 염려, 의심, 초조, 미움, 원망, 불평 등이 발동하며 육성이 발동 됩니다.

③ 제 3 단계 영적 위기: 갈등이나 불안이나 미움이나 원망이 심화되어 말로 불평을 나타내거나 행동으로 표현하게 되고, 영력이 소멸되고 심령이 메말라오며 보복하려는 심령이 되거나 기도가 막히거나 여러 가지 육체의 일로 외적으로 나타납니다. 다른 사람의 말을 들으려고 하지 않고 무조건 혈기를 내고 짜증이 많아집니다.

④ 제 4 단계 신체적 위기: 정신적 혹은 영적인 이상, 육체적 이상 현상들이 외적으로 나타나기 시작하여 분명한 질병의 형태로 나타납니다. 정신이상 우울증 불면증으로 나타납니다. 장기의 질병으로 나타납니다. 정신이 충격 받을 때 귀신이 침입한 것입니다.

⑤ 제 5 단계 파멸의 위기: 질병이 악화되어 영혼의 파멸을 가져오거나 나아가서는 육신의 사망으로 연결되기도 합니다. 혹은 신경적으로 파멸이 오면 돌이키기 어려운 정신적인 이상을 가져오거

나 영적으로 악화되면 귀신이 침입하여 자리를 잡으면 파멸의 위기를 맞게 됩니다.

보편적으로 마음의 병이란 여기서는 혼(정신)의 병으로 분류했습니다. 신경성 원인에 의한 질병으로 육체의 질병으로 외부적인 형태로 심하게 발전되어지지 않은 상태의 질병을 말합니다. 특별히 내분비 계통과 신경 계통과 자율신경 계통에 발병되어진 경우를 말합니다. 그러나 이 혼(마음)의 병 가운데 육체의 이상 현상으로 발전된 혼(마음)의 병은 의학적으로 심신 상관병이라 말합니다. 흔히 병의 원인을 의사들이 신경성 질병이라고 말하는 질병들로서 육체의 질병과 같은 증세와 형태를 갖추고 있습니다. 이에 대한 치유 사역은 혼(마음)의 내적치유사역의 방법과 함께 육체의 질병에 준하는 치유 사역을 겸하면 효과적입니다. 우울증이나 또한 정신병과 같은 경우라도 육체적 손상으로 인한 정신병이나 약물중독에 의한 육체의 병에 준하여 치유해야 합니다. 정신질환우울 질병의 발생은 유전적 영향이 큽니다. 부모가 모두 정신분열 병이면 자녀가 정신분열 병에 걸릴 가능성은 39.2%이고, 형제들 인 경우 14.2%, 사촌인 경우 3.9%, 손자 손녀인 경우 4.3%로서 대상자와의 혈연관계가 가까울수록 발병 가능성이 높아진다고 합니다.

정신질환우울 질병의 영향에 의한 성격이상은 혼적인 병이 상당히 진행된 상태입니다. 병든 마음이 여러 가지 영의 질병으로 나타나거나 영적으로 파멸되어 가는 영적 현상이요, 이상 인격이며 병든 영혼입니다. 건전한 마음과 건전한 인격은 단순한 마음에서 나오며 어린아이와 같은 순전한 마음에서 나오게 됩니다. 그러나 교만한 마음이나 복잡하고 혼란한 마음이나 정신 상태는 비정상인 인격 현상을 일으킵니다. 성격이상이나 괴팍한 성격 등이나 지나친 의심, 지나친 이기주의, 지나친 고집, 지나친 질투, 지나치게 자주 발하는 혈기, 지나친 결벽성, 지나치게 말이 많거나, 지나치게 말이 적거나, 지나치게 불결함, 지나치게 게으르거나, 지나치게 인색하거나 등은 병적이랄 수 있는 상태이며, 이는 혼(마음)의 병이 상당히 진행된 상태입니다.

깨닫고 보면 이러한 혼의 질병들은 하나님의 축복의 선물이라고 할 수가 있습니다. 이유는 혼의 질병을 치유하려고 예수님을 믿기 때문입니다. 성령의 열매인 평안을 잃어버린 너무나 복잡한 인간의 육신적인 마음에서 나오게 됩니다. 믿음으로 살지 않고 영으로 살지 않는 육신적인 생활 태도는 신경력의 지나친 소모를 가져오거나 혼적인 병의 열매로 나타납니다. 영적으로는 육체의 일로 나타나며, 육신적으로는 사망의 삯인 육신의 질병으로 나타나며, 혼적으로는 영혼의 질병으로 나타나는 성격(인격)이상으로 발전하거나 좀 더 심해지면 정신이상으로까지 발전되기도 합니다.

선천적인 유전적 요인도 있지만 후천적인 환경과 교육이나 신앙과의 영향을 받는 것이 바로 영혼의 질병이요, 인격(성격)이상입니다. 과학자나 의사나 불신자는 혼의 병을 윤리 도덕이나 심리적이나 의학적 혹은 과학적으로만 고치려고 합니다. 이 성격이상은 고착되어 굳어 있고 자신의 존재 자체로 되어 있기 때문에 인간의 어떠한 가르침이나 수양(修養)으로는 근본적인 치료는 불가능합니다. 영혼의 질병은 단순한 혼의 기능 이상만이 아니라, 영의 기능 이상과 문제이기 때문입니다. 영의 변화는 오직 예수의 생명 즉 하나님의 성령만이 변화 시킬 수 있습니다. 영의 변화는 영의 깨달음이 있어야 하는데 이 영의 깨달음은 하나님의 은혜요 성령의 선물입니다. 말씀과 더불어 성령이 역사하는 기름부음이 있어야 하며 성령의 나타남이 있어야 합니다.

이러한 성령의 기름부음과 나타남은 영적 지각 기능이 살아나서 지각되는 영적 감각이 있는 사람이라야 합니다. 성령의 역사에 민감하게 반응할 수 있는 사람이라야 하는데, 하나님의 성령은 예수의 피로 씻어진 심령(거듭난 심령)이 아니고는 역사하지 않기 때문에 현재의 의학으로는 거의 불가능합니다. 정신질환우울 질병은 심리학적이나 교육적으로는 어느 정도 호전될 수 있지만 근본적으로는 고쳐지지 않는 것입니다. 믿음의 사람들도 성령의 도우심을 받지 않고서는 불가능하다는 사실을 인지하고 성령의 사역에 민감하게 반응하는 영성이 필요한 것입니다. 예수를 십년을 믿어도 변화되지 않는 것은 이러한 이유에서입니다. 또한 성령의 은사자라고 자랑하는 사람이나 기도를 하루에 몇 시간씩 하는 영적이라는 사람들도 인격이 변화되지 않는 것은 이러한 영적 원리를 적용하지 않고 살기 때문입니다.

이러한 영적 원리를 적용하고 사는 삶의 태도가 하나님의 영으로 인도함을 받는 삶입니다. 성령은 ① 말씀 속에 있으며, ② 심령

속에 있으며, ③ 우리들 가운데 역사하고 있습니다. 그래서 마음을 열고 영으로 기도를 해야 성령이 충만한 것입니다. 그래야 영의 사람으로 성령으로 인도를 받을 수 있는 것입니다. 이러한 영적 원리를 잘 활용하여 영혼을 인도하는 사역자가 눈을 뜬 인도자입니다. 이러한 영적 원리를 적용하고 사는 것이 신앙생활입니다. 소경이 소경을 인도하면 다 같이 멸망할 뿐입니다. 그러므로 성령 사역을 잘 이해하고 성령의 나타나는 영적 현상과 그 원인을 이해함이 영적 눈을 뜨는데 지름길입니다.

충만한 교회에서는 매주 월-화-금-토요일 1주전 전화(02-3474-0675) 예약하여 온몸집중기도 내적치유 시간이 있습니다. 대상자는 성령 안에서 홀로 서며 사실 분/ 여기서도 저기서도 치유와 능력을 받지 못한 분/ 성령으로 깊은 기도를 하고 싶은 분/ 병원에서 포기한 질병을 치유 받을 분/ 코로나19 후유증으로 고생하는 분/ 방언기도를 포함한 성령의 은사와 권능을 단기간에 받고 싶은 분/ 정신질환을 완전치유하실 분/ 마음이 불안하고 두려워서 고통하는 분, 불치병, 귀신역사를 빨리 치유 받을 분/ 목, 허리디스크, 허리어깨통증, 근육통, 온몸이 아프고 무거움에서 치유해방 받고 싶은 분/ 자녀나 본인의 우울증, 공황장애, 조울증, 불면증을 **빨리** 치유 받을 분/ 가슴이 답답하고 기도하기가 힘이 드는 분/ 생업과 목회로 영육의 탈진에 빠져서 고통당하시는 분/ 성령의 불세례를 체험하고 싶은 분/ 최단기간에 성령치유 능력 받고 싶은 분이 참석하시면 쉽게 만족한 효과를 거둘 것입니다.

3장 정신질환·불안·우울 쉽게 보지 말라

(시1:1-2)"복 있는 사람은 악인들의 꾀를 따르지 아니하
며 죄인들의 길에 서지 아니하며 오만한 자들의 자리에 앉
지 아니하고 (2) 오직 여호와의 율법을 즐거워하여 그의 율
법을 주야로 묵상하는 도다"

우리나라는 '정신'이 아프다는 사실을 공개적으로 표현하기 쉽
지 않은 문화를 형성하고 있습니다. 정신질환이 있는 사람은 비정
상적이고 위험한 사람이라는 편견이 있기 때문입니다. 또 꾀병을
부리는 사람, 의지력이 약한 사람, 의욕이 떨어지는 사람으로 치부
되기도 합니다. 이 같은 사회적 시선 때문에 성령치유 상담과 정신
건강 상담 및 치료를 받는 비율이 다른 나라에 비해 현저히 떨어집
니다. 자살률이 높은 이유 중 하나도 이처럼 정신질환을 방치하는
문화 때문이란 주장이 있습니다.

정신질환을 효과적으로 치료하기 위해서는 앞 장에서 거론한바
와 같이 정신에 영향을 미치고 있는 생물학적 요인, 사회적 요인,
환경적 요인 등을 다양하게 고려해야 합니다. 남성과 여성에게 자
주 나타나는 정신질환 유형을 구분하는 이유도 보다 효율적으로
정신질환 예방과 치료를 위해서입니다.

현재 학계에서 파악된 성별에 따른 정신질환의 차이점을 살펴
보면 남성은 약물남용, 반사회적 성격장애 등을 보이는 비율이 높

은 반면, 여성은 불안증이나 우울증 등을 보이는 케이스가 많습니다. 만약 정신질환 가족력이 있는 여성이라면 정신건강에 좀 더 신경 써야 하는 이유입니다. 정신질환이 가족력으로 나타나는 경우가 많기 때문입니다. 여성의 10~15%가 인생의 어느 시점 한 번 이상 우울증을 경험한다는 보고가 있습니다. 남성보다 2배 가량 높은 비율입니다. 여성은 남성보다 생물학적인 관점에서 많은 변화가 일어납니다. 이 같은 변화가 몸에 오작동을 일으켜 질병을 일으키는 원인이 됩니다.

특히 호르몬 수치의 끊임없는 변화가 정신건강에 큰 영향을 미친다고 합니다. 가령 여성은 출산 시기 호르몬 영향을 많이 받게 됩니다. 산후 우울증을 겪는 여성이 많은 이유입니다. 월경전불쾌장애(PMDD)가 일어나는 원인도 동일합니다. 사회적 편견도 여성 우울증 환자를 증가시키는 이유입니다. 남성은 자신의 의견을 적극적으로 피력하면 용기 있고 강단 있는 사람이라는 평가를 받는 반면, 여성은 자기주장이 강하면 드세다거나 기가 세다는 등의 부정적인 표현을 사용합니다. 이로 인해 자신의 의견을 표출하지 못하고 감추는 여성들이 많습니다. 이는 스트레스를 유발시키고 정신질환이 발생할 가능성을 높인다는 설명입니다. 여성이 남성보다 평균수명이 길다는 점도 한 원인이라고 볼 수가 있습니다. 배우자를 사별하고 인생 후반기를 혼자 외롭게 보낼 가능성이 높기 때문에 우울감을 느끼기 쉽습니다.

필자는 25년이 넘는 세월동안 말씀과 성령으로 수많은 정신질환 환자를 치유하며 지냈습니다. 정신질환 환자를 치유하다가 보면 참으로 안타까운 경우가 많습니다. 첫째가 세상 거의 모든 사람이 알게 모르게 정신적 장애를 겪으면서 살아간다는 것입니다. 세상 살아가기가 힘이 들고 정신적인 상처와 스트레스가 심하여 정신질환의 거대한 울타리에 우리 모두 포함되어 있다고 보아야 합니다. 그런데도 사람들은 스스로를 정상이라 생각하며 살아갑니다. 이 착각에서 깨어날 때 정신질환에서 회복이 시작됩니다.

예를 든다면 이런 경우입니다. 오빠와 동생이 있어요. 대학을 다니던 동생이 학교생활에 적응하지 못해 마음고생을 심하게 합니다. 누구나 그럴 때가 있어, 하고 오빠는 대수롭지 않게 여겨요. 동생의 상태가 조금씩 심해집니다. 학교도 안 나가고 사람도 안 만나고 방에 틀어 박혀 혼잣말을 합니다. 환청이나 환각이 심해 맨발로 집을 뛰쳐나가기도 해요. 온 가족이 독실한 크리스천이라 교회 목사님에게 상담을 합니다. 목사님이 하시는 말씀이 "귀신이 들린 겁니다." 목사님 말씀을 듣고 온 가족이 며칠씩 금식을 하고 새벽기도에 매달려요. 어느 날 동생이 울면서 "오빠, 나 귀신 들린 거 아니야." 하소연을 합니다. 목사님을 찾아가니 사탄은 거짓의 영이니 무조건 기도와 믿음으로 이겨내라고 하십니다. 10년의 세월이 흐르고, 동생의 병세는 더 나빠집니다. 폭력적으로 변해 칼을 들고 가족들에게 달려들어요. 오빠는 경찰을 부르고요. 동생은 곧장 정신병원으로 이송됩니다. "왜 이제야 오셨습니까?" 동생을 진찰한 의사의 첫 마디에요. "10년 동안 뭐하셨습니까? 왜 이 지경이 되도록 방치하셨습니까? 우울증, 조현병이 복합적으로 발병해서 악화되었습니다. 초기에 치료했다면 정상 생활도 가능할 텐데 너무 오래도록 병을 악화시켰습니다."

다른 경우입니다. 지방에서 어머니가 전화를 했습니다. 우리 아들이 조현병 환자입니다. 지금 나이가 43살인데 25년 전부터 증세가 나타나기 시작을 했습니다. 고등학교를 어렵게 졸업을 했다는 것입니다. 병세가 점점 심해져서 주변에 신령하고 능력이 있다는 기도원 목회자에게 가서 상담을 했답니다. 목회자가 하는 말이 사명자인데 사명의 길을 가지 않았기 때문에 조현 병이 발생했다는 것입니다. 신학을 하고 목사가 되면 하나님께서 조현병을 치료하여 주신다고 신학을 하라고 했다는 것입니다. 그래서 신학교에 들어가 신학공부를 시키는데 혼자 다닐 수가 없어서 어머니하고 같이 다니면서 신학 7년을 마치고 목사 안수를 받았는데 조현병이 치유되지 않고 더 심하다고 저에게 어찌된 일인지 알아보기 위하여 전화를 한 것입니다.

참으로 안타까운 일입니다. 무당이 왜 무당이 되는지 아십니까? 너무나 고통이 심하여 신령하다는 무당에게 찾아가서 상담하니 신내림을 받고 무당하면 치료가 된다고 하여 무당이 된 것입니다. 무당이 된 다음에도 알게 모르게 얼마나 많은 고통을 당하는지 겉으로 표현은 못해도 말도 못하는 고통을 당하면서 무당을 하는 것입니다. 이 샤머니즘의 행태가 기독교라는 가면을 쓰고 교계에 들어온 것입니다. 그래서 무당하고 비슷한 목회자들이 앞에서 말한 분과 같이 조현병으로 고통을 당하는데 신학하여 목사가 되면 치유가 된다고 과학적으로 증명되지 않는 근거 없는 말로 속여서 불필요한 세월을 낭비하게 하여 인생을 비참하게 마감토록 하는 것입니다.

다른 분의 사례입니다. 이분이 대학을 마치고 직장에 들어가 3년여 동안 스트레스에 시달리다가 보니까, 자신의 의지를 제대로 발휘하지 못하는 상태가 되었습니다. 번아웃에 걸린 것입니다. 번아웃은 쌓인 스트레스를 해결하지 못하여 심리적·생리적으로 지친 상태를 말합니다. 그래서 이리저리 다니면서 치료를 받아도 치료되지 않아서 어떤 분에게 가서 상담을 하니 목회를 해야 하는 사명자라 신학을 하여 목회를 하면 하나님께서 정상으로 고쳐주신다는 말을 철석같이 믿고 신학부 3학년에 편입하여 신학을 하기 시작을 했다는 것입니다. 본인의 말로는 자기정신으로 신학교를 다닌 경험이 별로 없다는 것입니다. 정신이 혼미하여 붕 뜬 기분으로 신학학부를 마쳤다는 것입니다. 필자가 왜 그런 고생을 했느냐고 질문하니 목사가 되면 이러한 고통에서 해방된다고 하여 참고 인내하면서 다녔다는 것입니다. 목사가 되려면 신학대학원에 다녀야 하기 때문에 대학원 3년을 마친 것입니다. 그래도 정상이 되지 못하여 수소문하다가 필자를 찾아와서 2년 정도 집중치유기도를 하여 정상으로 회복이 되어 지금 정상적인 생활을 하고 있습니다. 초기에 필자와 같은 정신질환을 전문으로 치유하며 목회하는 분들을 찾았더라면 이런 귀중한 시간을 낭비하지 않았을 것입니다.

이렇게 정신질환 환자들이 보호자나 목회자나 자신이 전문적인 지식이 없다가 보니까, 샤머니즘의 영향으로 무엇을 하면 하나님께서 치료하여 주신다는 증명되지 않는 말에 미혹이 되어 불필요한 시간을 허비하여 초기에 다루었으면 1년 내에 정상적인 삶을 살아갈 수 있는 분들이 비정상적인 삶으로 생을 마감하는 경우가 허다합니다. 이렇게 정신질환이 시간이 가면 갈수록 정상적인 삶을 살아갈 수가 없게 됨으로 가족에게도 커다란 짐이 되는 것을 물론이고 사회적으로도 큰 문젯거리가 아닐 수가 없는 것입니다.

도 다른 문제는 정신질환 환자들이 보호자나 목회자나 자신이 인정하지 않아서 적합한 치료를 하지 않고 하루 이틀 지나다가 방치할 경우에는 매우 악화되는 경우가 많습니다. 종국에는 극단적 행동을 저지르기도 하고, 범죄에 연루되어 인생을 망치기도 합니다. 특히 자신이 책임지고 있는 사회적 지위를 감당하지 못하고 잘못된 결정을 내리다가 많은 이들을 도탄에 빠뜨리기도 합니다. 정신질환은 초기에 환자가 인정하고 적극적인 성령치유를 하면 거의 정상적인 삶을 살아갈 수가 있습니다. 그런데 귀중한 시간을 질질 끌어서 치유하지 못하고 정상적인 삶을 살지 못하고 정신과 약에 취해서 살다가 세상을 마감하기도 합니다.

현실적으로 정신질환에 대한 사람들의 인식은 냉혹합니다. 사회적 인식이 발달됨에 따라 일단 상대가 정신질환이 있다는 것을 알면 무턱대고 비하하거나 혐오하는 경향은 많이 없어졌지만 "정신병자" 라는 단어가 당연하다는 듯이 욕으로 사용 되는 것에 알 수 있듯이, 정신질환자를 기피하는 것은 여전하며 정신질환에 무지할 경우(비록 직접적으로 드러내지는 경우라도) 불가피한 질병이 아닌 꾀병이나 변명으로 받아들이는 경우가 많습니다. 또 영적, 정신적으로 무지한 목회자들이 귀신들렸다고 귀신만 쫓아내려고 이리저리 방황하다가 사람노릇을 못하게 하는 경우도 많습니다. 반대로 정신과 약만 의존하여 치료를 하라고 조언하기도 합니다. 필자가 체험한 바로는 정신과 약도 어느 정도 시기까지 복용을 하면서 성령으로 영적치유를 병행하니 쉽게 정상으로 회복이 되더라는 것입니다. 전문성을 가지고 지혜롭게 판단해야 합니다.

무차별적인 혐오를 자제하자는 측에서도 사회적 피해를 막기 위해 정신질환자를 비질환자와 격리해야 한다고 주장하기도 하는 등, 질환자를 일종의(비자발적) 잠재적 가해자나 일반적인 방법으로는 손쓸 수 없는 자연재해 취급하는 시선 때문에 미리 치료할 수 있는 사람들조차도 사회적 시선이나 불이익이 두려워 심해진 후에야 치료를 시작하기도 합니다. 분명이 알아야 할 사실은 정신질환이 있다는 것은 인성이 나쁘다는 것이 아니며, 아무리 비질환자의 입장에서 정신질환자들의 증상이 이해되지 않더라도, 그것이 사람을 무시해도 된다거나 배척하는 것이 정당화될 수는 없다는 것입니다. 인성은 개개인의 차이일 뿐 정신질환 환자를 차별하는 것을 정당화 할 이유가 되지는 않으며, 오히려 정신질환을 앓는 다는 이유로 따돌림을 당하거나 온갖 부정적인 말에 시달려, 그것이 사람의 사회성을 저하시키는 원인이 되기도 합니다. 이것은 선천적으로 사람의 인성이 나쁜 게 아닌, 사회적인 편견과 혐오가 오히려 가해자를 만드는 것이나 마찬가지입니다. 더불어 어느 누구든 예측 불가한 경로로 정신질환을 얻게 될지는 알 수 없는 것이고, 사실 알고 보면 정신질환은 은근 흔하다는 것도 알아두는 것이 좋습니다. 정신질환자들이 치료를 받지 않거나 치료를 중단하는 이유 중 하나는 정신질환자에 대한 부정적인 인식이 상당하기 때문입니다. 위에서 언급한 정신질환자의 범죄 등으로 인해 정신질환자들을 사람들은 더욱 안 좋게 바라보고 있습니다. 이로 인해 우울증, 불안장애, 강박증, 불면증 환자들도 정신과 진료를 꺼리는 분위기가 다소 감지되고 있습니다. 대한민국이 OECD 자살률 2위의 스트레스 많은 사회라는 점을 감안하면 국가적, 사회적으로는 절대 바람직하지 않은 현상입니다.

정신병이라는 표현 자체가 매도의 의미로 사용되고 있는 것이 현실도 정신병의 부정적인 인식 형성에 한 몫 합니다. 다른 사람에게 진지한 의미로 "정신병원에 가서 상담을 받아보지 않겠습니까?"라고 말해도 자신에게 욕설을 퍼부었다고 생각하는 사람이 적지 않습니다. 한마디로 "정신병 환자 = 미치광이"라는 인식이 있다는 것입니다. 이것은 자신에게 정신적인 문제가 있다고 인식하는 사람에게도 마찬가지입니다. 자신의 질병에 대해 이식이 부족한 것도 문제가 큽니다. 조현병, 조울증 등의 정신질환자경우 치료를 중단하는 절대 다수의 이유는 자신이 병이 있어서 치료를 받아야 한다는 사실을 인지하지 못하거나, 의사의 소견 없이 증상이 호전되었으니 더 이상의 치료는 필요 없다고 멋대로 자가진단을 내리기 때문입니다. 그런데 필자의 견해로는 죽을 때가지 관리를 해야만 한다는 것입니다.

문제는 20대 미만 정신 질환 환자 3년 새 22%가 늘었다는 것입니다. 질병관리청이 실시한 '2021년 청소년건강행태조사'에서는 우리 청소년들이 지난 1년간 스트레스를 대단히 많이 느낀 비율(인지율)이 38.8%, 우울감 경험은 26.8%였다고 합니다. 2020년 조사 결과보다 스트레스 인지율은 4.6%포인트, 우울감 경험은 1.6%포인트 올랐습니다. 우리나라 아동과 청소년들의 정신 건강에 적신호가 켜진 것입니다. 게임 및 SNS 중독 문제가 크게 대두되고, 학교 폭력이나 따돌림 문제가 만연해있으며 성폭력 피해를 당하는 연령이 낮아지고, 사이버 폭력이 증가하고 있습니다.

그 결과 아동·청소년 정신 질환 환자 수가 최근 급증했습니다. 2021년 '정신 및 행동장애'로 병원을 찾은 10대 환자는 20만3646명으로 3년 전(16만8740명)과 비교해 20.7% 늘었습니다. 0~9세 아동의 정신 질환 환자 수는 같은 기간 7만7041명에서 9만6175명으로 24.8% 늘었습니다. 20대 미만 정신 질환 환자가 3년 사이 5만4040명(22%) 늘어난 것입니다. 전체 정신 질환 환자 수 증가율(18.4%)을 웃도는 수치입니다. 아이들에게 정신 건강의 적신호가 생겼다는 건 학업, 감정 조절, 대인 관계, 사회적 행동 등 모든 영역에서 어려움이 생겼다는 것을 의미합니다. 가령 학령기 아동들에게 흔한 ADHD(주의력결핍·과잉행동 장애)의 경우 집중력 장애로 학업 능률이 떨어져 자신의 지적 잠재력을 발휘하지 못하고, 충동성으로 인해 자신의 감정을 잘 조절하고 표현하는 것이 어렵게 됩니다. 원만한 대인 관계도 어려워져 학교생활에 전반적인 문제가 생겨납니다. 우울·불안 장애 역시 안정적인 친구 관계를 형성하기 어렵게 만듭니다. 초등학교 남학생의 7~8명 중 1명이 ADHD(주의력결핍·과잉행동 장애)를, 중·고등학생의 경우 10명 중 1명이 불안 장애나 우울 장애를 경험한다고 합니다.

더 큰 문제는 정신 질환 진단 후 치료 받는 경우 드물다는 것입니다. SNS 등 디지털 문화의 전반적인 확산은 아동·청소년들의 고립감과 외로움을 점점 더 키우고 있습니다. 이뿐만 아니라 코로나 팬데믹에서 경험했듯 예측 불가능한 재난 상황에서의 트라우마 또한 아이들의 정신 건강에 큰 영향을 끼치고 있습니다. 핵가족화 속에서 가족 구성원 간 관계는 더욱 밀접해지면서, 가정 폭력이나 아동 학대의 트라우마는 과거보다 심각한 양상으로 전개됩니다. '아동기 부정적 경험(Adverse Childhood Experience)'이 평생의 삶에 어떻게 악영향을 끼치고, 심지어 수명에까지 부정적인 영향을 끼치는지에 대한 연구 자료도 쏟아져 나오고 있습니다.

보건복지부에 따르면, 성인 4명 중 1명은 평생 한 번 이상 정신 질환을 경험한다고 합니다. 하지만 이 중 12%만 의사 등 전문가들의 도움을 받았다고 합니다. 아동과 청소년의 경우는 5명 중 1명이 정신 질환을 경험하는데, 이 중 15%만이 정신 건강 관련 서비스를 받는 다는 것입니다. 효과적인 전문 의료 서비스를 받은 비율은 6%에도 미치지 못합니다.

정신건강을 위하여 정신건강에 대해서 부모님이나 자녀나 자신이나 조금 이상이 있다면 대수롭지 않게 여기지 말고 인터넷이나 정신건강 전문서적이나 정신건강의학과 병원이나 정신문제를 전문으로 치유하는 전문 목회자를 찾아서 초기에 정신질환을 예방하거나 치유해야 합니다. 정신질환은 우습게보거나 무시하거나 의지가 약해서 일어나는 질환이 아니라는 것을 알아야 합니다.

분명하게 정신질환은 어려서부터 잠재하여 있습니다. 그러므로 어려서부터 정신문제와 육적인 문제와 영적인 문제에 관심을 가지고 자녀들을 관리해주어야 합니다. 영적 정신적 분야의 전문적인 책을 읽어서 전문적인 지식을 갖추려고 해야 합니다.

지방에서 자녀의 정신적인 문제로 고통을 당하다가 본 충만한 교회에 찾아온 목회자 부부의 실화입니다. 목사님의 무남독려인 따님이 초등학교 4-5학년 시절에 여러 친구들과 친구 집에 모여서 어른들만 보는 성인 비디오를 본 것입니다. 보고 나서 잘 지내다가 6학년이 되던 어느날 목사님의 무남독려인 딸이 한쪽 머리를 거의 다 뽑아서 대머리가 될 정도가 되어서 집에 온 것입니다. 이유인즉 성인비디오를 볼 때 본 영상이 눈만 감으면 환영으로 나타나는 것입니다. 그러니 괴로워서 머리를 쥐어 뜯은 것입니다. 이런 일이 있었으나 사모님이 주의를 주고 혼만 내고 그냥 지나갔다고 합니다. 그렇게 정신 영적인 문제가 나타났는데 영적 정신적인 문제에 무지한이던 목사님도 사모님도 딸의 영적 정신적인 문제를 해결해주지 못했습니다. 중고등 학교는 주변에 있는 곳에 다녔습니다. 부모님이 잘 챙겨주니 더 이상 정신적이고 영적인 문제가 밖으로 나오지 않고 지난 것입니다. 고등학교를 졸업하고 대학교에 들어갔습니다. 대학은 집에서 다닐 수가 없는 곳이라 대학 주변에 있는 교회에서 운영하는 숙소인데 교회에 새벽기도에 참석하는 조건으로 입주하여 자매가 스스로 숙식을 하면서 지냈습니다.

대학의 기독교 동아리에 들어갔다고 합니다. 동아리에서 목사님 딸이라고 동아리 총무를 맡아서 일을 했다합니다. 이 자매가 숙소에서 지내면서 스스로 숙식을 해결하랴 새벽에 일어나 새벽기도에 참석하랴 대학교 공부하랴, 동아리 총무역할을 하랴 스트레스가 이만저만이 아니었나봅니다. 그렇게 지내다가 5-6월부터 꿈속에서 성폭행을 당하는 꿈을 꾸는 등 영적 정신적 상태가 급속하게 나빠진 것입니다. 방학을 하여 집에 돌아가 사모님에게 자신의 정신이 멍하고 머리가 아프고 악몽을 꾸고 불면증으로 고통을 당하여 도저히 2학기를 수강할 수가 없다고 말했다는 것입니다.

그래서 사모님이 수소문을 하여 전주에 있는 기도원에서 딸과 같은 사람들을 치유했다는 소문을 듣고 전주 기도원에 간 것입니다. 가니까 기도원장이 20일 금식을 하면 치유가 된다하여 영적 정신적인 지식이 전혀 없는 사모님과 딸이 20일 금식을 한 것입니다. 금식을 끝냈는데 치료가 되지 않으니 저희 충만한 교회를 찾아온 것입니다. 상태를 보니 정신적 영적인 상태가 악화되어 자매가 자신의 몸을 가누지를 못하면서 흔들어 대는 것입니다. 이유는 자매의 육적인 기력이 완전하게 소진이 되어 일어나는 현상입니다. 한 마디로 진액이 다 빠진 것입니다. 그 상태로는 도저히 치유할 수가 없어서 아버지 목사님에게 유명한 한약방에 데리고 가서 사정이야기를 정확하게 하면 보약과 치료제를 처방하여 줄 것이니 잘 복용하도록 하여 기력을 어느 정도 회복하면서 성령 안에서 기도하면 치유가 될 것이라고 조언하여 보냈습니다. 이런 경우는 자매가 정신적인 문제를 가지고 살고 있던 것입니다. 초등학교 다닐 때 이상 증상을 빨리 알아차리고 영적 정신적인 문제를 치유했으면 무사하게 지냈을 것입니다. 그런데 영적 정신적인 분야에 무지한이라 딸을 방치하다 시피하고, 부모가 목회에 정신을 다 투자하고 지낸 것입니다. 하나님께서 딸을 보살펴 주신다는 안일하고 근거 없는 사고방식을 가지고 지내다가 보니까, 하나밖에 없는 딸이 정상적인 삶을 살아가지 못하게 만든 것입니다. 실제로 사모가 필자에게 하는 말이 목사님! 우리가 교회를 개척하여 교회 건축까지 했는데 하나님께서 하나밖에 없는 딸을 돌보시고 치유하여 주시지 않아서 저모양이 되었다고 하나님을 원망하는 말을 하는 것입니다. 하나님께 원망하는 것이 올바른 것인지 독자 여러분이 판단해보시기를 바랍니다.

필자가 앞으로 여러 번에 걸쳐서 강조할 것이지만 어려서 잠재하여 있는 영적 정신적인 문제는 반드시 드러나게 되어있습니다. 앞에 자매가 스트레스가 심하여 체력이 약해지니 여러 가지 좋지 못한 일이 일어났다고 말했습니다. 영적 정신적인 문제가 밖으로 나타나기 전에 미리 예방하고 치유해야 하는 것입니다. 치유는 원시적인 방법이 아니라 과학적인 방법을 따라야 합니다. 체력이 떨어져서 나타난 영적 정신적인 문제가 금식한다고 해결이 안 됩니다. 이런 환자를 금식시키는 것은 불난 곳에 기름을 붙는 격입니다.

다음 사례입니다. 저는 실어증과 우울증이 심하고 영적인 문제에 시달리다가 충만한 교회에 오게 되었습니다. 영적인 문제는 다름이 아니고 자꾸 눈에 악한 영들이 보이고, 밤에는 아예 잠을 자지 못할 정도로 불면증과 악한영의 괴롭힘에 일 년 반을 시달렸습니다. 그리고 심한 우울증과 실어증으로 일 년을 고생을 하였습니다. 이분의 아버지가 필자에게 하는 말이 "아파트 문을 열고 들어가면 아빠 여기 귀신이 있어요, 하고 놀라고, 또 저기도 귀신이 있어요, 하며 놀라고, 자다가도 귀신이 나타났다고 소리를 질렀다는 것입니다. 그러면서 나에게 하는 말이 목사님 한번 생각해 보세요. 잘 길러서 미국 유학을 7년이나 다녀와 영어를 그렇게 잘하던 딸이 연속적으로 스트레스를 많이 받다가 그만 스트레스가 쌓여서 저렇게 순간적으로 변해 버리니 아버지의 마음이 찢어집니다. 지난 일 년 반 동안 못 해본 것 없이 다해보았습니다. 목사님 저희 딸을 예수 이름으로 치유하여 종전같이 회복 되도록 도와주세요." 그래서 내가 이렇게 대답을 했습니다.

"예수님은 못하시는 것이 없습니다. 의지를 가지고 제가 하라는 대로 순종하고 연속적으로 집회에 참석하여 말씀 듣고 불같은 성령을 체험하고 안수기도 받으면 정상으로 회복이 될 것입니다." 하고 안심을 시켰습니다. 본인의 말로는 무당 옷을 입은 귀신은 밤에 많이 나타나고, 흉측하게 생긴 귀신은 낮에도 아파트 문을 열면 나타나 놀라게 했다는 것입니다. 그래서 이곳저곳을 헤매며 돌아다니면서 치유 받으려고 하다가 도저히 해결 받지 못하고 국민일보 광고와 어느 분의 소개를 받고 우리 교회를 알고 왔다는 것입니다. 그래서 매일 다니면서 치유를 받게 되었습니다.

우리 교회에 아버지와 어머니 모두 등록을 하고, 매주 마다 영적인 말씀을 듣고 영성 훈련을 했습니다. 이 자매가 치유를 받고 이렇게 간증했습니다. "매시간 목사님의 안수를 받으면서 악한 영들이 때로는 울면서 떠나가고, 어떤 때는 악을 쓰면서 떠나가고, 어떤 때는 얼굴과 몸이 뒤틀리다가 떠나가고, 그리고 떠나가면서 각각 형상으로 보여주면서 떠나갔습니다. 치유를 하면서 자매가 하는 말이 유년시절에 자신의 어머니에게 폭행을 많이 당했다는 것입니다. 자매의 어머니가 시어머니에게 질책을 당하면 자매에게 화풀이는 했다는 것입니다. 자매가 시어머니를 닮았기 때문입니다. 그러니까 자매를 보면 시어머니가 떠오른 것입니다. 그래서 시어머니에게 하고 싶은 폭언을 자매에게 다 해대는 것입니다. "키가 작다." "못생겼다." "공부를 못한다." 그러다가 분노가 치밀어 오면 자매의 머리를 잡고 흔들기도 했다는 것입니다. 어렸을 때 어머니에게 상처를 많이 받은 것입니다. 쉽게 말해서 어려서부터 영적 정신적인 문제가 잠재하여 있었다는 것입니다. 그러다가 상처와 스트레스를 과하게 받다가 보니까, 밖으로 드러난 것입니다.

성령의 깊고 강한 역사로 한 달 정도 치유를 받으니까, 눈에 그렇게 보여서 나를 놀라게 하고 괴롭히던 악한 영들이 서서히 보이지를 않았습니다. 영적인 깊은 말씀을 듣는 중에도 하품을 통해서 말도 못하게 떠나갔습니다. 하루에 화장지 한통이 들어갈 정도로 많은 더러운 것들과 상처들이 치유되었습니다. 한 두 달이 지나니까, 잠이 잘 오고 불면증도 서서히 사라졌습니다. 그리고 악한 것들도 보이지 않고 밤에도 조용하게 잠을 잘 수 있었습니다. 그러나 우울증의 현상은 완전히 없어지지 아니하고 여전히 남아서 저를 괴롭혔습니다. 그래서 끝까지 치유 받아 정상적인 생활을 한다고 생각하고 계속 다녔습니다. 4개월이 지나고 5개월 중간쯤 되니까, 마음이 상쾌해지고 삶에 생기가 돌고 우울증이 사라졌습니다. 그리고 목사님의 말씀이 꿀같이 달게 들려 졌습니다. 성경을 읽으면 옛날에는 하나도 보이지 않았는데, 눈에 쏙쏙 들어오는 것을 보니 영안도 열린 것이 분명했습니다. 그래서 저는 이렇게 생각합니다. 하나님이 못 고칠 질병이 없고 못 떠나보낼 악한 영이 없다는 것입니다. 그리고 눈에 악한 영이 보인다고 자랑하는 사람들은 정신적으로 영적으로 조금 문제가 있는 사람입니다. 이렇게 체험적으로 알게 되었습니다. 왜냐하면 그렇게 낮이나 밤이나 눈에 보이면서 괴롭히던 귀신들이 이제 봄 햇살에 하얀 눈이 녹아 없어지듯이 없어졌기 때문입니다."

결론적으로 어려서부터 정신적 영적인 문제에 관심을 가지고 지내야 합니다. 성인 정신 질환자의 50%가 만 14세 이전에 정신 건강 문제를 겪는다고 합니다. 한국인 4명 중 1명은 평생 한 번 이상 정신 질환을 경험한다는 것입니다. 정신 질환을 조기에 발견해 적절한 치료를 해나간다면 심각한 문제로 번지는 것을 막을 수 있습니다. 하지만 아직 우리 사회는 아이들의 정신 건강 문제를 일종의 성장 통 혹은 사춘기 문제 정도로 가볍게 생각하거나 제대로 인식하지 못하는 경향이 있습니다. 문제를 알아차리더라도 창피하고 사회적 낙인이 두려워 드러내지 못하고 제대로 대처하지 못하게 됩니다. 결국 정신 건강 치료에 대한 선입견 혹은 부정적인 견해로 치료 적기(適期)를 놓치는 경우가 흔하다는 것입니다.

저는 지난 십 년이 넘도록 성령치유 사역을 하고 있습니다. 그동안 수많은 정신적 영적 우울의 질병으로 고생하는 환자를 치유하여 왔습니다. 그런데 대부분의 환자가 치유가 되었습니다. 모두 치유가 된 것이 아닙니다. 의지가 있는 환자는 모두 치유가 되었습니다. 의지가 부족한 환자는 치유되지 않은 환자도 있습니다. 그래서 저는 환자가 하나님의 은혜로 꼭 치유된다는 의지를 가지고 치유가 될 때까지 말씀을 듣고 기도를 하며 치유를 받는다면 모두 치유가 됩니다. 의사들은 그럽니다. 정신신경과 약을 평생 먹으며 살아야 하는 불치의 병이라고 합니다. 그러나 하나님의 사전에는 불치병이 없습니다. 누구든지 예수를 믿고 하나님에게 나와서 끝까지 메어 달리며 치유를 받을 때 모두 치유가 된다고 저는 확신합니다. 제가 지난 세월동안 의지를 가지고 다니면서 치유를 받은 환자는 모두 완치가 되었기 때문입니다. 지금 예수를 믿으면서도 정신적 영적 우울의 질병으로 고통을 당하면서 불필요한 시간을 낭비하는 성도들이 많아서 책을 집필하게 된 것입니다.

4장 정신질환 우울증을 예방하는 비결

(막5:15)"예수께 이르러 그 귀신 들렸던 자 곧 군대 귀신
지폈던 자가 옷을 입고 정신이 온전하여 앉은 것을 보고 두
려워하더라"

하나님은 성령하나님의 은혜로 정신 문제를 사전에 예방하면서
치유하라고 하십니다. 정부 질병관리청 통계에 의하면 성인 정신
질환자의 50%가 만 14세 이전에 정신 건강 문제를 겪는다고 합니
다. 한국인 4명 중 1명은 평생 한 번 이상 정신 질환을 경험합니다.
정신 질환을 조기에 발견해 적절한 치료를 해나간다면 심각한 문
제로 번지는 것을 막을 수 있습니다. 하지만 아직 우리 사회는 아
이들의 정신 건강 문제를 일종의 성장 통 혹은 사춘기 문제 정도로
가볍게 생각하거나 제대로 인식하지 못하는 경향이 있습니다. 문
제를 알아차리더라도 다른 사람들에게 알려질까 노심초사하고 사
회적 낙인이 두려워 드러내지 못하고 제대로 대처하지 못하게 됩
니다. 결국 정신 건강 치료에 대한 선입견 혹은 부정적인 견해로
치료 적기(適期)를 놓치는 경우가 흔합니다.

우리 그리스도인들도 세상을 살아오면서 우리 안에 들어온 상처
와 스트레스와 죄를 가볍게 여기다가 결국 나의 삶을 흔드는 큰 문
제가 되어서 그로 인하여 감당할 수 없는 고난을 경험하게 되는 경
우가 적지 않습니다. 그렇기 때문에 건강한 인생은 예방이 중요합
니다. 예방신앙이 중요합니다. 몸도 미리 미리 건강을 챙기는 습관

을 가진 사람은 무병장수 할 수 있습니다. 마찬가지로 우리의 영혼도 미리 미리 말씀과 성령으로 치유하며 관리한다면 큰 시험 따위는 우리에게 일어나지 않는 것입니다.

그리스도인에게 가장 위험한 죄는 영적-정신적-육체적인 방심입니다. 이것은 자신의 믿음과 도덕성에 대한 교만함으로부터 나오는 것입니다. 그래서 주님께서는 "늘 깨어 기도하는 신앙을 유지하라"고 말씀하십니다. 또한 예수님께서도 새벽마다 한적한 곳을 찾아 기도하는 습관을 놓지 않으셨습니다. 여기서 새벽이라는 시간은 중요하지 않습니다. 중요한 것은 자신의 영적인 상태를 마치 다이어트를 하는 여성이 매일 체중계 위에 올라가듯, 혈압이 높은 어른이 매일 혈압계로 자신의 상태를 체크하듯, 자신의 영적인 상태를 매일매일 점검하는 거룩한 습관이야말로 모든 그리스도인들에게는 가장 중요한 삶의 지혜입니다. 육체를 건강하게 하기 위하여 건강진단을 주기적으로 합니다. 20세가 넘으면 건강보험 공단에서 2년에 한 번씩 건강 검진을 받게 합니다. 이때 자신의 건강 상태를 확인하고 문제가 있는 곳은 치유합니다. 그래서 건강을 유지하게 합니다. 이처럼 건강한 정신적-영적 삶을 살기 위해서는 주기적으로 영적 진단을 받을 필요가 있습니다.

그럼 성도들의 영적검진은 어디에서 해주어야 합니까? 육체의 건강검진은 국가 건강보험 공단에서 해준다고 다들 알고 계실 것입니다. 그럼 건강보험공단은 어디에 소속이 되어있습니까? 국가에 소속이 된 것으로 알고 있습니다. 그럼 성도들의 영적 정신적 건강검진은 어디에서 해야 할까요? 필자는 자신이 등록된 교회에서 해주어야 한다고 생각합니다. 등록된 교회 담임목회자가 관심을 가지고 성도들의 영적 정신적 건강검진을 해주는 것이 옳다고 생각합니다. 자신이 소속된 교회에서 주일날 영적 정신적 건강검진을 받아야 합니다.

필자는 주기적인 영적 정신적 진단을 아주 많이 강조합니다. 성령의 역사가 강한 장소에 가서 자신의 영적인 상태를 주기적으로 진단하는 것입니다. 암은 조기에 진단하면 100% 치유가 되지만, 검진을 하지 않으면 말기가 될 때까지 우리 몸은 암을 느끼지 못합니다. 그래서 의사들이 하는 말이 암을 발견하는 것은 주기적인 검진 밖에 없습니다. 라고 말을 합니다. 영적인 병도 이렇습니다. 병의 바이러스인 마귀나 귀신이 들어왔는데도 우리의 몸이 느끼지 못하는 경우가 많습니다. 영은 신호를 보내는데도 무지해서 그 신호를 놓치는 경우가 많습니다. 그러므로 주기적으로 자신의 영적 정신적인 상태를 점검할 필요가 있습니다. 주기적인 영적 정신 상태 점검은 무엇보다 중요합니다.

성인 정신 질환자의 50%가 만 14세 이전에 정신 건강 문제를 겪는다고 했습니다. 이는 보이지 않지만 세대에 역사하는 영적인 존재들은 태중에서 들어와 좌정하고 있다는 것입니다. 이것들이 평소에는 잠복하여 있다가 영-혼-육의 취약한 시기가 되면 고개를 들고 일어나 문제를 일으키는 것입니다. 이를 예방하기 위하여 주기적인 영적 정신적 검진이 필요한 것입니다. 저는 평소에 이렇게 말합니다. 예수를 믿고 교회에 들어오면 먼저 성령으로 세례를 받아야 합니다. 성령께서 자신의 영적 정신적 검진을 하시기 때문입니다. 성령으로 세례를 받은 다음에 말씀과 성령으로 심령의 상처를 치유하는 것입니다. 상처를 치유 받으면서 병행하여 자아를 십자가에 매다는 것입니다.

성령의 역사로 혈통에 대물림되는 악한 영을 축귀하는 것입니다. 그리하여 영적체질을 만드는 것입니다. 이는 어려서부터 적용해야 되는 것입니다. 세대에 역사하는 악한 영을 성령의 역사로 드러내어 미리 축귀하는 것입니다. 그래서 저는 우리 충만한 교회에 다니고 있는 성도들과 청년들을 코로나19가 한창이던 시대에도 매월2-3회 날을 정하여 안수해서 영적으로 맑은 상태를 유지하게 하려고 노력했습니다. 주기적으로 안수를 받으니 영적으로 정신적으로 깨끗해지는 것은 물론이고 육적으로도 건강하게 지냅니다.

기존 성도들은 주일날 영적점검을 받는 것입니다. 성령의 역사가 강하게 나타나니 세대에 대물림 되던 악한 영이 더 이상 숨어있지 못하고 정체를 폭로하는 것입니다. 폭로되어 떠나가게 하고 매주일 성령의 역사를 체험하며 영적 상태를 유지하는 것입니다. 저는 항상 이렇게 말합니다. 성도들은 주일날이 아주 중요하다고 말입니다. 요즈음 세상 살아가는 것이 힘이 들어 주일 하루 밖에 교회를 나오지 못하는 분들이 많습니다. 이 중요한 주일을 성령으로 충만하게 예배를 드려서 영성을 유지하는 것입니다.

이렇게 신앙생활을 하지 못하니 세대에 역사하던 악한 영들이 예수를 믿어도 꼼짝하지 않고 숨어 있다가 영육으로 취약한 시기에 고개를 들고 나와 문제를 일으키는 것입니다. 취약한 시기는 스트레스를 많이 받을 때입니다. 제가 지금까지 성령치유 사역을 하면서 체험한 바로는 세대에 역사하던 악한 영이 장로가 된 다음에도 영육으로 이해 못하는 고통을 가하는 것입니다.

우리 충만한 교회 성령치유 집회와 주일 예배에 참석하여 성령의 강한 역사를 체험하고 자신 안에 도사리고 있던 중풍의 영들이 정체를 폭로하여 떠나보낸 분들이 부지기수입니다. 또 무속의 영들이 숨어 있다가 정체를 폭로하여 떠나보낸 성도 목회자가 많습니다. 이는 현재 진행형입니다. 지금도 역사가 일어난다는 것입니다. 오늘도 일어날 것입니다. 오셔서 직접 체험해 보시기를 바랍니다. 이렇게 사전에 성령의 역사로 정체를 폭로하여 떠나보내지 않고 영-혼-육체가 취약한 시기에 드러나서 고통을 당하다가 찾아오는 분들 또한 부지기수입니다.

또 매주 월-화-금-토요일 진행하는 집중정밀치유기도 시간에 자신도 모르고 지내던 영적인 문제가 드러나 치유가 됩니다. 어떤 분은 무당의 영이 정체를 밝히고 떠나갑니다. 어떤 분은 중풍의 영이 드러나 떠나갑니다. 어떤 분들은 관절염을 일으켜서 걷지 못하게 하려고 숨어있던 귀신들이 정체를 폭로하고 떠나가기도 합니다.

저는 모든 성도와 목회자가 집중 치유를 받아서 자신의 영적 정신적인 상태를 진단 받아야 한다고 강조합니다. 영적인 진단은 나이가 젊을 때 받는 것이 아주 좋습니다. 저는 아이들은 초등학교 다닐 때 받는 것이 가장 좋다고 생각을 합니다. 영적인 진단을 주기적으로 하시기를 바랍니다. 고통을 당하다가 이렇게 해도 안 되고, 저렇게 해도 안 되니, 할 수 없이 저희 교회 같은 곳에서 치유를 받는 것입니다. 그런데 때는 이미 늦은 것입니다. 이미 정체를 드러냈기 때문에 치유하려면 시간이 많이 걸리는 것입니다. 집중치유가 필요합니다.

세대에 역사하는 악한 영은 태중에서 침입을 합니다. 침입하여 정체를 드러내는 시기는 두 가지가 있습니다. 첫째, 성령세례 받을 때 성령의 역사에 의하여 정체를 드러냅니다. 이것이 제일로 좋은 현상입니다. 두 번째는 상처와 스트레스를 해소하지 못하고 쌓여서 영-혼-육체의 상황이 좋지 못하여 정신적으로 육체적으로 면역력이 약해져 영육으로 취약한 시기에 드러내는 것입니다. 이 상황이 제일로 나쁜 것입니다. 이런 취약한 시기에 드러나는 것을 방지하기 위하여 주기적인 영적 점검을 하여 악한 영들을 드러내는 것입니다. 그래서 성도는 교회를 잘 정해야 합니다. 그리고 주일을 효과적으로 보내면서 주기적인 영적 점검을 받아야 합니다. 많은 성도들이 이렇게 주기적인 영적 점검을 받지 않음으로 인하여 불필요한 고통을 당하고 있습니다.

어떤 분은 목사가 된 다음에 정신질환과 악한 영들이 드러나 고생을 합니다. 어떤 분은 안수 집사가 된 다음에 정신질환과 악한 영이 드러나 말로 표현 못하는 고통을 당하기도 합니다. 저는 하나님의 은혜로 성령치유 기도사역을 하고 있습니다. 사역을 하다 보면 영적으로 무지하여 예수를 잘 믿으면서도 불필요한 고통을 당하면서 사는 분들을 볼 때 참으로 안타깝기 짝이 없습니다. 기독교 신앙은 예방 신앙입니다. 주기적인 영적검진이 필요한 것입니다.

다시 한 번 강조합니다. 성인 정신 질환자의 50%가 만 14세 이

전에 정신 건강 문제를 겪는다고 분명하게 말씀드렸습니다. 이는 혈통에 역사하는 문제라고 인정해야 합니다. 우상 숭배가 혈통에 대물림되는 성도는 반드시 드러납니다. 어떤 사람은 15-16세(중2) 어떤 사람은 17세(고1)에 발생합니다. 어떤 사람은 20세에 발생합니다. 어떤 분은 26세에 발생하기도 합니다. 어떤 분은 34세에 발생할 수도 있습니다. 대략 이런 증상이 발생하는 사람의 유형을 보니 집안에 우상의 숭배가 심한 집안의 내력이 있는 가문에서 발생합니다. 그리고 태중에서나 유아시절에 충격 상처를 많이 받은 분들이 많이 발생됩니다. 대개 심장이 약하여 잘 발생합니다.

그러므로 제가 강조하는 것과 같이 불같은 성령을 체험하고 내적치유를 미리 받아야 합니다. 그러면 성령의 지배로 사전에 상처가 드러나서 치유가 됩니다. 정기적인 영적 진단이 아주 중요합니다. 그리고 병이 들었을 때 주변에서 안다고 해서 그 사람이 고치지 못하듯이 영적 질환도 같은 이치입니다. 병이 들면 전문의의 도움이 필요하듯이 영적 질병 역시 전문 사역자의 도움이 필요한 것입니다. 영적 병은 자랑해야 합니다. 목회자는 부분적으로 고칠 수는 있습니다. 그러나 전문가가 접근하는 방식과는 다릅니다. 전문가는 총체적으로 접근하며 병의 뿌리를 제거합니다.

그래서 전문가가 있는 것입니다. 말씀과 성령의 역사에 의한 영적 진단은 주기적으로 받아볼 필요가 있습니다. 병의 근원을 조기에 발견하면 치유가 쉽습니다. 그러나 그 시기를 잃게 되면 거의 치유가 되지 않습니다. 치유가 된다하더라도 시간과 노력이 많이 듭니다. 조기 검진 이것이야말로 효과적인 치유의 지름길입니다.

자신의 귀중한 영혼을 관리하기 위하여 영적진단을 주기적으로 받는 습관을 들이시기를 바랍니다. 예방신앙이 몸에 베어야 합니다.

주기적 영적진단을 하려면 본인이 마음의 정비 정화의 중요성을 알고 영적진단을 받으려고 해야 합니다. 본인이 마음의 세계와 영적진단 중요성을 느끼지 못한다면 주기적인 영적진단은 할 수 없는 것입니다. 영적진단을 주기적으로 하려면 다음과 같은 본인의 적극성이 있어야 합니다.

중요한 것은 20대 미만 정신 질환 환자 3년 새 22%가 증가했다는 것입니다. 질병관리청이 실시한 '2021년 청소년건강행태조사'에서는 우리 청소년들이 지난 1년간 스트레스를 대단히 많이 느낀 비율(인지율)이 38.8%, 우울감 경험은 26.8%였다고 합니다. 2020년 조사 결과보다 스트레스 인지율은 4.6%포인트, 우울감 경험은 1.6%포인트 올랐습니다. 우리나라 아동과 청소년들의 정신 건강에 적신호가 켜진 것입니다. 게임 및 SNS 중독 문제가 크게 대두되고, 학교 폭력이나 따돌림 문제가 만연해있으며 성폭력 피해를 당하는 연령이 낮아지고, 사이버 폭력이 증가하고 있습니다.

그 결과 아동·청소년 정신 질환 환자 수가 최근 급증했습니다. 2021년 '정신 및 행동장애'로 병원을 찾은 10대 환자는 20만3646명으로 3년 전(16만8740명)과 비교해 20.7% 늘었습니다. 0~9세 아동의 정신 질환 환자 수는 같은 기간 7만7041명에서 9만6175명으로 24.8% 늘었습니다. 20대 미만 정신 질환 환자가 3년 사이 5만4040명(22%) 늘어난 것입니다. 전체 정신 질환 환자 수 증가율(18.4%)을 웃돈다는 것입니다.

아이들에게 정신 건강의 적신호가 생겼다는 건 학업, 정신문제, 감정 조절, 대인 관계, 사회적 행동 등 모든 영역에서 어려움이 생겼다는 것을 의미합니다. 가령 학령기 아동들에게 흔한 ADHD(주의력결핍·과잉행동 장애)의 경우 집중력 장애로 학업 능률이 떨어져 자신의 지적 잠재력을 발휘하지 못하고, 충동성으로 인해 자신의 감정을 잘 조절하고 표현하는 것이 어렵게 됩니다. 원만한 대인 관계도 어려워져 학교생활에 전반적인 문제가 생겨납니다. 우울·불안 장애 역시 안정적인 친구 관계를 형성하기 어렵게 만듭니다. 초등학교 남학생의 7~8명 중 1명이 ADHD를, 중·고등학생의 경우 10명 중 1명이 불안 장애나 우울 장애를 경험한다고 합니다. 우리 크리스천들은 이를 육적, 정신적인 문제로만 보아서는 안 됩니다. 이는 세대에 역사하는 영적인 문제를 결부시켜 보아야 예방과 완전치유가 가능한 것입니다.

세상 모든 사람은 영적인 문제를 피해갈 수 없습니다. 영적인 문제는 과학, 의학적으로 해결되지 않는 문제입니다. 모든 사람은 다 영적인 문제를 가지고 있고, 우리에게도 이미 영적인 문제가 있었습니다. 여기에 아무도 자유 할 수 없습니다. 모두 아담의 혈통을 타고 이 땅에 태어났기 때문입니다. 이 영적인 문제와 대립하는 것이 정신적인 문제입니다.

왜 사람이 정신적인 병에 걸리는가? 의사들은 사람의 뇌에 이상이 와서 그렇다고 말합니다. 뇌의 기능이 사람의 정신과 육신을 조정합니다. 그래서 뇌에 이상이 있다고 의사들은 말합니다. 뇌에는 신경전달물질이 있는데 이것이 정상적으로 흐르지 않을 때 정신적인 문제가 옵니다. 도파민이 과잉 배출될 때: 이것은 사람의 생각에 영향을 줍니다. 잡념이 많게 됩니다. 세로토닌이 너무 적게 흐르거나 할 때: 사람의 감정에 영향을 줍니다. 우울. 불안. 두려움을 줍니다. 정신질환에는 세 가지 증상이 있습니다. 크게 두 가지로 나누어집니다.

①양성증상: 표시가 나는 환자, 눈에 보이도록 이상한 행동을 합니다. 치유되기가 쉽다, 더 빨리 치유될 수 있습니다.

②음성증상: 표시가 나지 않는 환자, 남들이 볼 때는 잘 드러나지 않습니다. 조용히 이상한 증세를 보입니다. 치유되기 어렵고 시한폭탄이기 때문에 관심을 가져야 합니다.

③혼합증상: 왔다 갔다 하는 것입니다.

의사들은 정신적인 문제가 생기는 원인을 정확하게 모릅니다. 왜냐하면 의사들은 눈에 보이는 3차원의 육적인 문제만 다루기 때문입니다. 영육의 영향으로 정신적인 문제가 발생하는 데 육적인 면만 가지고 원인을 알 수가 없는 것입니다. 원인은 정확하게 모르면서 치료하는 방법이 약물치료입니다. 약물치료의 효과는 과잉 배출되는 도파민을 정상적으로 흐르도록 도와주는 것입니다. 그러므로 약물치료는 필요하기는 합니다. 그러나 약물치료는 한계가 있습니다. 평생 약을 먹어야 합니다. 필자는 어느 정도까지 약을 이용하면서 성령으로 영적치유를 해야 한다고 강조합니다. 그러므로 근본적인 치유는 예수님을 영접하고 성령으로 세례를 받으며 하나님의 말씀과 성령으로 치유하는 것입니다.

또 한 부류에서는 [마음의 문제다]라고 주장합니다. 마음이 편하지 못하기 때문에 병이 든 것입니다. (잠15:13)"마음의 즐거움은 얼굴을 빛나게 하여도 마음의 근심은 심령을 상하게 하느니라." 마음의 상처를 치유 해 주면 정신병을 치료 할 수 있다고 상담자나 심리학자들은 말합니다. 그래서 하는 것이 상담입니다. 그러나 상담으로는 근본적인 치유의 한계가 있습니다.

왜? 이 마음의 병이 들었을까요? 마음의 상처로 인해서 그렇습니다. 태아, 유아, 소년기, 사춘기, 청년기에 받은 상처로 인하여 질병이 찾아온 것입니다. 어릴 때 정신과 마음에 심한 충격을 받았을 때 발생합니다. 놀랐다든지, 혼자 지냈다든지. 물, 불. 차량사고로 놀랐을 경우 발생합니다. 과거의 발자취 중에서 굉장한 아픔을 느꼈거나 심한 갈등이 왔을 때 발생합니다. 부모, 자녀, 배우자가 갑자기 죽었다든지, 이성에게 배신을 당했다든지, 부모나 본인의 이혼으로 인하여 발생하기도 합니다.

환경이 잘못 되어서 그렇다고 하는 경우도 있습니다. 어릴 때 환경이 너무 가난해서 정신적인 문제가 왔습니다. 충격을 많이 받았을 경우 발생합니다. 충격을 받았을 때 들어온 영적인 세력이 평상시에는 잠복하고 있다가 스트레스를 받을 경우 체력이 약해져서 본연의 의지를 발휘하지 못할 경우 꼬리를 들고 일어나서 문제를 야기하는 것입니다. 꼭 지하 간첩과 같은 것입니다.

여러 가지 마음의 병이 있고, 상처가 있으며, 환경의 문제가 있기 때문에 정신적인 문제가 오기도 합니다. 여기서 심리치료라는 말이 나왔고, 이 사람들은 이것을 주장합니다. 한쪽만 강요하다 보면 전문인들과 대화가 안 됩니다. 우리는 영적인 문제를 알고 있으면서 위의 두 가지를 인정하면서 잘 활용해야 합니다.

이런 상처가 있는 사람은 정신이 산만한 성격으로 공부를 잘못합니다. 하나님의 말씀과 성령으로 내적치유를 하여 심령을 편안하게 다스리면 집중력이 향상되어 공부도 잘하게 됩니다. 결론을 잘 가지고 있어야 합니다. 어떤 결론을 가지고 있어야 하느냐? 모든 문제는 하나님의 말씀과 성령으로 치유가 됩니다. 이 믿음을 가지고 있으면서 정신문제를 분명하게 해결 해 줘야 합니다. 말씀과 성령으로 영적치유가 되어져야 합니다. 영적 문제가 치유 된 실 예가 성경에 나와 있습니다. 요일3:8에 "하나님의 아들이 오신 것은 마귀의 일을 멸하려 하심"이라고 했습니다. 우리의 영적인 문제를 치유할 수 있는 능력의 말씀입니다.

영의질병으로 발생한 정신병은 치유됩니다. 본문에 나오는 사람에게는 분명히 정신적인 문제가 있습니다(막5:15). 예수님을 만나기 전까지만 해도 발작하며, 자기 몸을 돌로 해하며, 돌아다니던 사람인데 본문에 예수님이 그 사람을 치유하고 나니까 "정신이 온전하여 앉았다"라고 되어 있습니다. 즉, 귀신이 떠나가니 정상이 되었다는 것입니다. 세계 보건 기구인 WHO에서 정신 질환 등에 '영적 치료(말씀과 성령으로 치유하는 방법)'라는 단어를 삽입했을 만큼 귀신에게 눌리는 질병은 이제 전 세계적인 질환이 됐습니다. 이는 정신적인 충격을 받을 때 환자들의 몸속에 들어간 영체, 즉 귀신에게 눌리는 증상을 다스리는 데 현대 의학이 한계를 느낀다는 점을 인정한 대목이기도 합니다. 실제로 귀신에게 눌리면서 고통을 당하던 환자가 깊은 차원의 내적 치유와 영적 치료와 병원 치료를 겸했을 때 병이 호전돼 정상인으로 돌아오는 경우가 많았습니다. 반드시 성령으로 영적치유를 병행해야 완치가 됩니다.

우리의 상한 마음이 예수 이름으로 치유되어야 합니다. 그래야 영적인 문제로 발생한 정신적인 질병이 치유가 되는 것입니다. 천하에 다른 무엇으로 영적인 문제로 발생한 정신적인 질병이 치유가 되지 않습니다. 말씀과 성령으로 마음의 상처를 치유하여 평안을 찾아야 합니다. (잠17:22)"마음의 즐거움은 양약이라도 심령의 근심은 뼈로 마르게 하느니라." (마11:28)"수고하고 무거운 짐진 자들아 다 내게로 오라." 하나님이 마음에 쉼을 주겠다고 하십니다. 이런 확신을 가지고 말씀을 듣고, 말씀을 전하면 우리의 삶의 현장에 하나님의 역사가 있을 줄 믿어야 합니다. 정신과 의사들이 뇌에 이상이 있어 정신병이 생긴다는 말이 맞습니다. 그러나 한 가지 분명한 사실을 꼭 기억해야 할 것입니다. 천지를 창조하신 하나님은 뇌도 치유하실 수 있습니다.

천지를 창조하시고 뇌를 창조하신 하나님인데 이것을 치유하지 못하시겠습니까? 우리가 하나님의 능력을 믿는다면 우리의 뇌에도 역사하신다는 사실을 믿어야 합니다. 저는 이런 기도제목으로 기도합니다. 뇌 건강을 위해 기도합니다. 생각이 항상 성령 충만할 수 있도록 기도합니다. 잠재의식 안에 있는 상처와 불신앙, 여러 가지 비성경적인 것들 주의 성령의 능력으로 나도 모르게 치유되게 하옵소서하고 기도합니다.

성경적인 치유자들의 특징은 하나님의 말씀으로 답을 줍니다. 과학, 의학이 뭐라고 말하고 있든지 성경으로만 답을 줍니다. 정신과 의사들은 성경적인 사실을 믿지 않기 때문에 약물로 치유하고, 상담자들이나 심리사들은 사람의 심리를 연구해서 사람을 치유합니다. 우리는 성령으로 성경적인 답을 가지고 있으면서 두 부류의 의견을 참고하면서 영적, 정신, 마음 치유를 하여 하나님의 평안을 소유해야 합니다. 그리고 정신병도 성령의 역사로 치유된다는 것을 믿으시기를 바랍니다. 우리를 창조하신 하나님은 우리를 책임져 주십니다. 하나님은 병든 우리를 그대로 두시는 것이 아니라 건강하게 하십니다.

다만 하나님의 약속을 믿고, 그 약속의 신실성에 의지하여 믿음으로 나아오는 사람은 누구나 하나님은 치유하여 주십니다. 실로 하나님을 치료자로 알고 치유의 은혜를 체험할 때, 우리는 하나님을 전적으로 아는 것입니다. 치료하시는 하나님을 만나 건강하게 살 때 하나님은 영광을 받으시는 것입니다. 하나님의 치유를 우리와 우리 가족 그리고 이웃들이 누리도록 하는 것은 바로 생명을 위하여 대단히 중요한 일이 아닐 수 없습니다.

모두 영적이고 정신적인 문제를 치유 받고 주변의 고통 하는 여러 사람을 도우시기를 바랍니다. 하나님의 신실한 치유의 약속은 오늘날도 여전합니다. 믿음으로 나오신 당신의 생애가 하나님의 약속을 따라 강건하여지시기를 주의 이름으로 소원합니다.

영적 정신의 질병은 집중 기도를 하면서 치유를 해야 합니다. 우울증이나 정신적인 문제로 고생하는 분들은 특별 집중치유를 해야 합니다. 왜냐하면 집회시에 잠간, 잠간 안수하고 기도하면 효과가 즉각 나타나지 않습니다. 저의 교회에서 매주 월-화-금-토요일 날

하는 집중 치유는 오랫동안 합니다. 우울중이나 정신적인 문제를 치유하려면 성령으로 세례를 받아야 합니다. 정신질환이나 우울의 영을 축귀해야 합니다. 정신질환과 우울의 영의 축귀는 시간이 길게 소요가 됩니다. 잠깐잠깐 떠나라. 떠나라. 하면서 안수한다고 해결되지 못합니다. 그래서 축사를 하려면 미리 알고 대비를 해야 합니다. 필자가 기도하니 성령께서 개별 집중치유를 해보라고 감동을 하시는 것입니다. 개별 집중치유는 한 번도 해보지 않은 것입니다. 그래서 특별 개별집중치유라고 제목을 부치고 집중치유 받을 분은 예약을 하라고 했습니다. 생각지도 못하게 호응이 좋아 정원을 초과했습니다.

이렇게 집중치유를 한 결과 효과가 대단하였습니다. 그 다음부터 월-화-금-토요일 날 집중치유를 하고 있습니다. 이때 우울중이나 정신적인 문제로 고생하시던 분들이 다시 치유를 받습니다. 우울증과 정신적인 문제와 영적인 문제를 치유 받으려고 이곳저곳을 다니다가 찾아오신 것입니다. 사모하고 오셨기 때문에 치유가 질 됩니다.

A집사의 경우 우울증과 정신적인 문제로 8년을 고생하면서 병원 치유도 받아보고 별별 방법을 다 동원하다가 치유 받지 못하여 결론은 하나님의 방법밖에 치유할 수 없다고 깨닫고 영적치유를 시작했습니다. 질병을 치유 받으려고 이 교회 저 기도원 능력 있고 치유를 한다는 교회나 기도원을 다 다녀도 치유 받지 못하다가 결국 충만한 교회에 왔다고 합니다.

화 수 목 집회에 참석하여 은혜 받고 토요일 집중 치유를 예약하여 치유를 받았습니다. 집중 치유기도를 하는데 영의 통로가 막혀서 한동안 시름을 하다가 드디어 영의 통로가 열렸습니다. 기침을 사정없이 했습니다. 마음속에서 분노가 올라오니 욕을 말로 표현할 수 없이 많이 했습니다. 그러다가 울기를 시작했습니다. 한동안 울어서 마음이 열리니 깊은 속에서 귀신들이 정말로 많이 떠나갔습니다. 그렇게 집중 치유를 마치고 다음 주 화요일 날 왔는데 완전하게 다른 사람으로 변해서 왔습니다. 지금 상태가 어떠냐고 물었습니다. 너무너무 편안하다는 것입니다. 세상을 다 얻은 것과 같이 기쁘다는 것입니다.

B집사는 공황장애와 우울증으로 고생하다가 우리 충만한 교회를 알게 되어 치유를 받다가 집중 치유를 받게 되었습니다. 이분도 깊은 기도가 되고 성령으로 세례가 임하니 말로 표현할 수 없을 정도로 귀신들이 떠나갔습니다. 이렇게 귀신을 축귀하고 나니 마음이 그렇게 평안하다는 것입니다. 지신이 지금까지 영적으로 무지하여 고통을 당했다는 것입니다. 너무너무 평안하여 하나님의 은혜를 누리고 있다고 간증했습니다.

제가 이 사역을 하면서 깨달은 것은 나름대로 성령이 충만하다고 자부하는 사람들에게도 상처와 스트레스를 받을 때 들어온 귀신이 역사하고 있었다는 것입니다. 이 귀신들이 떠나가는데 오랜 시간이 걸린다는 것입니다. 집중 치유를 해야 된다는 것입니다. 그래서 성령께서 감동하신 시간이 맞아떨어진다는 것입니다. 잠간잠간 기도해서는 정신질환과 우울증을 완전치유 할 수가 없습니다.

5장 정신질환의 발생 특이 상황과 완전치유

(행8:5-8)"빌립이 사마리아 성에 내려가 그리스도를 백
성에게 전파하니 무리가 빌립의 말도 듣고 행하는 표적도
보고 한마음으로 그가 하는 말을 따르더라. 많은 사람에게
붙었던 더러운 귀신들이 크게 소리를 지르며 나가고 또 많
은 중풍병자와 못 걷는 사람이 나으니 그 성에 큰 기쁨이
있더라"

하나님께서는 예수를 믿는 자녀들이 영적으로 정신적으로 건
강하게 지내기를 원하십니다. 정신이 건강해야 영적으로 건강하
고 육체적으로 건강하게 지낼 수가 있습니다. 필자가 성령치유 사
역을 하면서 안타까운 경우를 많이 겪습니다. 다름 아닌 영적이고,
정신적인 문제로 고통을 당하는 분들입니다. 바른 복음을 받지 못
하고 바른 치유를 알지 못하고, 바른 치유를 받지 못해서 불필요한
시간과 정력과 물질을 낭비하고 있기 때문입니다. 너무나 많은 성
도들이 영적인 면에 무지하여 불필요한 고통을 당하고 있습니다.
복음을 바르게 알고 누리면 아무것도 아닌 것입니다.

하나님은 만병의 의사 이십니다. 하나님은 인간을 지으셨습니
다. 인간을 지으셨기 때문에 누구보다도 인간에 대하여 잘 아십니
다. 저는 지난 25년이 넘도록 성령치유 사역을 하고 있습니다. 그
동안 수많은 정신질환우울의 질병으로 고생하는 환자를 치유하여

왔습니다. 그런데 자신이나 보호자가 정신질환 우울증을 인정하는 대부분의 환자가 치유가 되었습니다. 모두 치유가 된 것이 아닙니다. 의지가 있는 환자는 모두 치유가 되었습니다. 의지가 부족한 환자는 치유되지 않은 환자도 있습니다.

그래서 저는 환자가 하나님의 은혜로 꼭 치유된다는 의지를 가지고 치유가 될 때까지 말씀을 듣고 기도를 하며 치유를 받는다면 모두 치유가 된다고 생각합니다. 의사들은 그럽니다. 정신신경과 약을 평생 먹으며 살아야 하는 불치의 병이라고 합니다. 그런데 바른 정신건강의학과 의사들은 이렇게 말하기도 합니다. 약만 의지하지 말라고 합니다 그러면서 환자의 상태에 따라서 약을 줄이거나 약하게 처방하여 주는 것입니다. 그래서 성령의 역사로 영적치유를 하면서 정신건강의학과 치료를 하면 완치가 가능한 것입니다. 하나님의 말씀에는 불치병이 없기 때문입니다. 누구든지 예수를 믿고 하나님에게 나와서 끝까지 매어 달리며 치유를 받을 때 모두 치유가 된다고 저는 확신합니다. 지난 세월동안 의지를 가지고 다니면서 치유를 받은 환자는 모두 완치가 되었기 때문입니다. 제가 이번에 이 책을 쓰게 된 동기는 지금 예수를 믿으면서도 정신질환 우울질병으로 고통을 당하면서 불필요한 시간을 낭비하는 성도들이 많아서 그분들에게 조금이나마 조언을 드리고자 책을 쓰게 된 것입니다.

1. 정신질환 우울증 질환 발생. 정신질환이나 영적인 질환이나

우울증 문제로 고통을 당하는 분들은 이미 태중에서 부터 침임한 존재들이 자신의 내면에 잠재하여 있다가 취약시기에 드러난 것입니다. 이런 유형의 사람들의 가계력을 조사해 보면 조상 중에 무당이 있다든지, 남묘호랭객교를 믿었든지, 절에 스님이 있다든지, 우상을 지독하게 섬겼다든지, 절에 재물을 많이 시주 했다든지, 영적이고 정신적인 질병으로 고생하다가 돌아간 사람이 있다든지, 등등의 원인이 반드시 있었습니다. 이런 사람들은 태아시절에 귀신이 침입을 하기도 합니다. 유아시기에도 침입을 합니다. 그러니까, 영적정신적인 문제 보균자들입니다.

이렇게 잠재하여 있던 영적정신적인 문제들이 사업 파산, 결혼 실패, 직장해고, 학교공부 스트레스, 충격적인 상처, 놀람 등 자신이 감당할 수없는 충격을 받거나 장기간 스트레스를 받아 체력이 급속이 저하되었을 때 밖으로 나타납니다. 그래서 저는 균형 잡힌 영성이 되어야 한다는 말을 많이 합니다. 영-혼-육이 균형이 잡혀야 정상적인 생활을 할 수가 있다는 말입니다.

우리가 스트레스를 받으면 체력의 소모가 많이 됩니다. 체력이 떨어지니 자신 속에 잠재하여 있던 영육의 문제가 드러나는 것입니다. 정상적으로 지내던 사람이 갑자기 불안하고, 초조하고, 두려워서 잠을 자지 못하고, 가위눌림을 당하고, 헛것이 보이기도 하고, 간질을 하고 발작을 하면서 괴성을 지릅니다. 머리가 깨질 것과 같이 아프기도 합니다. 정상적인 생활을 할 수 없는 지경에 이르게 됩니다. 그래서 영적인 문제라고 단정하고 축사만 받으려고 합니다. 유명하다는 목사를 찾아가 안수를 받습니다. 한 번에 쉽게 해결을 받기 위해서 돌아다닙니다. 이렇게 이리저리 돌아다니다가 치유의 시기를 놓치는 경우가 허다합니다.

　그러다가 영적인 분야를 잘 알지 못하는 사역자를 만나 금식도 합니다. 그러나 금식은 금물입니다. 체력이 소진되어 문제가 발생했는데 금식을 하면은 기름 탱크에 불을 붙이는 것과 마찬가지입니다. 더 악화된다는 것입니다. 이때에는 당황하지 말고 환자를 안정을 시키고 우선 체력을 보강해야 합니다. **빠른 시간에 체력을 보강할 수 있는 보약이나 다른 보양 식품을 먹여야 합니다. 그래서 체력을 회복시켜야 합니다. 안정을 취하게 해야 합니다.** 그러면서 정신적인 문제를 바르게 전문으로 치유하는 사역자에게 가서 말씀과 성령으로 치유를 받으면 바로 정상이 됩니다. 증세가 심하다면 정신건강의학과에 찾아가서 약을 처방받아 복용하면서 성령으로 내면치유를 병행하면 빨리 회복이 됩니다. 정신질환 우울증의 치유는 무조건 축귀만 한다고 치유가 절대로 되지 않습니다. 비전문가의 축귀는 오히려 더 악화될 수가 있습니다.

　주의해야 합니다. 영적, 정신적인 문제 치유가 그렇게 쉽고, 단순하지 않습니다. 환자 스스로 말씀 듣고 성령으로 기도를 하도록 해야 합니다. 본인의 심령에서 성령의 역사가 일어나야 합니다. 자신의 영의 힘으로 일어서게 해야 합니다. 환자가 영적 자립을 해야 하므로 시간이 걸립니다. 급하게 생각한다고 빨리 치유되는 것이 절대로 아닙니다. 축사만 하면 당시에는 치유가 된 것 같은데 시간이 지나면 재발을 합니다. 영적 자립능력이 없기 때문입니다. 그런데 이와 같은 전문적인 치유를 일반 성도들이나 목회자는 잘 이해하지 못합니다. 그래서 귀신을 축사하는 영적치유를 받겠다고 1년 이상 돌아다니면서 이 사람 저 사람에게 안수와 축귀만 받으면서 돌아다니게 됩니다. 이러다가 치유의 시기를 놓쳐서 환자가 사람 노릇을 못할 정도로 심각한 상태가 될 수가 있으니 주의 하지 않으면 안 됩니다. 또 다른 문제는 정신건강의학과에 찾아가서 처방해 주는 약에만 의존하는 것입니다. 약을 먹으면 평생 먹어야 함으로 약을 복용하면서 성령치유를 병행하여 내면의 상태를 정상으로 회복시켜야 합니다. 회복이 되면 정신과 약을 더 이상 복용할 필요가 없습니다. 제일 좋은 것은 사전에 예방하는 것입니다. 이런 가계력이 있다면 미리 성령이 충만한 교회에 가서서 전문적인 치유사역자의 도움을 받아가며, 성령의 역사로 문제의 잠복된 요소들을 배출하는 것입니다. 아무 교회나 다니면서 예배만 드린다고 예방되는 것은 절대로 아닙니다. 성경을 필사한다고 치유 되고 예방이 되는 것이 아닙니다. 살아계신 성령의 역사가 있고, 생명의 말씀이 증거 되는 교회라야 사전에 영적인 진단을 하여 치유될 수가 있습니다. 성령이 강하게 역사하는 교회라야 정체를 폭로합니다.

침입한 귀신은 나이에 상관없이 정체를 드러냅니다. 초등학교 1-2학년 15살(중2) 17살(고1)에 제일 많이 드러냅니다. 학업에 스트레스가 심하기 때문입니다. 20살에 드러냅니다. 24살에 드러냅니다. 결혼하여 잦은 부부불화가 있을 때 드러냅니다. 27살, 32살,

36살, 38살 43상 등등 한번 침입한 귀신은 인내하며 기다리다가 취약한 시기가 되면 반드시 정체를 드러냅니다. 말씀과 성령의 역사로 정기적인 영적 진단과 내적치유와 성령 치유하는 예방 신앙이 중요합니다. 상처가 있고 영적으로 깔끔하지 못한 가계력을 가진 분들은 교회를 잘 정해야 합니다. 성령의 역사가 강한 교회에서 신앙생활을 하면서 미리 영적 진단하여 치유해야 하기 때문입니다. 예방신앙이 중요합니다. 숨어있던 귀신은 자신들이 원하는 시기가 되면 반드시 정체를 드러내기 때문입니다.

   2. 정신질환 우울증의 치유. 그럼 정신질환이나 영적인 질환이나 우울증으로 고생하는 분들이 어떻게 치유를 받느냐 입니다. 1년 이상 15년까지 영적, 정신적인 문제로 고생을 했다면 이미 귀신이 전인격을 장악한 상태입니다. 그러므로 능력이 있다는 사람에게 찾아가서 안수한번 받아서 해결하려는 생각을 아예 버리는 것이 좋습니다. 절대로 안수 한번 받아서 치유되지 않습니다.

   저희 충만한 교회에서 치유하는 비결을 소개하면 이렇습니다. 먼저 환자가 자신의 문제를 인식하는 것이 중요합니다. 다음으로 치유 받고자하는 의지가 있어야 합니다. 보호자가 적극적이어야 합니다. 정기적인 성령으로 하는 온몸기도(월-화-금-토)와 예배(주일)에 참석을 하여 말씀 듣고 기도를 하면서 안수를 받습니다. 이렇게 집중적인 치유를 하지 않으면 치유가 되지를 않습니다. 기도 시에는 제가 하라는 대로 순종(따라야)해야 합니다. 따라서 하지 못하면 자연스럽게 치유 기간이 길어집니다. 초기에는 모두 잘 따라하지 못합니다. 왜냐하면 상처 뒤에 역사하는 귀신이 의지를 잡고 있어서 환자가 의지를 제대로 할 수 없기 때문입니다. 그러나 시간이 흐르면 따라하게 되어 있습니다. 시간이 걸립니다. 필자가 직접 기도 시간마다 지속적으로 안수를 하면서 마음의 상처를 성령으로 치유하면서 귀신의 묶임이 풀어지게 합니다. 그러면 제가 하라는 대로 환자가 따라합니다. 환자가 스스로 기도를 합니다. 그러면서 서서히 성령께서 장악을 하십니다. 성령께서 장악을 하기 시작하면 치유가 되기 시작하는 것입니다.

치유는 전적으로 성령께서 하시는 것입니다. 어찌하든지 필자는 환자를 성령께서 장악을 하실 수 있도록 합니다. 전문적인 기술이 필요합니다. 저는 이런 유형의 환자를 많이 치유해 보았기 때문에 제가 하라는 대로 순종만 하면 모두 100% 치유 받을 수 있습니다. 문제는 순종하지 않기 때문에 치유되지 않습니다. 치유하는데 시간이 많이 소요가 됩니다. 환자의 유형에 따라 3개월-6개월-1년-2년이 걸립니다. 3년 이상이 걸리는 경우도 있습니다.

마음을 느긋하게 먹어야 환자를 살릴 수가 있습니다. 절대로 순간 치유는 불가능합니다. 어떤 경우는 4-5년이 걸리기도 합니다. 이렇게 치유가 되더라도 치유 후에 관리가 중요합니다. 지속적으로 주일 마다 담임목회자가 기도를 하게 하면서 안수하면서 관리해야 합니다. 어쩌면 치유보다도 관리가 더 중요하다고 보아야 합니다. 성령하나님의 은혜가운데 머물러 있어야 하기 때문입니다.

이유는 환자가 육을 가지고 있기 때문입니다.

영적, 정신적인 문제로 고통당하는 환자와 보호자는 단번에 치유 받으려는 생각을 접어야 합니다. 전문적인 사역자를 만나 지속적이고 장기적인 치유를 받아야 합니다. 이런 마음 상태만 되면 영적, 정신적인 문제로 15년을 고생했더라도 치유는 됩니다. 환자나 보호자는 사전에 전문적인 사역자하고 상세한 상담을 한 후에 치유를 결정하고 인내력을 가지고 치유를 시작하시기를 바랍니다.

3.정신질환 영적질환 우울증의 집중치유. 충만한 교회에서는 매주 월-화-금-토요일 오전에 사전 예약된 분들을 대상으로 개별집중치유 시간이 있습니다. 이때 세상 어디서도 치유 받지 못하는 불치병과 정신적인 문제들이 치유되어 참으로 중요한 사역이라고 자부합니다. 성령께서 강력하게 역사하시는 하나님께서 원하시는 특별한 사역입니다.

필자가 얼마 전에 이런 분의 문제를 성령의 음성을 듣고 해결할 수 있도록 조언한 일이 있습니다. 상황을 들어보니 이랬습니다. 이분은 교사를 하다가 질병으로 인하여 휴직을 일 년을 했으나 질병을 치유 받지 못했습니다. 영적이고 정신적인 질병이 심하고 우울증이 심해서 도저히 교사를 할 수 없는 형편이라, 어떤 신령하다는 분에게 상담을 했습니다. 그랬더니 목회 사명이 있는데 목회를 하지 않아 질병이 왔다는 것입니다. 질병을 치유 받으려면 신학을 하여 목회를 해야 한다는 것입니다.

영적인 질병과 우울증이 너무 심해서 여기저기 돌아다니면서 별 방법을 다 동원해도 치유가 되지 않았습니다. 도저히 방법이 없었습니다. 그래서 교사를 사표내고 1년을 쉬다가 신대원에 다니기로 결정을 하고, 소문을 듣고 필자에게 집중치유를 받으러 온 것입니다. 남편은 이미 신학을 하여 신대원에 다니고 있다는 것입니다. 첫날 집중치유를 하면서 상태를 보니까, 영적으로 문제가 많았습니다. 성령의 역사에 의하여 귀신이 말로 표현 할 수 없을 전도로 정체를 폭로했습니다. 대화를 하다가 보니 어렸을 때부터 병약했다는 것입니다. 어렸을 때부터 병약했다는 것은 혈통의 문제나 태중에서 상황이 좋지 않았다는 것입니다. 아무 말을 하지 않고 치유를 해주었습니다. 다행하게도 필자가 몇 주 더 다니면서 치유 받으라고 권면했더니 순종하여 다니겠다는 것입니다.

첫 주는 상처를 치유하고 다음 주에 집중치유를 하면서 "이 부부가 목회를 하는 것이 하나님의 뜻입니까?" 하고 성령님께 질문을 했습니다. 그랬더니 환상이 보이는데 부부가 어려움의 고통을 당하고 있는 모습이 보였습니다. 조금 있다가 성령께서 감동하시기를 "목회한다고 질병이 치유되는 것이 아니다. 지금과 같이 집중치유를 몇 번 더 받으면 질병은 치유된다. 질병은 혈통의 영적인 문제로 온 것이기 때문에 집중치유를 몇 번 더 받으면 건강하게 치유되어 교사하는데 문제가 없을 것이다. 이 여성은 교사를 하면서 복음을 전하도록 알려주어라"는 감동을 하시는 것입니다.

그렇게 응답을 받고 조금 기도를 하니까, 이 여성분이 하는 말이 "자기 할머니가 무당이었다."는 것입니다. 그래서 필자가 이렇게 말했습니다. "집사님! 집사님은 신대원가서 목회하는 것이 하나님의 뜻이 아니고, 교사를 하는 것입니다. 다시 복직을 하시든지 아니면 기간 제 교사라도 가십시오. 집사님은 지속적으로 몇 번 더 집중치유 받으면 깨끗하게 치유될 것입니다." 계속 기도를 하게 하자, 상처가 치유되면서 귀신들이 말로 표현할 수 없을 정도로 떠나 갔습니다. 태중에서부터 들어와 인생을 파괴하려고 작정한 귀신들이었습니다. 이 귀신들이 영적인 질병과 정신적인 질병과 우울증을 발생하도록 조정한 것입니다.

두 번째 날을 끝나고, 세 번째 날 여 집사가 와서 무어라고 하느냐. "목사님! 문제가 완전하게 해결이 되었습니다. 몸도 치유되어 너무나 편안해졌습니다. 목사님의 권면대로 몇 번 더 치유 받으면 건강해지겠다는 마음의 확신이 생깁니다. 지금 살고 있는 집이 나가야 하는데, 그렇게 나가지 않다가 3일전이 나갔습니다. 목사님께서 교사를 하면서 복음을 전하는 것이 하나님의 뜻이라고 하셔서, 기간 제 교사를 알아보았더니 집에서 가까운 곳에 자리가 나와서 서류를 제출했더니 합격되었다고 연락이 왔습니다. 감사합니다." 만약에 이분이 신령하다는 목사의 말을 듣고 신대원에 갔다면 하나님께서 환상으로 보여주신 것과 같이 부부가 생고생을 했을 것입니다. 목회가 기도원 원장의 말과 같이 쉽지 않습니다.

그런데 하나님의 뜻대로 교사하려고 원서를 제출하니 바로 되어 교사할 수 있도록 역사하신 것입니다. 우리 하나님의 뜻을 바르게 알고 순종해야 합니다. 목회를 하면 영육의 질병이나 문제가 해결이 된다. 이것은 무당의 이론입니다. 샤머니즘의 신앙입니다. 무엇을 하면 치유되고 문제가 해결된다. 성경적인 근거가 없습니다. 헌금을 하면 문제가 해결된다. 이것도 무당의 이론입니다. 샤머니즘의 신앙입니다. 하나님께서 돈 받고 질병이나 문제를 해결하여 준다. 하나님을 돈 받고 문제 해결하여 주시는 분으로 명예 훼손하는 일이 더 이상 없어야 합니다. 천벌을 면치 못합니다. 신령하다는 목사님들 근거 없는 이론으로 성도님들을 속이는 일이 없어야 합니다. 성도님들은 근거 없는 말에 더 이상 속지 말아야 합니다.

반드시 하나님이 원하시는 영육의 상태가 되어야 질병이 치유되고 문제가 해결이 됩니다. 말씀과 성령으로 치유되어 하나님과 관계가 열리는 것이 급선무입니다. 하나님과 관계가 열리면 앞에서 설명한 여 집사님 같이 하나님께서 무엇을 하기를 원하시는지 알려주십니다. 하나님은 성도(자녀)가 잘되기를 원하십니다. 개인마다 하나님께서 원하시는 일이 있습니다.

그 일을 찾아야 합니다. 일을 찾으려면 말씀과 성령으로 땅의 것을 치유해서 하늘의 사람이 되어 하나님과 교통해야 알 수가 있습니다. 성경에 보면 야곱도, 요셉도, 모세도, 다윗도, 하나님의 훈련을 받아 하나님께서 원하시는 상태가 되니 하나님께서 원하시는 일을 하도록 인도하셨습니다. "무엇을 하면 질병이나 문제가 치유된다." 절대로 아닙니다. 속지마세요. 성령으로 세례를 받고 문제의 원인을 찾아 해결해야 치유가 됩니다.

우울증이나 정신적인 질병이나 영적인 질병이나 뼈와 신경 질병이나 근육통이나 소화기 계통의 질병으로 고생하시는 분은 월-화-금-토요일 집중치유에 예약하여 4-5번만 받으면 병원에서 치유되지 않는 어떤 질병이라고 치유가 됩니다. 필자는 자신합니다. 환자의 심령 안에서 성령의 강력한 역사로 상처와 질병의 근원적인 요소들이 떠나갑니다. 한번만 받으면 자신이 치유되었다는 것을 체험적으로 알 수가 있습니다. 깊은 상처나 우울증이나 정신적인 문제가 영적인 문제 등은 깊은 성령의 역사가 일어나야 치유가 됩니다. 치유의 비밀은 필자에게 역사하는 성령의 역사를 환자에게 전이시켜 환자의 심령에서 성령의 역사가 일어나 치유가 되게 하는 방법입니다.

물론 목회자가 성도가 치유를 받고 나면 성령의 권능이나 은사가 나타나는 것이 보통입니다. 무엇을 해도 되지 않는 분들은 누구에게 물어보고 자기 생각가지고 무조건 일을 하려고 하지 말고 성령으로 세례 받고 온몸을 하나님의 성전을 만들어 방해하는 세력을 제거해야 합니다.

무엇을 해도 되지 않게 하는 세력이 있습니다. 정확한 하나님의 뜻은 성령으로 방해하는 세력이 떠난 다음에 들리는 것이 보통입니다. 반드시 성령으로 세례를 받아 방해하는 세력을 한 동안 영적 전쟁하여 방해하는 세력이 떠나간 다음에 하나님께 질문하세요. 그때 들립니다. 필자가 집중 치유할 때 첫날은 정확한 하나님의 뜻을 알 수가 없습니다. 방해하는 세력이 역사하여…. 첫날은 방해하는 세력을 성령의 역사로 떠나보냅니다. 두 번째 날 기도하면서 어느 정도 성령께서 장악을 하면 성령의 감동이 오기 시작합니다.

영적이고 정신적인 질병과 우울증이나 공황장애나 조울증이나 할 것 없이 안수 한번 받는 다고 치유가 되지 않습니다. 의학적인 방법으로도 치유가 불가능합니다. 안수를 자주 받으면 좋아지기는 합니다. 그러나 완전하게 회복하려면 시간이 오래 걸립니다. 그렇기 때문에 미리 성령의 역사를 체험하고 무의식과 잠재의식의 문제를 치유하는 것이 좋습니다. 예방이 중요하다는 것입니다. 스트레스를 받아 체력이 떨어진 상태에서 밖으로 질병이 나타나면 쉽게 치유가 되지 않습니다. 그래서 필자가 기도하다가 성령께서 일려주신 대로 오랫동안 기도하며 집중 치유를 하는 것입니다. 성령이 깊은 역사를 일으키면서 깊은 곳에 숨어있는 상처와 영적인 요소와 불안전 요소들의 정체를 폭로하게 하여 밖으로 배출해야 합니다. 성령님이 온몸을 지배하시는데 시간이 걸리는 것입니다.

잠깐 안수하여 치유하는 것은 무의식과 잠재의식 깊은 곳에 숨어있는 불안전 요소들이 들어나지 않습니다. 숨어서 꼼짝을 하지 않습니다. 이렇게 꼼짝하지 않던 불안전 요소들이 지속적으로 환자의 심령 안에서 성령의 역사를 일으키면서 오랫동안 기도하면 정체를 폭로하기 시작을 합니다. 그래서 밖으로 배출하니 치유가 되는 것입니다. 배출된 곳에 말씀과 성령을 충만하게 채우니 완치가 되는 것입니다. 우울증이나 정신적인 문제가 있는 분들이 좀도 빨리 치유를 받으려면 온몸지중치유기도를 하는 편이 쉽습니다.

6장 정신질환을 완전하게 치유하려면

(시42:5)"내 영혼아 네가 어찌하여 낙심하며 어찌하여 내 속에서 불안해하는가. 너는 하나님께 소망을 두라 그가 나타나 도우심으로 말미암아 내가 여전히 찬송하리로다."

정신이 건강하다는 것은 큰 고민거리나 걱정거리가 없어 마음이 바르고 평안한 상태를 말합니다. 정신병을 경험하지 못한 사람들은 대부분 물리적인 상해나 감염, 질환만을 병으로 인식하고 있으나 정신병도 엄연히 병입니다. 몸이 아파서 제대로 움직일 수 없는 것처럼, 정신에 문제가 생겨서 정상적인 생활을 할 수 없게 된 것입니다. 아프면 환자입니다. 그렇지만 정신병은 겉으로 드러나거나 말거나, 세간에 널린 정신질환에 무식 덕에 제대로 인지하지 못하기 일쑤라, 일부 사람들은 정신병의 개념을 전면 부정하여 꾀병 취급을 하거나, 치료가 아닌 의지력이나 처벌만으로 해결이 가능하다고 생각하기도 합니다. 하지만 그런 생각은 엄연히 오산입니다.

잊지 말아야 합니다. 정신질환은 의지의 병이 아닙니다. 정신이 무너지면 뇌도 무너지는 것이 정신질환이며 반드시 정신질환을 전문으로 치료하는 목회자나 전문의와의 상담을 통해 해결해 나가야 합니다. 세상의 말도 안 되는 얘기를 믿었다가, 정신이 더 이상 해진 끝에 끔찍한 방법으로 자살한 작가가 있습니다. 미시마 유키오가 갑자기 극우 성향으로 돌변한 것이나, 미시마 사건 당시에 자위대 기지 안으로 쳐들어가서 난동을 피우다 자살한 것, 모두 그가 평소에 앓고 있던 우울증이 심해진 결과였다고 합니다.

정신질환은 의지의 병이 라고 하는 것은 사고로 다리를 잃은 사람한테 걷다 보면 저절로 나아진다고 말하는 것과 똑같습니다. 사실 본인이 직장근무나 학업에 매진하는 게 아니면 성령의 역사로 온몸기도하며 안수 받으며 치료하고, 정신건강의학과에 가서 약물치료와 심리치료만 계속 해도 경증은 2-3개월, 중증은 길어봐야 1년 이내로 완치가 가능하지만, 보통은 거의 다 직장근무나 학업에 전념하기 때문에 이 과정에서 오는 스트레스를 견디려면 성령 안에서 기도하며 심리치료와 약물치료가 병행되어야 합니다. 정신질환자에 대한 부정적 시선이 환자로 하여금 치료 거부를 느끼게 유도하고 그 상태로 방치된 환자는 결국 충동적으로 범행을 저지르는 것입니다.

코로나 19의 여파로 인하여 교회예배당에도 정신질환과 우울증으로 고통을 당하는 분들이 상상외로 많다고 합니다. 이유는 코로나19가 전염되는 것을 방지하기 위하여 예배당에 나가서 예배를 드리고 기도를 하지 못하고 몸을 움직이지 못했기 때문입니다. 자연스럽게 상처와 스트레스를 해소하지 못함으로 인하여 정신질환이나 우울증, 불면증으로 고생을 하고 있습니다. 또 다른 문제는 예수님을 믿고 교회예배당에 나가는 성도의 의식이 정신질환이 있어도 옆에 있는 성도들이 알아차릴까봐 숨기기에 급급하기 때문입니다. 정신질환이라고 하면 사람들의 인식은 냉혹합니다. 사회적 인식이 발달됨에 따라 일단 상대가 정신질환이 있다는 것을 알면 무턱대고 비하하거나 혐오하는 경향은 많이 없어졌지만 "정신병자" 라는 단어가 당연하다는 듯이 욕으로 사용 되는 것에 알 수 있듯이, 정신질환자를 기피하는 것은 여전하며 정신질환에 무지할 경우(비록 직접적으로 드러내지는 경우라도) 불가피한 질병이 아닌 꾀병이나 의지가 약하다는 변명으로 받아들이는 경우가 많습니다.

또 영적, 정신적으로 무지한 목회자들이 귀신들렸다고 귀신만 쫓아내려고 이리저리 방황하다가 사람노릇을 못하게 하는 경우도 많습니다. 반대로 정신과 약만 의존하여 치료를 하라고 조언하기도 합니다. 필자가 체험한 바로는 정신과 약도 어느 정도 시기까지 복용을 하면서 성령으로 영적치유를 병행하니 쉽게 정상으로 회복이 되더라는 것입니다. 우리 목회자들이나 성도님들은 정신질환에 대한 전문성을 가지고 지혜롭게 판단해야 합니다.

무차별적인 혐오를 자제하자는 측에서도 사회적 피해를 막기 위해 정신질환자를 비질환자와 격리해야 한다고 주장하기도 하는 등, 정신질환자를 일종의(비자발적) 잠재적 가해자나 일반적인 방법으로는 손을 쓸 수 없는 자연재해 취급하는 시선 때문에 미리 치료할 수 있는 사람들조차도 사회적 시선이나 불이익이 두려워 심해진 후에야 치료를 시작하기도 합니다. 분명이 알아야 할 사실은 정신질환이 있다는 것은 인성이 나쁘다는 것이 아니며, 아무리 비질환자의 입장에서 정신질환자들의 증상이 이해되지 않더라도, 그것이 사람을 무시해도 된다거나 배척하는 것이 정당화될 수는 없다는 것입니다. 인성은 개개인의 차이일 뿐 정신질환 환자를 차별하는 것을 정당화 할 이유가 되지는 않으며, 오히려 정신질환을 앓는 다는 이유로 따돌림을 당하거나 온갖 부정적인 말에 시달려, 그

것이 사람의 사회성을 저하시키는 원인이 되기도 합니다. 이것은 선천적으로 사람의 인성이 나쁜 게 아닌, 사회적인 편견과 혐오가 오히려 가해자를 만드는 것이나 마찬가지입니다. 더불어 어느 누구든 예측 불가한 경로로 정신질환을 얻게 될지는 알 수 없는 것이고, 사실 알고 보면 정신질환은 은근 흔하다는 것도 알아두는 것이 좋습니다. 아니 자신도 정신질환 환자일 수가 있다는 것입니다.

정신질환이나 우울증은 마음의 큰 충격이나 상처와 스트레스로 인하여 발생한다고 보아야 합니다. 스트레스를 받으면 초기에는 그로 인한 불안 증상(초조, 걱정, 근심 등)이 발생하고 점차 우울 증상이 나타나게 됩니다. 대부분의 경우 불안이나 우울 증상은 일시적이고 스트레스가 지나가면 사라지게 됩니다. 그러나 스트레스 요인이 너무 과도하거나 오래 지속되는 경우, 개인이 스트레스 상황을 이겨낼 육체 힘이 약화되어 있는 경우에는 각종 정신질환으로 발전할 수 있습니다. 스트레스로 인해 흔히 생길 수 있는 정신질환은 적응장애, 불안장애, 기분장애, 식이장애, 성기능장애, 수면장애, 신체형장애, 알코올 및 물질 사용 장애 등이 있습니다. 우리나라 주부들에게 흔한 화병도 스트레스와 매우 밀접한 정신질환으로 볼 수 있습니다.

신체질환의 경우도 스트레스와 밀접한 연관이 있습니다. 내과 입원 환자의 70% 정도가 스트레스와 연관되어 있다는 연구를 볼 때, 스트레스가 신체질환의 발생 원인이나 악화 요인으로 작용한다는 사실은 이미 잘 알려져 있습니다. 이런 경우 정신과적으로 정신신체장애라는 진단을 붙이게 됩니다. 정신-심리적인 요인에 의해 신체적인 질병이 발생하거나 악화될 경우에 붙이는 병명으로 정신-심리적 요인에 의해 치료 결과도 큰 차이를 보입니다. 특히 스트레스에 취약한 우리 몸의 기관인 근 골격계(긴장성 두통 등), 위장관계(과민성 대장증후군), 심혈관계(고혈압) 등이 영향을 더 많이 받는 것으로 알려져 있습니다. 장기간 스트레스를 받으면 면역 기능이 떨어져 질병에 걸리기 쉬운 상태가 됩니다. 다양한 정신신체장애의 발병과 악화는 물론이고 암과 같은 심각한 질환도 영향을 많이 주는 것으로 알려지고 있습니다.

세상에 상처스트레스를 치료하는 약은 없습니다. 상처와 스트레스 뒤에는 영적인 문제가 결부되어 있기 때문입니다. 그러기 때문에 세상 정신건강의학과의 진료로서는 상처와 스트레스로 인하여 발생한 문제들을 다스릴 수가 없습니다. 이는 반드시 예수님을 믿고 예배당에 나와서 예배드리며 기도하다가 성령으로 세례를 받고 지속적으로 기도하다가 보면 성령의 역사로 상처와 스트레스가 정화되면서 영적-정신적- 육체적으로 건강하게 되는 것입니다. 이유는 성령 안에서 온몸으로 기도하면 성령의 역사로 뇌에 끼어있는 상처가 정화되면서 점점 정상적인 기능을 발휘하게 되기 때문입니다. 성령 안에서 온몸으로 기도하면 치매가 치료되는 것도 이런 이치입니다. 이를 깨닫지 못한 성도들이 정신건강의학과만을 의존하여 정신과 약으로 치료가 되는 것으로 알고 있는 경우가 많습니다. 정신과 약은 치료제가 아니고 신경전달물질을 조절해주는 약입니다. 성도님들이 알아야 할 것은 정신건강의학과 의사들이 환자에게 실질적인 도움을 주지는 못하면서 오히려 본인들 스스로가 환자들보다 더 정신적으로 문제 있는 인간이라는 편견은 한국뿐만 아니라 해외에서도 널리 퍼져 있다는 것입니다.

정신과 의사를 전적으로 믿을 수가 없다는 것입니다. 물론 정신질환으로 고생하는 성도들은 정신건강의학과 약의 도움도 받아야 하지만 교회예배당에 나가서 예배를 드리면 성령 안에서 오래 기도하며 성령치유를 병행해야 합니다. 성령 안에서 온몸으로 기도하면서 보물인 예수님으로 충만하게 채우는 성령치유가 영적-정신적-육체적으로 건강하게 합니다.

정신질환은 불치병이 아닙니다. 문제는 정신질환이 환자에게 심적 고통을 지속적으로 가하며, 고통에서 받는 스트레스가 정신질환을 악화시킨다는 점에 있습니다. 무슨 말 인가하면 자신 안에 숨어있는 정신질환을 일으키는 근본 존재가 외부에서 상황이 일어나도록 조장한다는 것입니다. 예를 든다면 혈통에 역사하는 정신질환을 일으키는 존재들이 아기가 임신했을 당시부터 산모가 스트레스를 받게 만들어서 태교를 정확하게 하지 못하도록 밖에서 상황을 만든다는 것입니다. 예를 든다면 남편이 술을 먹고 산모를 괴롭게 한다든지, 시부모나 친정부모가 산모를 괴롭게 하는 것입니다. 이래서 산모가 스트레스가 심하여 태중의 아기가 정상적으로 태교를 하지 못하게 합니다.

태어나서도 지속적으로 불안정한 상황이 일어나도록 합니다. 침대에서 떨어지게 한다든지, 동전을 삼켜서 목에 걸리게 한다든지, 떡을 먹다가 목에 걸리게 한다든지, 자주 놀라게 하는 상황이 일어난다든지, 하면서 귀신들이 자신들의 거처를 확장하여 가는 것입니다. 이렇게 놀라게 되면 순간 숨을 쉬지 못하게 됨으로 심장 손상과 뇌손상이 생기게 하여 아기가 정상적인 지능을 발휘하지 못하고 저능아가 되게 하기도 합니다. 전두엽이 손상되었기 때문입니다. 전두엽이 손상되면 나타나는 증상'은 이렇습니다. ①게으르고 무기력하며 감흥이 없는 경향이 있다. ②단조롭고 일상적인 것을 좋아한다. ③한 가지 일을 집중하는 데 어려움을 겪는다. ④운동이나 다이어트를 시작하지만 결코 끝내지 못한다. ⑤어떤 상황의 의미를 파악하기 어려워한다. 즉, 어떤 새로운 사태에 대한 학습이 어렵다. ⑥일상적인 세계가 방해를 받으면 감정적으로 동요하는 경향이 있다. 즉, 스트레스를 받으면 쉽게 흥분하고 사리분별이 혼동되는 것을 말한다. 사람들과 원수를 만들기도 한다. ⑦계획을 세워 미래를 준비하는 일을 하지 않는다. ⑧나이가 들면 치매로 발전할 수가 있다.

    태중이나 어려서 심장이 손상되었기 때문에 심장이 약하면, 잘 놀라고 얼굴이 쉽게 붉어지는 편이며, 심장이 쿵 내려앉는 느낌, 심장이 자주 두근거리는 증상이 나타나기도 합니다. 가슴이 두근거림이 자주 나타날 땐 밤에 엎드려 잠을 자거나 옆으로 누워 잘 때 자신의 심장박동이 이불에 전달되어 느껴지기도 합니다. 그리고 심장 리듬이 불규칙하게 뛰기도 하는데, 한 번씩 중간에 쉬기도 합니다. 이를 부정맥이라고 합니다. 이외에도 심장이 너무 빨리 뛰거나 너무 느리게 박동하는 것도 부정맥의 양상입니다. 진맥 시 맥이 약하게 잡히는 것은 심장이 약할 때 나타나는 증상입니다. 심장이 약하면 불안이나 우울의 감정이 잘 생기고 집중력이 떨어지고 잠이 잘 안 오게 됩니다. 잠이 쉽게 들지 못하거나 중간에 자주 깨고 자고나면 생각도 안 나는 꿈을 많이 꾸는 것 모두 불면증이라 할 수 있습니다. 맥이 약하다는 얘기는 그만큼 심장에서 흘러나온 혈액양이 적다는 뜻으로, 심장이 한번 수축할 때 흘러나오는 혈액량이 증가한다면, 세포나 근육이 신선한 산소와 영양분을 더 많이 활발히 제 기능을 다하게 됩니다. 따라서 심장으로부터 충분한 혈액이 세포나 근육으로 전달되어야 만성피로도 해소할 수 있는 것입니다. 이렇게 상처와 스트레스는 뇌손상을 가하여 전두엽기능이 약하게 하여 저능아가 되게 하기도 합니다. 나이가 들면 치매로 진전되기도 합니다. 심장 손상이 되게 하여 심장 부정맥이나 불안이나 우울의 감정에 빠지게 하고, 불면증이나 집중력이 약해지기도 합니다. 이렇게 태중에서나 유아시절이나 소년소녀 시절에 받은 충격은 여러 가지 정신적 육체적 영적인 문제를 만들어 내는 것입니다. 이래서 정신건강의학과의 치료만으로는 한계에 부딪치게 되는 것입니다. 상처 스트레스로 인한 영적인 문제가 결부되었기 때문입니다.

그래서 필자가 늘 강조하는 것이 초기에 발견하는 것이 치료의 지름길이라고 하는 것입니다. 초기에는 성령의 역사에 의한 내면의 상처를 치유하면 무의식이 정화되면서 뇌기능과 심장기능이 회복이 되기 때문입니다. 이는 우리교회에 다니는 성도님들은 모두가 이해하는 것입니다. 왜냐하면 체험을 했기 때문입니다. 초기에 성령 안에서 집중온몸기도를 하니 충격으로 일어난 비정상적인 상태가 성령의 강한 역사에 의하여 정상으로 회복이 되어 정신과 약을 먹지 않고 완치가 되었기 때문입니다.

그러나 성령 안에서 온몸기도로만 치유가 불가능할 경우도 있습니다. 이는 성령의 역사가 약하거나 상처가 깊어서 치유가 되지 않는 경우라고 생각합니다. 필자는 성령치유사역자의 미숙이라고 말할 수도 있습니다. 치유목회자가 많은 임상적인 경험이 있다면 쉽게 치유된다고 생각합니다. 그러나 임상적인 경험이 적고 사람의 내면세계에 대하여 지식이 부족하여 무조건 귀신 역사라고 귀신만 축사하려고 하기 때문입니다.

이러한 경우에 환자는 영적치유만을 고집하지 말고 정신건강의학과에 가서서 정신과에서 처방해주는 항 우울 제나 신경안정제 등을 복용하면서 성령치유를 받으면 좀 더 쉽게 자유 할 수가 있습니다. 그래서 성령의 역사에 의한 내면 치유가 중요한 것입니다. 필자가 25년이란 세월동안 정신질환환자를 개별적으로 치유하면서 체험한 사실은 이렇습니다. 전두엽이 손상되어 정상적인 삶을 살아가지 못하던 분들이 지속적으로 성령 안에서 집중치유기도를 하면서 안수를 받으니 전두엽이 정상으로 되면서 정상적인 생활을 할 수 있도록 지혜로워지고 똑똑해지고 기억력이 좋아져서 사람이 달라지더라는 것입니다. 치매가 나타나던 분들도 지속적으로 성령 안에서 집중치유기도를 하면서 안수를 받으니 정상적인 생활을 할 수 있게 되더라는 것입니다. 심장에 문제가 있던 분들이 지속적으로 성령 안에서 집중치유기도를 하면서 안수를 받으니 심장이 약해서 불안이나 우울의 감정이 잘 생기고 집중력이 떨어지고 잠이 잘 안 오는 불면증이 치유가 되어서 정상적인 삶을 살아가게 되더라는 것입니다.

그러하기 때문에 정신질환이 발생하면 당황하지 말고 주변에 정신건강의학과의 도움도 받으면서 성령치유를 전문으로 하는 목회자, 사람의 내면세계를 정확하게 알고 치유를 전문으로 하는 목회자를 찾아서 치유를 하면 쉽게 정상적인 삶을 살아가는 사람이 되는 것입니다. 하나님은 하나님의 사람을 통하여 자녀들을 치유하십니다. 그렇기 때문에 정신질환으로 고생하시는 분들은 자신의 문제를 치유해줄 하나님의 사람을 만나야합니다. 무조건 조금 능력이 있다는 사람을 만나서 원시적인 방법으로 금식하면서 귀신만 쫓아내려고 하지 말아야 합니다. 자꾸 시간이 가면 갈수록 정신질환이 악화되어 나중에는 걷잡을 수 없는 사람노릇을 못하는 지경에 처하기도 합니다.

정신건강의학과도 마찬가지입니다. 정신과 약은 병원마다 다른 약을 사용합니다. 다 똑 같은 약이 아니고 병원마다 다른 정신과 약을 사용한다는 것입니다. 자신의 증상에 맞는 약이 있다는 것입니다. 모든 병은 자신의 병에 맞는 약을 사용해야 치유가 되는 것입니다. 이는 암에 걸려서 고통을 당해보신 분들은 쉽게 이해가 될 것입니다. 정신질환도 자신에게 맞는 약이 있다는 것입니다. 그렇기 때문에 정신과 약을 먹고 부작용이 일어난다든지, 약을 먹어도 효과가 없다든지 하면 그 약만 고집할 것이 아니고 다른 약을 처방해주는 정신건강의학과를 찾아가 약을 처방받아야 쉽게 질병을 치유할 수가 있는 것입니다. 무조건 정신과 약을 먹는 다고 증세가 안정되지 않고 자신에게 맞는 약을 복용해야 빠른 시기에 정상적인 삶을 살아갈 수가 있습니다. **절대로 정신건강의학과 약에만 의**

존하지 말고 정신질환이 환자에게 심적 고통을 지속적으로 가하며, 고통에서 받는 스트레스가 정신질환을 악화시킨다는 점에 있다고 하였으니 상처와 스트레스를 정화하는 성령 안에서 집중치유 기도를 지속적으로 하면서 정신문제 전문 목회자의 안수를 받으면 좀 더 빨리 정상적인 직장생활이나 사회생활을 할 수가 있다는 것입니다. 절대로 정신건강은 남의 일이 아닙니다. 자신도 언제인가 정신문제가 발생할 수가 있습니다. 정신문제는 육체의 질병과 같이 눈에 보이지 않기 때문에 더욱 두려운 것입니다. 바르게 인식하고 있어야 불필요한 고통을 당하지 않을 수가 있는 것입니다.

태중에서나 유소년시절에 충격으로 무의식에 생긴 문제는 정상적인 삶을 살아갈 때는 숨어 있다가 상처와 스트레스가 심화되어 결적적인 시기가 되면 반드시 드러나게 되어있습니다. 우리가 예수님을 믿고 죽고 예수님으로 다시 살아가는 이유가 무엇입니까? 보물인 예수님으로 자신의 온몸과 마음을 채우는 것입니다. 예수님의 삶을 살아가는 것입니다. 이것은 말로 글로 지식으로 성경말씀만 안다고 되는 것이 아니고, 보이지 않지만 살아계신 성령하나님으로 채우는 것입니다. 자신이 실제적으로 없어지고 성령하나님으로 채워야 합니다. 이렇게 성령하나님으로 채울 때 자신이 태중에서나 유소년시절이나 다른 시절에 일어난 충격으로 무의식에 자리 잡고 있던 상처와 스트레스가 정화되면서 전두엽(뇌)이 정상적으로 깨어나고 심장이 정상적으로 고쳐져서 보물인 예수님으로 충만하여 일생동안 정신이 건강하고, 눈이 밝게 살아가고, 귀가 잘 들리고, 이빨이 튼튼하고, 소화가 잘되고, 소 대변 잘보고, 두발로 잘 걸어 다니는 건강축복 속에서 살아갈 수가 있는 것입니다.

귀신들림에 대해 들어보셨나요? 다른 영혼이 내 몸에 옮겨 붙은 상태를 귀신들림이라고 말합니다. 즉, 사람은 하나의 육체에 하나의 영을 지니고 있는데, 어떠한 가족력이나 충격이나 상처 스트레스에 과하게 도출되었던 이유로 인해 다른 영혼(귀신)이 몸 안에 자리하게 되는 것입니다. 이러한 귀신들림 된 제3의 영혼(귀신)이 몸을 지배하면서 여러 가지 문제를 일으키게 됩니다. 정신질환, 우울증, 조울증, 공황장애, 관절염, 근육통, 편두통 등등….

귀신들림이 되면 정신질환과 비슷한 증상을 보이는 것은 물론 갑자기 몸이 여기저기 아파지거나 원인을 알 수 없는 여러 가지 질병의 증상으로 고통 받게 됩니다. 귀신의 영으로 인해 서서히 내가 없어지고 귀신의 영이 내 몸을 차지해 가는 병입니다. 귀신의 영의 행동과 생각, 말, 감정이 거치치 않고 나타나게 됩니다. 육체에 여러 가지 문제를 일으키게 됩니다. 귀신들림은 반드시 예수님을 믿고 성령으로 세례를 받아 성령의 역사로 치료받아야 하는 질환입니다. 세상 다른 방법으로는 귀신들림을 치유할 수가 없습니다.

알 수 없는 정신질환 증상은 아무리 치료를 받아도 치유되지 않고 증상이 악화만 될 뿐입니다. 알아야 할 것은 귀신들이 들어오면 절대로 떠나가지 않고 상황을 만들어가며 기다립니다. 상황은 상처와 스트레스를 받게 한다는 것입니다. 필자가 어떤 분에게 설명한 경험이 있는데 귀신의 역사가 교묘하고 고단수이기 때문에 필자와 같이 전문적인 치유사역의 임상적인 경험이 없으면 당해내지를 못합니다. 예를 든다면 어머니에게 역사하면서 정신적으로 귀신역사(정신문제, 뼈 관절문제, 내장기관의 문제, 여러 가지 암)등으로 평생 동안 고통을 당하면서 살아가게 합니다. 예수를 믿고 교회예배당에 나가 열심히 믿음생활을 해도 육적인 신앙생활, 쉽게 설명하면 유대인과 같은 신앙생활을 하면 떠나가지 않고 계속 고통을 가합니다. 이렇게 유대인과 같은 신앙 생활하던 분들이 하는 것은 예배에 열심 있게 참석하고, 새벽기도하고, 철야기도를 하고, 교회에 헌금을 많이 하는 등 인간적인 방법을 강구하도록 주변에서나 교회 지도자들이 조언을 합니다. 그러면 그것을 철석같이 믿고 그대로 따르면서 열심히 신앙생활을 합니다. 필자가 항상 말하는 무엇을 하면 정신적인 문제나 귀신역사가 해결이 된다고 알고 행하게 합니다. 그런데 이렇게 무엇을 한다고 정신적으로 귀신역사로 당하는 고통이 해결되지 않습니다. 귀신은 성령의 역사에 의하여 떠나가기 때문입니다. 절대로 성령의 역사가 자신을 완전하게 점령해야 떠나갑니다. 부모의 혈통에 역사하면서 정신적으로 귀신역사로 고생하게 하던 귀신이 어머니가 임신을 하게 되면 태아에게 침입을 합니다. 태아에게 침입하여 상황을 예의주시하면서 기다립니다.

이 경우 혈통에 대물림이 되는 경우가 많습니다. 혈통에 역사하는 귀신들과 정신질환을 일으키는 존재들이 아기가 임신했을 당시부터 산모가 스트레스를 받게 만들어서 태교를 정확하게 하지 못하도록 밖에서 상황을 만든다는 것입니다. 예를 든다면 남편이 술을 먹고 산모를 괴롭게 한다든지, 시부모나 친정부모가 산모를 괴롭게 하는 것입니다. 이래서 산모가 스트레스가 심하여 태중의 아기가 정상적으로 태교를 하지 못하게 합니다.

태어나서도 지속적으로 불안정한 상황이 일어나도록 합니다. 침대에서 떨어지게 한다든지, 개나 고양이 등 짐승에 놀란다든지, 오토바이나 차량에 의해 교통사고가 나게 한다든지, 동전을 삼켜서 목에 걸리게 한다든지, 떡을 먹다가 목에 걸리게 한다든지, 자주 놀라게 하는 상황이 일어난다든지, 하면서 귀신들이 자신들의 거처를 확장하여 가는 것입니다. 이렇게 놀라게 되면 순간 숨을 쉬지 못하게 됨으로 심장 손상과 뇌손상(전두엽)이 생기게 하여 아기가 정상적인 지능을 발휘하지 못하고 저능아가 되게 하기도 합니다.

어머니에게 역사하면서 고통을 가하던 귀신이 자녀에게 들어와 자녀의 온몸에 귀신이 거처를 단단하게 하는 것입니다. 이 시기를 필자는 귀신이 자녀에게 자기 처소를 견고하게 구축하는 기간이라고 말하기도 합니다. 쉽게 설명하면 귀신이 자녀에게 집을 단단하게 지어가는 시기라고 합니다. 이렇게 되면 자녀에게도 어머니가 젊어서 고생하던 정신문제, 뼈 관절문제, 내장기관의 문제, 등이 슬슬 나타납니다. 이때 귀신은 절대로 자녀에게서 떠나가지 않아도 되는 조치를 하도록 어머니를 통해서 하도록 합니다. 예수를 믿고 교회예배당에 다녀도 인간적인 방법으로 신앙생활을 하도록 하는 것입니다. 절대로 성령의 역사가 일어나면 떠나가야 하니 어머니가 평소 하던 신앙생활 방식대로 하도록 합니다. 어머니는 자신이 하던 방식대로(인간적이고 샤머니즘과 보수적인 방법) 하여 귀신이 자녀를 떠나가지 못하도록 자녀에게 역사하는 귀신을 보호해 주는 것입니다. 한번 들어와 집을 차지한 귀신은 절대로 떠나가지 않으려고 부모님을 통하여 역사하는 것입니다.

그렇게 귀신과 같이 지내다가 어머니가 돌아가시면 어머니와 똑같은 고통을 자녀가 당하면서 귀신하고 같이 사는 것입니다. 예수를 믿었어도 귀신이 떠나가지 않습니다. 그럼 어떻게 해야 자녀가 어머니와 같은 정신적 육체적인 고통을 당하지 않으면서 살수가 있느냐 입니다. 그것은 자녀가 신앙적으로 부모로부터 독립하여 나와서 성령으로 세례를 받고 성령 안에서 예배를 드리는 것입니다. 그래서 필자는 독립하라는 조언을 많이 하는 것입니다. 신세대답게 자녀 자신과 하나님과 관계를 여는 것입니다. 성령 안에서 온몸으로 오래 기도하면서 성령께서 자신을 지배하시고 장악하시는 신앙생활로 바꾸는 것입니다. 이렇게 성령으로 오랫동안 지배와 장악이 되면 귀신이 견디지 못하고 떠나갑니다. 그런데 중요한 것은 성령께서 온전하게 지재하실 때까지 인내해야 합니다. 많은 성도들이 성령의 역사로 치유를 받다가 조금 편안해지면 쉬거나 중단합니다. 또 몸이나 마음이 안 좋으면 나옵니다. 이러면 절대로 혈통에 역사하는 귀신의 영향에서 자유 할 수가 없습니다. 귀신의 장난에 놀아나고 있기 때문입니다. 절대로 부모님들이 당하던 정신적, 육체적, 환경적인 문제에서 자유하려면 의지 결단을 해야 합니다. 뿌리를 뽑으려고 해야 합니다. 필자의 체험으로는 한번 들어와 진을 치고 있는 귀신은 축사 한번 집중치유기도 한번으로 떠나가지 않습니다. 귀신은 사람보다 한 차원이 높은 고단수입니다. 바르게 알고 대처해야 합니다. 세상 다른 방법으로는 귀신들림을 치유할 수가 없습니다. 영원한 천국에 갈 때까지 관리해야 합니다.

7장 우울증을 예방하고 완전치유하려면

(시 42:11)"내 영혼아 네가 어찌하여 낙심하며 어찌하여 내 속에서 불안해 하는가 너는 하나님께 소망을 두라 나는 그가 나타나 도우심으로 말미암아 내 하나님을 여전히 찬송하리로다."

삶을 성공적으로 이끈 사람들은 모두 진리의 말씀과 성령으로 자신의 내면을 잘 관리한 사람들입니다. 그래서 내면 관리가 중요한 것입니다. 내면의 관리는 성령께서 하십니다. 자신의 마음 밭을 잘 관리하여 풍성한 옥토로 만들지 못하면 어떤 시도, 도전, 노력을 하여도 수도관이 새는 것과 같은 결과를 얻게 됩니다. 2015년 3월 24일 독일 여객기가 추락한 사고를 낸 부기장이 우울증 환자였다는 것입니다. "독일 추락 여객기 부기장 안드레아스 루비츠의 전 여자 친구 마리아(가명·26)는 한 독일 매체와의 인터뷰에서 "그가 악몽에 시달렸으며 '떨어진다(We are going down)'는 비명을 지르며 깨어난 적도 있었다"고 전했다." 우울증은 이렇게 다른 사람에게 큰 피해를 입게 하는 것입니다. 우울증은 개인의 문제를 넘어 사회적인 문제입니다.

우리는 성장 과정에서 많은 어려운 일을 겪고 많은 부정적이며, 자신에게 상처 주는 말을 듣고, 보고, 경험했던 사건들이 내 안에 형성되어 있습니다. 돌, 가시덤불, 너는 못났다. 바보다. 귀찮다. 저리 가라. 쓸모가 없다. 너는 아무 것도 못할 거야. 너는 되는 일이 없어. 이번에도 실패 할 것이다. 차라리 죽어 버려라. 이러한 부정적이고 비관적인 언어가 우리의 마음에 깊이 심겨져 있습니다.

말은 단순히 말로 그치지 않고 마음에 깊이 남게 됩니다. 그리고 그 사람의 인생에 큰 영향을 주게 됩니다. 말은 자신과 가까운 상태의 사람의 말은 깊이 무의식에 심겨 집니다. 어머니, 아버지의 말은 아이는 그대로 믿고 그 말을 받아들입니다. 우울증과 그리스도인이란 두 단어는 서로가 성립되지 않는 말들이고 함께 어울릴 수 없는 말들입니다. 진정으로 성령님에 의해 거듭난 체험을 하고 확실히 성령의 충만함을 경험한 사람이라면 절대로 우울증에 빠지는 일이 있을 수 없습니다. 이 말이 맞습니까? 그렇지 않습니다. 그리스도인도 믿음이 떨어지는 순간 우울증이 찾아옵니다.

1.우울증이 발생하는 환경적인 원인

1) 생활환경이 갑자기 변할 때 충격으로 발생하기도 합니다.

2) 실직, 부도, 심한질병, 가정 문제, 직장에서의 은퇴 했을 경우에 발생하기도 합니다.

3) 심하게 놀라거나 죽음을 목격한 경우에 발생하기도 합니다.

4) 자녀들이 출가하여 다 떠났을 때(빈둥지) 발생합니다.

5) 인간은 삶에 순환, 사이클이 있어야 합니다. 밥을 먹고 소화를 시키고 일을 하고 휴식을 취하고(긴장-이완-긴장-이완)가 규칙적으로 일어나야 합니다. 그러나 긴장만 있어서도 안 되고, 이완만

있어서도 안 됩니다. 긴장이나 이완된 상태에서 계속될 때, 정신적이고 심리적인 문제가 생깁니다. 다음에 질병이 찾아오게 됩니다. 그러므로 항상 성령이 충만한 믿음 생활로 내면관리를 해야 하는 것입니다. 무엇보다도 예방 신앙이 중요합니다. 필자가 치유사역을 하다 보면 막연하고 안일하게 신앙생활을 하다가 질병이 발생한 다음에 후회하는 분들이 있습니다.

2. 우울증의 대표적인 현상. ① 앞으로 아무런 희망도 없다고 느껴질 때 우울증을 의심해 보아야합니다. ② 차라리 죽는 것이 낫다고 생각될 때 우울증을 의심해 보아야합니다. ③ 세상에 나 혼자라고 느껴질 때 우울증을 의심해 보아야합니다. ④ 그대로 있으면 무슨 일을 저지를 것 같을 때 우울증을 의심해 보아야합니다. ⑤ 괴로움을 혼자 견디기 힘들 때 우울증을 의심해 보아야합니다. ⑥ 불면증에 시달릴 때 우울증을 의심해 보아야합니다. ⑦ 체중의 감소 혹은 증가가 심할 때 우울증을 의심해 보아야합니다. ⑧ 지나친 죄책감에 시달릴 때 우울증을 의심해 보아야합니다. ⑨ 병원에서 진찰을 받은 결과 몸에 이상이 없다고 하는데도 몸이 계속 아프거나 심각한 병이 있다는 생각에 빠져들 때 우울증을 의심해 보아야합니다. ⑩ 누가 자신을 놀리거나 남들이 나에게 피해를 주고 있다는 생각 때문에 괴로울 때 우울증을 의심해 보아야합니다. ⑪ 주위에 아무도 없는데 사람의 목소리가 들리는 경험을 할 때 우울증을 의심해 보아야합니다. ⑫ 아무 일도 하기 싫어 주부가 집안일을 못하

거나 직장인이 업무를 제대로 못하거나 학생이 공부를 할 수가 없어 성적이 떨어지는 경우에 우울증을 의심해 보아야합니다. ⑬ 말수가 줄어들거나 짜증이 늘어나는 등 성격이 변한 것 같은 경우에 우울증을 의심해 보아야합니다. ⑭ 술, 담배, 기타 여러 약물(진통제 등)을 상습적으로 복용 또는 남용하는 경우에 우울증을 의심해 보아야합니다. ⑮ 고혈압, 당뇨 등 신체적인 질환이 있는 사람이 우울해 할 때 우울증을 의심해 보아야합니다. 의사의 말을 믿을 수 없을 때 우울증을 의심해 보아야합니다. 자신의 상태를 누구에게 물어봐야 할 지 모를 때 우울증을 의심해 보아야합니다. 나는 이상이 없다고 생각하는데 남들이 병원에 가 보라고 권할 때 우울증을 의심해 보아야합니다. 병원에 가야 하는 것을 알면서도 병원에 가기 싫을 때 우울증을 의심해 보아야합니다.

여기에 추가적인 우울증의 증상은 이렇습니다. 우울증 환자 90%가 신체 통증을 호소한다는 것입니다. 대한우울·조울병학회에서는 여의도성모병원과 서울아산병원 등 13개 병원에서 치료 중인 우울증 환자 393명을 대상으로 역학조사를 한 결과 우울증 환자 대부분이 가슴이 답답하거나 호흡이 곤란한 신체증상을 동반하는 것으로 나타났다고 2010년 3월 18일에 밝혔습니다. 조사 결과에 따르면 응답자의 90%(340명)는 머리와 가슴, 목, 어깨 등의 부위에서 통증을 느끼고 있는 것으로 분석됐습니다. 부위별로는 두통을 호소하는 환자가 71.4%(275명)로 가장 많았으며, 목이나 어깨 통증 67.8%(262명)명, 근육통 48.9%(188명), 가슴 통증

46.9%(180명), 요통 46.1%(177명) 순으로 흔했습니다.

성별로 보면 남성이 여성보다 허리통증을 더 많이 느꼈으며, 우울증이 심하다고 응답한 사람일수록 신체 통증을 더 많이 느끼는 것으로 조사됐습니다. 응답자 중에는 자살을 생각해 본 적이 있는 응답이 40%에 달했으며, 이중 8% 정도는 실제 자살을 시도했던 것으로 집계됐습니다. 학회에서는 "우울증 환자에게 나타나는 통증은 우울증을 더욱 깊게 만들고, 이는 더욱 심각한 통증 및 다른 신체 증상으로 이어지는 악순환으로 작용한다"면서 "우울증 환자가 조속한 시간 내에 적절한 치료를 받을 수 있는 시스템과 교육이 필요하다"고 말했습니다.

그래서 우리 그리스도인에게 기쁨과 평안은 필수적입니다. 그러나 우리의 내면이 그렇지 못합니다. 요즈음 우리는 우울한 소식이 많이 들립니다. 그리스도인들도 우울해질 수 있습니다. 다윗은 지금 자신의 감정을 시로 표현합니다. 이는 믿음의 사람 다윗이 낙심하며 매우 불안해하고 있다는 증거이기도 합니다. 우울증은 특정한 사람이 걸리는 심리적인 병이 아닙니다. 여자, 마음이 약한 사람, 내성적인 사람, 믿음이 약한 사람, 특정한 사람이 걸리는 병이 아니라 누구든지 걸릴 수 있는 질환입니다. 심리적인 질환에서 가장 우리나라 사람에게 많이 있는 병입니다.

공통적인 질병은 감기입니다. 감기는 어린아이부터 성인에까지 걸리기 쉬운 병입니다. 병중에 가장 기본적인 병이나 모든 병을 일으키는 근원이 되며, 가장 치사율이 높은 병입니다. 감기처럼 우울증도 역시 모든 정신적인 질환에서의 기본적인 병입니다. 감기는 언제 잘 걸립니까? 환절기 기온의 차이가 많을 때, 몸의 상태가 나쁠 때, 과로할 때 많이 걸립니다.

우울증 역시 환절기에 많이 걸립니다. 기분의 차가 심할 때. 복잡한 일이 있을 때. 기온의 차이가 심할 때. 영적인 상태가 약할 때에 잘 나타납니다. 이러한 현상은 누구에게나 찾아올 수 있습니다. 환절기에 감기에 걸리는 것처럼 말입니다. 골리앗을 쓰러트린 담대한 다윗이 우울증에 빠졌던 경우가 있었습니다(시57:1-2). 갈멜산에서 850명의 이방신 제사장들과 싸워 이긴 엘리야도 우울증에 시달렸습니다(왕상19:4). 요나와 같은 선지자들도 어려움에 빠져 심리가 불안정하게 되었던 경우가 있었습니다(욘4:3).

3.치유를 위한 노력과 태도. 성령으로 세례를 받고 내면을 치유하여 마음의 밭을 옥토로 만들어야 합니다. 어떻게 옥토로 만듭니까? 말씀과 성령의 역사로 만듭니다. 왜 마음을 옥토로 만들어야 합니까? 마음이 넓으면 상처를 덜 받으니까? 그래서 하나님은 우리에게 항상 기뻐하라. 쉬지 말고 기도하라. 범사에 감사하라고 하시는 것입니다. 성령 충만한 믿음생활을 하면 우울증은 나타나지 않습니다. 성경 말씀은 모두 우리를 위하여 하나님이 주신 것입니다. 우리는 성령으로 충만하여 항상 기뻐해야 합니다. 항상 기뻐하면 건강에도 좋습니다. 우리가 기뻐할 때 몸에서 엔돌핀이 나옵니다. 그래서 육체에 활력을 주어서 건강을 유지하게 됩니다. 그것뿐

만이 아니라 마음이 열리게 되므로 성령으로 충만하게 되는 것입니다. 그러나 반대로 혈기를 내거나 분노할 때는 아드레날린이 분비됩니다. 그래서 우리의 뼈와 뼈 사이에 들어가 뼈로 마르게 합니다. 모든 질병은 자율신경의 계통의 흐름과 부조화로 생깁니다. 모든 질병의 대부분이 자율 신경의 부조화에서 나오는 경우가 많습니다. 그렇기 때문에 내 영이 무거운 죄 짐이나, 불평이나, 원망의 무서운 독소에서 자유 함이 있어야 합니다. 자율 신경의 조화는 주로 마음의 평안과 영의 기쁨을 항상 유지하게 됩니다. 자율 신경의 교감신경은 불안, 좌절, 분노 등의 결과를 유발합니다.

부교감 신경은 주로 기쁨, 화평, 감사, 용서, 사랑, 절제, 인내, 자비와 양선과 충성과 온유함을 주관합니다. 그래서 하나님은 (빌 4:4)"주 안에서 항상 기뻐하라 내가 다시 말하노니 기뻐하라." 하시는 것입니다. 포도나무의 가지가 원줄기에 붙어 있어야 하듯이, 우리의 영적 생명과 성령의 역사는 생명의 근원 되시는 예수님에게 붙어 있어야 합니다. 그래서 영적 신령한 생명이 계속 공급을 받아서 끊임없이 흘러나오거나 솟아나야 합니다. 그런데 우리가 분노하거나 혈기를 내면 육성으로 돌아가기 때문에 이런 영적 생명이 공급되지 못하는 것입니다. 그래서 우리는 자신의 건강을 위해서라도 분노하거나 혈기를 내면 안 되는 것입니다. 성도는 마음에 보복의 칼을 품어서는 안 됩니다.

이는 자신의 영성관리와 정신건강을 위해서 삼가야 합니다. 그래서 우리는 항상 마음에 평안을 유지하려고 의지적인 노력을 해야 하는 것입니다. 그래야 내 안에 계신 성령으로부터 영적생명이 흘러나오는 것입니다. 이러한 생명의 흐름이나 성령의 흐름이 성경에서는 기름부음이라는 표현으로 설명되고 있습니다. 이러한 예수의 생명이 흘러넘치는 역사가 충만하기 위해서는 속사람(영)이 강건해야 합니다. 이 속사람은 자율신경의 부교감 신경에 주로 영향을 받게 됩니다. 자율 신경이 조화를 이루지 못하고, 분노나 불안이나 좌절 등을 일으키면 육성으로 돌아가 기도가 막히게 됩니다. 그래서 성령의 역사를 소멸하게 되는 것입니다.

성령을 소멸하게 되니 자신도 모르는 사이에 마귀가 틈을 타서 마귀가 역사하는 것입니다. 거기다가 건강에도 영향을 미쳐서 위장, 간, 심장, 폐, 등 오장육부의 혈관 정맥, 근육 등에 뻗어 있는 자율 신경에 자극을 주게 되어, 신체에 이상을 일으키고 정신적인 질병을 유발시키는 것입니다.

모든 쓰라림과 원한은 첫째 분노로부터 시작, 이것이 신체에 공급되는 아드레날린을 지나치게 분비시킵니다. 신체는 분비된 아드레날린의 초과량을 흡수할 수 없습니다. 결과적으로 그것은 신장으로 가지만 그러나 신장은 이 초과량을 수용할 수 없습니다. 그 결과로 그것은 신체의 관절에 모여 관절염을 일으킵니다. 또 근육통을 일으킵니다. 관절염을 앓는 사람은 자신의 삶을 성찰하고, 혹 다른 사람에 대한 쓴 뿌리와 용서하지 않는 마음을 품고 있는지 여부를 알아보라고 성심성의로 충고하시기 바랍니다.

그러므로 분노나 혈기는 성령을 소멸하게 됩니다. 성령을 소멸하니 자신의 영 안에서 생명이 올라오지 못하므로 자신의 영적인 생활에도 지대한 영향을 줍니다. 우리는 자신의 건강과 성령의 충만함을 위해서라도 혈기나 분노는 다스려야 합니다. 그래서 자신의 영을 자신이 지키는 것은 자신의 힘으로는 불가능하고 성령으로 충만하여 성령의 인도가 있어야 하는 것입니다.

성령으로 충만하고 성령의 인도를 받기 위해서 마음의 평안을 유지해야 합니다. 마음의 평안은 말씀과 성령으로 심령이 치유되어 안정한 심령이 될 때 가능한 것입니다. 우리 말씀과 성령으로 충만하여 마음을 평안하게 유지합시다. 그래서 항상 내 안에서 성령의 기름부음(생수)이 올라오게 해야 합니다. 제가 지금까지 성령 치유 사역을 하면서 우울증이나 정신적인 문제가 있는 분들을 상담한 결과 모두 불안과 두려움으로 고생을 하고 있었습니다. 마귀는 우리가 성령의 깊은 임재 가운데 들어가지 못하게 하려고 두렵게 하는 것입니다. 그래서 성령을 소멸하게 하는 것입니다.

마귀는 어떻게 해서라도 우리가 성령으로 충만하지 못하게 하려고 기를 쓰는 것입니다. 이렇게 불안과 두려움과 우울증으로 고생하는 분들이 저의 교회에 오셔서 말씀과 성령으로 내적치유를 받으면 모두 말 못할 평안을 찾았다고 간증을 합니다. 그러므로 성령이 우리를 장악하면 평안해지는 것입니다. 성령의 속성은 평안이기 때문입니다. 반대로 불안하거나 두려움은 마귀가 주는 것입니다. 그래서 우리는 두려움을 성령의 역사로 몰아내야 합니다. 성령의 임재 가운데 두려움에게 명령해야 합니다.

4.우울증환자가 금해야 할 사항

1) 너무 자신을 격하시키는 생각을 하지 말아야 합니다. 너무 자신을 부정적으로 바라보는 분들도 많이 있습니다. 다시 말해 '나는 안 돼', 이런 생각들은 좋은 생각이 아닙니다. 부모님이 내가 성장할 때부터 나는 안 된다고 말했어, 나는 안 돼 이런 생각은 자신을 건강하게 만들지 못할 뿐 아니라, 자신의 삶을 축복하는 생각들이 아닙니다. 이런 부정적인 생각들 때문에 자신이 슬픈 감정들에 빠져있을 수밖에 없다는 것입니다. 그렇기 때문에 나는 안 돼. 이 생각을 버리시기 바랍니다. 그런가 하면 나는 혼자다 이런 생각도 버려야 합니다. 당신은 혼자가 아닙니다. 배우자가 있을 수도 있고 가족들이 있을 수도 있습니다.

또 영적으로 말한다면 성령 하나님이 함께 하시지 않습니까? 이런 생각 자체가 잘못된 것입니다. 하나님이 당신과 함께 하시는데, 왜 혼자입니까? 전능하신 하나님이 당신의 주인이신 데, 당신이 어찌 혼자란 말입니까? 그렇기 때문에 우울증에 걸린 분들은 자신을 격하시키는 생각을 하시면 안 됩니다. 또 '세상에 믿을 사람 하나 없어.' 이런 생각 또한 건강한 생각은 아닙니다.

이런 생각으로 인해 모두를 불신하게 되고 불신함으로 인해 마음의 벽을 더욱 쌓게 되는 것입니다. 세상에는 좋은 사람도 많습니다. 세상에는 정말 아름다운 사람도 많습니다. 그런데 '믿을 사람은 없어' 이 말 자체가 그 사람의 상태가 어떤지도 알게 해주는 것이 되기도 하는 것입니다. 그렇기 때문에 가능하면 자신을 격하시키는 말들은 하지 않아야 합니다.

2) 일어나지도 않은 일에 대해 미리 예측하고 근심하는 일도 버려야 합니다. 일어나지도 않았습니다. 그런데 미리 혼자 생각하고 건물이 없는데, 혼자의 생각으로 완벽한 건물을 만들어 놓는 것입니다. 이런 생각들입니다. 누군가가 이렇게 할 꺼야. 또 그렇게 될 꺼야. 그렇게 안됐는데, 그렇게 될 꺼야 이렇게 되었으면 이런 생각들을 많이 합니다. 일어나지 않은 일에 대한 미리 예측과 미리 염려와 미리 근심하고, 앞 당겨 슬퍼하고 당겨서 불안에 떨고, 그러나 이런 생각들은 결코 당신에게 건강한 삶을 보장해 주지 않습니다. 가능하면 오늘 일에 충실하시기 바랍니다. 당신이 알고 있는 사실에 대해서 만족하시기 바랍니다. 듣지도 않은 말을 들은 것처럼 말한다거나 일어나지 않은 일에 대해서 일어날 것처럼 말한다거나 남이 나에게 욕도 하지 않았는데, 욕을 할 것이라고 생각하는 것이나 그런 생각들은 전부 다 자신으로 하여금 병들게 하는 생각이지 당신을 건강하게 만드는 생각이 아닙니다.

3) 그런가 하면 이 우울증에 걸리신 분들은 장래에 대한 희망이 없습니다. 가능하면 희망을 가지시기 바랍니다. 왜 자살합니까? 미래에 대한 희망이 없기에 그렇습니다. 왜 죽음을 생각합니까? 미래에 대한 소망이 없기 때문입니다. 죽음을 생각하는 것입니다. 이분들은 주로 하는 말이 '내 인생 끝났습니다.' 이런 말을 많이 합니다. 자기 인생이 끝났다는 것입니다. 예수님을 주인으로 모시고 사는 나는 하늘이 무너져도 솟아날 구멍이 있다. 이런 분들은 절대 우울

증 안 걸립니다. 근데 무너지지도 않았는데, 무너진다. 무너진다. 하시는 분들은 무너집니다. 생각이 얼마나 중요한지 모릅니다. 그런가 하면 또 어떤 사람은 살면 뭐하나 하는 분들도 있습니다. 인생이 끝난 것이 아니라 희망이 있습니다. 소망의 하나님이 지금 역사하고 계심을 믿으시기 바랍니다. 인생은 소망이 있습니다. 세상은 어렵고 힘들어도 우리의 미래는 소망이 있습니다. 그런데 살면 뭐하나 내 인생은 끝났어, 아주 자기를 비관하는 그런 분들이 아주 많습니다. 그런가 하면 기독교인들이 가장 많이 사용하는 말이 무엇인지 아십니까? 불신자들은 자살을 하지 않습니까? 그러나 우리 기독교인은 자살도 못합니다. 죽지도 못하지, 살려하니 힘들지, 그러니 태어난 것이 죄지 왜? 힘들지 죽지는 못하지 그러니 태어난 것이 죄라는 것입니다. 가능하면 당신은 너무 큰 절망가운데 있지 마세요. 가능하면 당신은 너무 큰 낙심 속에 있지 마세요. 가능하면 빨리 소망을 가지고 희망을 가지고 빠져 나오셔야 합니다.

4) 그런가 하면 우울증에 걸린 분들이 피해야 할 것이 있습니다. 가능하면 우울증에 걸리신 분들은 부정적인 생각을 가지고 계신 분들은 만나지 마세요. 지금 혼자만의 생각도 감당을 하지 못하는데, 또 누군가가 와서 전달 해준다는 말이 늘 어두운 말만 전달 해준다면 그 사람은 정말 자살할 가능성이 많습니다. 죽으려고 하는 사람에게 우리가 할 말이 있습니다. 왜 죽으려고 하는가? 죽기 전에 해야 할 것이 있다. 예수 그리스도를 영접해라. 그리고 영접한 후에는 우리에게 소망이 있다. 예수님 믿기 전에는 너에게 소망

이 없었지만, 예수 믿고 난 후에는 너에게 소망이 있다. 우울증에서 해방 받은 사람 가운데서 이런 사이트를 운영하시는 분들이 많이 나오시기 바랍니다. 그래서 자꾸 인터넷 세상에 그리스도의 깃발을 복음의 깃발을 계속하여 세워 나가야 합니다. 저는 할 일들이 많이 보이는 것입니다. 인터넷을 통해서 전도할 수 있는 길들이 굉장히 많습니다. 그래서 저 혼자 하기는 너무 많고 무엇인가 컴퓨터에 대해서 잘 알고 치유의 마인드를 가지고 계시는 분들이 자살 방지 사이트를 만드세요. 그럼 정말 자살을 도와주는 사이트가 아니라. 자살을 방지하는 사이트. 무엇으로? 복음으로 답을 주고 자살을 방지하는 사이트인 것입니다.

5.우울증의 치유 방법. 나의 마음이 상하고 분하게 한 상처를 성령님의 은혜로 기억하시기 바랍니다. 숨겨진 감정을 드러내는 것은 치유의 접근이지 치유의 방법은 아닙니다. 기억을 통하여 나를 불안(우울)하게 하는 상황에 가까이 가서 상처의 기억이 생생하여질수록 치유가 더 강하게 일어납니다. 기억을 위하여 성령님께 도움을 요청하면 자신의 깊은 곳에 감추어져 있던 상처의 기억과 감정이 생생하게 살아나게 됩니다. 이것이 하나님의 치유방법입니다. 먼저 성령으로 세례를 받는 것은 필수입니다.

성령의 임재가 깊어지면 성령님의 도우심으로 특정한(분노, 불안, 두려움, 공포, 눌림, 혈기, 스트레스, 마음의 상처, 자존심의 상처 등) 사건의 현장으로 돌아가서, 그때 받았던 묻혀 진 상처의 기억을 떠올리며, 상처와 함께 그때에 겪었던 당황함, 부끄러움을 회상하시기 바랍니다. 하나씩 앞으로 회상해 나가면서 떠오르는 상처를 주님에게 드려야 합니다. 주님은 항상 나와 함께하셨습니다. 주님은 내가 고통당할 때 함께 하시면서 나와 고통을 함께 하셨습니다. 지금도 그 주님은 나와 함께 하십니다. 억울함, 분노, 두려움, 상처, 눌림 등으로 내가 울 때 함께 하시면서 우신 분입니다. 특히 어린 시절의 작은 상처, 부모가 자신을 거부했다고 하는 상처가 오늘의 자신에게 많은 영향을 주게 됩니다.

자 이제 상처를 예수께 드립니다. 드러난 상처를 주님께 가져가야 합니다. 주님은 많은 상처를 입은 분이십니다. 그러기에 상처 입은 사람들의 고통의 삶을 누구보다 안타깝게 여기고 계십니다. 예수 그리스도에게 성령님의 치유의 능력을 간곡하게 부탁해야 합니다. 우리가 지울 수 없는 상처를 주님께 드려야 합니다. 주님에게 상처가 드려 질 때 보혈의 능력으로 상처가 치유 받게 됩니다. 상처의 자리에 주님의 위로와 은혜와 평안으로 채워야 합니다.

이렇게 깊은 차원의 치유를 스스로 하는 것입니다. 이렇게 지속적으로 순종하면 우울증은 반드시 치유가 됩니다. 절대로 불치병이다. 난치병이다 하는 세상 소리에 귀를 기울이지 말고 예수님에게 나와서 말씀과 성령으로 깊은 차원의 치유를 하시기 바랍니다. 그래서 치유 받고 간증하며 우울증으로 고생하는 분들에게 예수를 전하시기를 바랍니다.

8장 조울증을 예방하고 완전치유하려면

(시 42:11)"내 영혼아 네가 어찌하여 낙심하며 어찌하여 내 속에서 불안하여 하는가 너는 하나님께 소망을 두라 나는 그가 나타나 도우심으로 말미암아 내 하나님을 여전히 찬송하리로다."

조울증이란 개인의 기분에 있어 변화가 심하게 반복되는 것입니다. 물론 조울증 환자에서 정상적인 기분 상태로 있을 때도 있지만 기분이 들뜨기도 하고, 가라앉기도 하며, 주기적으로 기복을 보이게 됩니다. 조울증은 뇌에서 생화학 물질이 변화하는 것과 같은 생물학적 요인, 유전적인 요인, 스트레스 등과 같은 심리사회적 요인들이 서로 복합적으로 작용하여 나타나는 것으로 알려져 있습니다. 조울증 환자라 하더라도 아무런 증상이 없을 때가 있으나 별 문제없이 잘 지내다가도 조증이나 우울증 상태가 되면 그 상태에 따라 다양한 증상이 나타납니다. 조증 상태에서는 기분이 들뜨고 유쾌해지며 자신감에 넘칩니다. 말이 많고 빨라지며 목소리도 커집니다. 잠이 줄어들고 이것저것 여러 가지 일을 하느라 바빠지지만 제대로 끝내는 것이 없습니다. 더 나아가 과대사고, 피해사고 등이 생길 수 있습니다.

반대로 우울상태에서는 거의 매일 우울한 기분이 지속되고 매사에 재미가 없어지며 입맛도 없고 잠을 못자고 피곤하며 의욕도 없고 집중력도 떨어지며, 죄책감에 시달리고 심할 경우에는 죽고 싶은 생각까지 들게 됩니다. 조울증 치료는 기분을 일정하게 유지해 주는 여러 가지 약물이 개발되어 치료에 이용되고 있습니다. 이와 더불어 다양한 정신치료 기법중 환자 개개인에 따라 적절하게 선택되어 제공되어야 합니다.

1.동의어 : 조울증 = 조증 = 양극성 장애. 조울증은 조증(mania)과 우울증(depression)이 반복되기 때문에 조울증이라고 부르며 조증(mania)과 우울증(depression)의 양극단의 감정 상태를 보이기 때문에 전문적 용어로 양극성 장애라고 부릅니다. 조증의 일반적 양상은 우울증에서 볼 수 있는 것과는 정반대입니다. 즉 들뜨고, 과대적이고, 또는 과민하고, 흥분하기 쉬운 기분이 조증의 전형적인 특징입니다. 들뜬 기분은 다행 감으로 나타나고, 또 흔히는 다른 사람도 같은 기분을 가지게끔 영향을 주기 때문에 종종 일반 사람들은 이런 상태가 병이 아닌 것으로 보는 경우도 있습니다. 일반적으로 조증을 조울증이라고도 합니다. 이것은 대체로 조증이라는 것이 우울증을 동반하는 경우가 많기 때문입니다. 10-20%의 환자는 우울증 없이 조증만을 경험하는 것으로 보고 있습니다.

조울증의 증상은 기분이 좋고 들뜨고 의기양양해집니다. 할 말이 많고 빨라지며 목소리도 우렁차고 자신감에 넘칩니다. 평상시와 달리 에너지가 넘쳐 할 일도 많고 계획도 너무 많으며 분주하지만 일을 마무리 짓지 못합니다. 대단한 일을 위해서 밤에 잠도 안

자고 계획합니다. 밤에 잠을 안자고, 식사를 안 하고 지내도 에너지가 넘쳐 피곤하지 않고 거뜬합니다. 앞의 증상들로 인하여 다음과 같은 문제점들이 생깁니다. 이상야릇한 밝은 색깔의 옷이나 보석 등으로 별난 몸치장을 하기도 합니다. 물건도 많이 사고, 값비싼 차량을 사기도 하여 경제적 손실도 커집니다. 쉽게 바람도 피우고 미혼 여성이라도 이성들과 관계하여 지울 수 없는 상처를 얻기도 합니다. 지나치게 술을 과음하는 경우가 많고, 절제력의 상실로 인해 전화를 지나치게 사용합니다. 어떤 경우에는 상대방의 입장은 전혀 개의치 않고 쓸데없는 장거리 전화를 마구 걸기도 합니다. 이들 환자들은 우울증의 증상을 동반합니다.

1) 생물학적 원인: 중추신경계에서의 생화학 물질 변화가 원인이 될 수 있습니다. 호르몬 조절 기능의 변화가 조울증과 관련될 수 있습니다. 수면리듬의 이상이나 계절의 변화로 조울증이 생길 수 있습니다. 뇌의 구조물에 이상이 있어서 조울증이 생길 수 있습니다.

2) 유전적 원인: 일반인에게서 조울증이 나타날 가능성이 1% 이하로 보고 있으며, 유전적 요인은 우울증에 비해 조금 더 높게 관여될 수 있습니다. 조울증은 대부분 혈통으로 대물림이 되는 경우가 많습니다. 그러므로 조상이 조울증의 병력이 있는 후손들은 어렸을 때 말씀과 성령으로 치유하여 예방하는 것이 좋습니다. 평소에는 아무런 증상이 없다가도 스트레스를 많이 받는 취약시기에 발생하기 때문입니다. 반드시 예방 신앙을 해야 합니다.

3) 사회 심리적 원인: 기분의 변동이 심한 성격이나 늘 기분이 고양된 사람은 조울증에 잘 걸립니다. 정신분석적으로는 우울증이 있을 때 이것을 인정하지 않으려는 심리에서 조울증이 생긴다고 합니다. 즉 우울증을 부정하려는 반동에서 오히려 조증으로 되는 경우입니다. 그 외의 원인들은 우울증의 원인과 동일합니다.

2. 조울증의 진단. 조울증(양극성장애)은 흔히 조증이 한번 심하게 발병되거나 혹은 여러번 발병되는 질병을 칭합니다. 조울증 환자 중 일부에서는 우울증이 먼저 나타나기도 하고, 조증 삽화(중간/사이) 사이에 우울증을 겪기도 합니다. 이는 우울증환자가 어느 정도 시간이 지나면 조증으로 진전된다는 뜻입니다. 조울증 환자의 60% 내지 70%의 경우는 우울증부터 발병합니다. 그러나 일부는 우울증이 전혀 나타나지 않는 경우도 있으며 이런 경우도 병명은 같습니다. 이들 모든 경우에 일반적으로는 조울증 혹은 양극성장애라고 부릅니다. 결국, 조울증이란 우울증과 조증이 반복해서 일어나는 주기성을 가지는 재발이 가능한 질병입니다.

조울증의 진단은 의사의 면담과 신체적 질환 검사, 심리 검사 등을 통해 이루어집니다. 우선 신체적 질병이나 약물에 의한 것인지를 감별하여 진단하여야 합니다. 조울증은 심각한 정도에 따라 경도, 중등도, 중증으로 나뉘며 그 치료법도 다양합니다. 그러므로 정확하게 진단을 한 후, 면담을 통한 원인 규명과 치료 전략을 수립하는 것이 매우 중요합니다.

조울증 환자의 경우 그들의 건강상태 및 신체질병의 유무를 정확히 진단하는 것이 매우 중요합니다. 갑상선기능항진증, 쿠싱증후군, 뇌졸중, 뇌암, 경련성 질환 등 여러 종류의 신체질환에 의해서 조울증이 발병할 수 있습니다. 이를 알아내기 위해서는 면밀한 검사 과정을 거쳐야 합니다. 일반혈액검사, 간기능검사, 신장검사, 당뇨검사, 전해질검사, 일반뇨검사, 심장기능검사, 갑상선기능검사, 간염검사, 매독반응검사, 흉부 X선 촬영, CT(두부 전산화 단층촬영) MRI(뇌자기공명촬영), 뇌 SPECT 촬영, 뇌파검사, 다원수면검사, 다면적인성검사, 종합심리검사, 신경인지검사, 우울증 척도 검사 등 많은 검사들을 함으로써 병의 실체를 밝혀내고 이에 따라 효과적인 치료를 할 수 있습니다.

1) 조울증의 조증 시기의 진단: 조증이라고 하려면 우선 비정상적으로 의기양양하거나, 과대하거나 과민한 기분이 적어도 1주간(만약 입원이 필요하다면 기간과 상관없이) 지속되는 분명한 기간이 있어야 합니다. 그리고 이 기간 동안 다음의 증상 가운데 4가지(이상)가 지속되며 심각한 정도로 나타나야 합니다.

첫째, 조증 시기. ① 조용하고 차분하던 사람이 평소와는 달리 돈 씀씀이가 커져 자기 분수에 넘치는 값비싼 물건을 마구 사들이는 경우에 조울증을 의심해보아야 합니다. ② 무모한 사업 계획, 투자 계획을 세우고 실행에 옮기려고 하는 경우에 조울증을 의심해보아야 합니다. ③ 말도 많고 **빨라지고** 목소리도 커지며 자신감에 넘쳐 자기주장이 강해지는 경우에 조울증을 의심해보아야 합니다. ④ 쓸데없는 전화도 많이 하고 별로 잘 알지도 못하는 사람도 많이 만나며 활동적이 되는 경우에 조울증을 의심해보아야 합니다. ⑤ 자기가 세운 무모한 계획을 수행한다며 밤늦게까지 일하고 잠도 잘 안자는 경우는 조울증을 의심하여 보아야 합니다. ⑥ 성적으로 문란해지고 과음을 자주 하게 되는 경우에 조울증을 의심해보아야 합니다. ⑦ 자신에게 새로운 힘 또는 능력(초능력)이 생겼다거나 자신이 큰 힘 또는 권력을 가진 사람이라는 과대적인 생각에 빠진 경우에 조울증을 의심해보아야 합니다. ⑧ 자신을 누군가가 감시하고 도청을 하며 괴롭히고 있다는 생각을 갖고 있는 경우에 조울증을 의심해보아야 합니다. ⑨ 아무도 없는 조용한 방에서 다른 사람이나 신의 목소리를 듣게 되는 경우에 조울증을 의심해보아야 합니다. ⑩ 과격한 행동, 난폭한 행동, 이상한 행동을 하는 경우에 조울증을 의심해보아야 합니다.

둘째, 우울증 시기: 앞 우울증의 진단과 치유를 참고하세요.

2)조울병 자살 위험 '우울증 3배': 우울증이 자살을 부르는 원인이 된다는 건 비교적 잘 알려져 있습니다. 그렇지만 이보다 더 무서운 것이 조울병입니다.

3) 발병연령: 첫 번째 조증 증상이 나타나는 평균 연령은 20대 초반이지만 청소년기나 50세 이후 갱년기에 시작되기도 합니다. 조증 증상은 전형적으로 갑자기 시작되고 수일이내에 증상이 빠르게 악화되며, 심리사회적 스트레스에 뒤따라 자주 일어나는 것으로 알려져 있습니다. 조증의 기간은 보통 2-3주부터 5-6개월까

지 지속되고 우울증의 기간보다 더 짧고 갑작스럽게 끝나지만 50-60%에서 우울증이 조증 증상 이전이나 이후로 정상 기분의 기간 없이 연속으로 나타날 수 있습니다. 만약 조증 증상이 산욕기에 나타난다면 그다음 산욕기에 재발될 위험성 또한 높습니다.

4) 재발빈도: 조울증에서 한번 조증 증상을 경험한 사람들의 90% 이상이 장차 조울증의 증상을 재경험하게 되는데 특히 40-50%가 첫발병 후 2년내 두 번째 발병이 있다고 합니다. 또 조증 증상을 보인 환자들 중 약 60-70%는 우울증 직전이나 직후에 발생하는데 개인마다 특징적인 양상으로 우울증에 선행하거나 뒤이어서 나타납니다. 조울증의 평생 빈도는 재발성 우울증에 비해 높은 경향이 있습니다. 여러 연구에서 리튬 치료를 받기 이전의 조울증의 경과를 보면 평균 10년 동안 네 번 조울증의 증상이 발생하며 조울증의 증상 사이의 시간 간격은 나이가 증가하면서 감소하는 경향을 보이고 있습니다. 조울증을 가진 사람들 가운데 약 5-15%는 1년 동안 여러번(네 번 이상) 기분 증상(우울증, 조증, 혼재성, 또는 경조증)을 경험하며 만약 이러한 양상이 나타난다면 급속 순환성으로 진단됩니다. 급속 순환성은 예후가 보다 불량하다고 알려져 있습니다. 또 대다수의 환자는 우울증과 조증이 함께 있지만 10-20%는 단지 조증만 나타납니다.

5) 조울증의 예후: 조울증을 앓았던 대다수의 개인들은 증상 사이 기간에 완전히 정상으로 돌아오지만 일부(20-30%)는 불안정한 기분과 대인 관계에서의 장애 및 직업에서의 장애가 계속됩니다.

정신병 증상이 없는 조증이 생기고 난 후 며칠이나 몇 주가 지나서 환청이나 망상 등 정신병적 증상이 나타나기도 하는데, 이런 양상이 있는 조증을 경험한 환자는 그 다음의 조증 증상에서도 정신병적 양상을 나타내는 경향이 있습니다.

또 현재의 조증 증상이 기분증상과 조화되지 않는 정신병적 양상을 동반할 때 불완전하게 회복되는 경우도 흔합니다. 조울증 증상이 있는 사람들의 자살 성공률은 10-15%이며. 아동 학대, 배우자 학대, 기타 폭력적인 행동은 환청, 망상 등 정신병적 증상과 함께 나타나며 또는 심한 조증 기간 중에도 나타날 수 있습니다. 연관되는 다른 문제로는 학교 무단결석, 학업 실패, 직업적 실패, 이혼, 또는 반사회적 행동 등을 포함하며 관련되는 다른 정신장애들은 신경성 식욕부진증, 신경성 폭식증, 주의력-결핍 및 과잉행동장애, 공황장애, 사회공포증, 물질 관련 장애 등이 있습니다. 특히 조증인 경우 무모한 투자를 하거나 싼 값에 부동산을 처분하는 등 회사일이나 재산상의 막대한 손실을 끼칠 수가 있으므로 법적인 조치까지 해야할 필요가 있습니다.

3.조울증의 치유. 모든 정신장애의 치료가 그러하듯이 조울증의 치료도 크게 약물 치료와 정신치료와 영적치유로 나눌 수 있습니다. 조울증에서는 조증이나 우울증이 반복되므로 약물치료는 환자의 상태에 따라 달라질 수 있습니다. 현재 조증이나 우울증에서 이용되는 치료약물이 개발되어 있으며 이런 약물들은 증상의 치료 뿐

아니라 재발의 예방에도 효과가 있습니다. 대개 치료에 대한 반응이 좋으며 병의 경과 또한 양호한 편이므로 이 질환의 치료에 대해 크게 걱정하지 않아도 좋으나, 재발이 잦은 질환이므로 이 질환에 대한 이해를 높이는 것이 환자나 가족에게 도움이 될 수 있습니다.

1) 조증 시기의 치료: 심한 조증의 경우 안전한 약물 치료와 조증에서 일어날 수 있는 행동문제를 최소화하기 위하여 입원치료를 하는 것이 좋습니다. 입원하여 어느 정도 안정이 된 다음에 영적치유를 해야 합니다. 질병이 심하면 영적치유가 불가능합니다. 병원에 입원을 하게 하여 어느 정도 안정을 취한 다음에 말씀과 성령으로 영적치유를 해야 합니다. 입원을 시킨 다음에 부모가 영적인 치유를 받게 하면 더욱 쉽게 환자를 치유할 수가 있습니다.

2) 조증의 치료 약물: 리튬은 현재 조증의 치료에 가장 흔히 쓰입니다. 리튬은 뇌내 여러 신경전달물질들이 균형을 이루도록 조절해 줍니다. 리튬은 치료받은 환자의 70%에서 좋은 효과를 보이고, 20%는 완치를 기대할 수 있습니다. 그래서 의학적으로는 20%가 치유될 수 있다는 것입니다. 우울 장애의 가족력이 있거나, 조증기와 우울증기 사이에 상대적으로 정상적인 기분을 가지는 시기가 있는 환자들이 리튬에 가장 잘 반응합니다. 리튬은 조증에 효과적이며, 반복되는 우울증을 예방하기도 합니다. 부작용으로는 신장 효과(갈증, 다뇨증)가 있는데, 세뇨관 기능의 손상, 드물게 신증후군도 초래합니다. 그밖에 중추신경 효과(진전, 기억상실), 대사성 효과(체중 증가), 위장관계 효과(설사), 피부 효과(여드름, 건

선), 갑상선 효과(갑상선 종, 점액 부종) 등이 나타날 수 있습니다.

3) 영적치유: 먼저 환자와 보호자가 자신들의 상태를 인정해야 합니다. 그리고 예수님만이 자신의 병을 치유할 수 있다고 믿어야 합니다. 치유에 앞서 반드시 예수를 영접해야 합니다. 예수를 영접한 후에 집중적인 치유에 들어가야 합니다. 먼저 성령으로 세례를 받아야 합니다. 성령의 역사가 있어야 내면의 상처가 치유되면서 조울증의 증상들이 치유되기 시작을 합니다. 환자와 보호자가 의지를 가지고 지속적으로 말씀을 들으면서 성령의 역사에 순종하며 치유를 받아야 합니다. 성령의 역사를 체험하면 상태가 악화되는 경우도 있습니다. 상태가 악화되었다고 당황하지 말고 지속적으로 치유를 받으면 점점 평안해 지면서 자신이 치유되고 있다는 것을 체험적으로 알게 됩니다. 기도는 소리를 내서 기도를 해야 합니다. 주여! 주여! 주여! 하면서 소리를 내서 기도를 해야 잡념에 사로잡히지 않습니다. 이렇게 지속적으로 내적치유를 받다 보면 악한 영들이 축사 되기 시작 합니다. 축사 되기 시작하면 점점 상태는 호전 됩니다. 절대로 단 시일에 치유를 받으려는 생각은 금물입니다. 자신이 말씀과 성령으로 장악되는 만큼씩 치유됩니다. 절대로 단 시일에 치유되지 않습니다.

만약에 단시일에 치유가 되었다고 하더라고 얼마 지나지 않아서 다시 발생합니다. 그러므로 장기적인 치유를 받으려고 해야 합니다. 환자가 사역자가 전하는 말씀을 알아들으면서 아멘으로 화답하기 시작해야 치유가 시작되는 것입니다. 저의 경험으로 보아 환자가 의지를 가지고 집중적인 치유를 받았을 때 모두 치유가 되었습니다. 정신신경과 약을 복용하는 사람은 일정기간 약을 먹어 가면서 치유를 받아야 합니다. 상태가 호전 되었다고 담당의사의 지시 없이 약을 중단하면 안 됩니다. 약을 십년을 먹었어도 환자가 의지만 있으면 치유가 됩니다. 조울증으로 고생하는 분들은 희망을 가져야합니다. 죽은 자를 살리시는 예수님이 나의 병을 꼭 치유하여 주신다는 믿음을 가지고 치유에 응해야 합니다. 절대로 환자의 의지 정도에 의해서 치유가 되느냐 안 되느냐가 결정이 되는 것입니다. 좌우지간 성령의 역사가 일어나야 합니다. 성령의 역사 없이 말만 가지고는 치유되지 않습니다.

4.조울증의 예방. 조울증을 예방하기 위해서는 이들 질환을 유발하는 요인을 밝혀내는 것이 중요합니다. 이들 유발요인으로는 유전적 요인들, 생물학적 요인들, 그리고 정신사회적 요인들이 서로 복잡하게 같이 작용하는 것으로 알려져 있습니다.

1) 유전적, 생물학적 요인에 대한 예방. 유전적, 생물학적 요인들에 의해 발생하는 변화는 뇌에서의 신경전달물질이 불균형을 이루어 나타나는 것으로, 이는 약물의 복용에 의해 균형을 맞출 수 있습니다. 그러므로 이들 질환의 예방을 위해서는 정신과 의사와의 상담을 통한 약물 복용을 어느 시점까지 하는 것이 좋습니다. 심한 경우의 예입니다.

2) 정신사회적 요인에 대한 예방. 정신사회적 요인으로는 직장

의 상실이나 징계, 갑작스러운 사고와 같은 일상생활에서 일어나는 여러 가지 사건들, 소중한 사람들과의 이별, 가족의 죽음, 재산의 손실 등과 같은 생활사건, 환경적 스트레스 등이 있습니다. 현대 사회에서 발생하는 많은 스트레스와 긴장을 피할 수 있는 방법은 없지만, 이에 효과적으로 대응하여 적절하게 대처할 수는 있습니다. 조울증에 걸리는 사람들의 중요한 성격 특징은 사소한 일에 너무 많이 신경을 쓰는 것입니다. 교통체증에 걸려서 차가 꼼짝 못하고 있을 때에는 지나치게 눈앞의 상황에만 신경쓰지 않고 목적지에 도착한 후의 즐거운 만남을 상상해보는 것도 좋은 방법입니다. 스트레스를 받았을 때 자신이 취하는 사고방식과 행동, 그리고 그로 인한 결과들을 면밀히 검토한다면 유사한 상황에서 효과적으로 대처할 수 있는 방법들을 더 많이 찾아낼 수 있습니다.

또 이들의 특징 중 하나는 지나간 과거의 일에 지나치게 집착하는 것입니다. 이들은 자신들의 지난 과거가 다른 사람들보다 불행했었다고 생각합니다. 과거에 매달려 있는 사람들은 그 만큼 현재에 충실할 수 없습니다. 이러한 생각은 이들을 몹시 피곤하게 하고 무가치·무기력하게 만들며 절망감에 빠지게 합니다. 그러한 부정적인 사고나 감정은 이들로 하여금 모든 것을 포기하게 만들기도 하며, 상황을 정확하게 판단하지 못하게 합니다. 그러므로 긍정적인 사고를 가질 수 있도록 노력하는 것도 예방에 도움이 됩니다.

3) 스트레스에 대한 대처방안. 이들은 스트레스를 받았을 때 어떻게 해야 할 바를 모르는 경우가 많습니다. 우선 자신들이 받고

있는 스트레스가 무엇인지를 파악해야 합니다. 예를 들어, 그 원인이 가족 구성원들과의 갈등 때문인지, 직장에서의 압력 때문인지, 자신에 대한 기대가 충족되지 않아서인지 등을 명확하게 파악해야 문제해결을 할 수 있게 됩니다. 또한 스트레스를 받았을 때 그들이 취하는 사고방식과 행동, 그로 인해 발생하는 결과들을 자세히 검토할 경우 유사한 상황에서 효과적으로 대응할 수 있게 됩니다.

4) 가족이나 친지, 친구들의 도움. 이들은 우울한 느낌으로 인해 주변의 누구로부터도 도움을 받을 수 없다고 느낍니다. 하지만 그러한 생각으로 인해 고립되고 격리되어 생활하게 되면 점점 그 증상이 악화될 수 있습니다. 주변의 가까운 친지나 가족들과 함께 지내도록 노력하는 것이 조울증의 예방에 도움이 될 수 있습니다. 그러면서 기분을 좋아지게 할 수 있는 활동에 참가하는 것도 방법이 될 수 있습니다. 운동, 영화, 종교, 사회 활동 등 어떤 것도 좋으나 너무 무리하지 않는 것이 좋으며, 즉시 기분이 좋아지지 않는다고 초조해 할 필요는 없습니다. 이런 활동에 몰입하다보면 다른 각도에서 자신의 감정을 되돌아볼 수 있는 눈이 생기기도 합니다.

5) 가족을 위한 대책. 일반적으로, 조울증 환자의 가족들도 역시 도움을 필요로 합니다. 조울증을 갖고 있는 환자들은 정신치료가 도움이 될 수 있습니다. 이 질환이 가정생활에 큰 장애를 가져올 뿐 아니라, 환자와 같이 생활함으로써 받는 스트레스가 크기 때문입니다. 가족들은 이러한 문제에 대해 대처하는 방법을 배우고, 치료에 능동적인 역할을 해야 함을 배워야 합니다. 뿐만 아니라 질병

에 대한 교육도 받아야 합니다. 조울증의 원인과 증상, 치료, 예후 등에 대해 잘 알고 있어야 합니다. 특히 재발을 잘 하는 질병이므로 재발을 예방하는 것이 중요한데 이를 위해서는 가족이 먼저 이 질병에 대해 잘 알고 적절히 대처해야 하기 때문입니다.

즉 환자의 가족들이 만성적이고 재발을 되풀이하는 질병으로 인한 충격을 처리해 나가고 환자로 하여금 약물을 규칙적으로 복용하게 하고, 이런 약물치료를 계속해야 할 필요성을 받아들이고, 자녀에 대한 유전의 위험성에 대해 알고 있어야 합니다.

6) 성령 충만한 믿음생활. 조울증을 예방하려면 제일 중요한 것은 내면을 하나님의 은혜로 채우는 일입니다. 어떤 치유보다도 영성이 중요합니다. 하나님 중심의 생활을 해야 합니다. 하나님 안에 건강과 축복이 있습니다. 성령이 충만한 교회에서 정기적인 예배를 빠지지 말고 드려야 합니다. 성령치유 집회를 한다면 열심히 참석하여 성령으로 충만하게 지내야 합니다. 사람을 사귀더라도 성령으로 충만하고 긍정적인 사람을 사귀어야 합니다. 지속적인 영성을 유지해야 합니다.

대략 조울증이 있던 사람들이 사람을 사귀는데 자신하고 처지가 같은 사람을 사귀는 경우가 많습니다. 그러나 그런 사람과는 멀리하고 하나님의 은혜로 영육이 강건한 사람과 사귀려고 노력을 해야 합니다. 대부분 조울증이 있던 분들은 아직 말씀과 성령으로 충만한 상태가 아니므로 다른 사람의 영육의 문제가 자신에게 전이되기 쉽습니다. 그러므로 믿음이 있는 축복 받는 사람과 가까이 지내기를 바랍니다. 자신을 영적으로 이끌어주는 지도자를 잘 만나야 합니다. 영성이 있고 정신적인 문제를 치유할 수 있는 권능이 있는 지도자를 만나는 것이 좋습니다. 자신의 영육을 성령으로 장악하게 해야 합니다. 그래야 재발하지 않습니다. 절대로 성령으로 충만하게 지내면 재발하지 않습니다. 그러므로 무엇보다도 성령으로 장악되는 것이 중요합니다. 하나님도 성령으로 천지를 장악하고 천지 창조를 했습니다. 당신이 성령으로 장악만 된다면 다시는 조울증으로 고통당하지 않습니다. 주의 말씀 안에 거하려고 노력해야 합니다. 하나님의 말씀은 우리를 보호하는 울타리입니다. 성령의 임재 하에 말씀을 묵상하여 심령에 말씀을 새겨야 합니다.

될 수만 있으면 하나님에게 아낌없이 드리려고 하시기를 바랍니다. 물질이 있는 곳에 마음이 있습니다. 가정의 분위기를 영적으로 유지하면 좋습니다. 항상 보혈이 있고 성령 충만한 찬양이 은은하게 들려지는 분위기를 만드시기를 바랍니다. 될 수 있는 한 TV는 멀리하는 것이 좋습니다. 보더라도 치유에 도움이 되는 프로를 보아야 합니다. 절대로 슬프거나 이별하는 드라마는 금물입니다. 영적인 책을 가까이 두고 읽으시기를 바랍니다.

치유에 관한 책도 좋습니다. 성령이 충만하게 하는 책을 가까이 두고 읽으려고 하시기를 바랍니다. 그리고 성령치유 집회 실황 녹음 CD를 듣는 것이 좋습니다. 충만한 교회에 많이 준비되어 있습니다. 항상 꿈과 믿음을 가지고 착하고 선하게 살아가려고 하십시오. 꿈이 있는 사람과 가정, 나라는 망하지 않습니다. 나는 건강하다는 것을 자신의 무의식에 심으려고 해야 합니다. 우리 주변 사람들과 좋은 관계를 유지하는 것이 정신 건강에 좋습니다. 절대로 사람들과 앙금이 쌓이지 않게 하십시오. 땅에서 풀면 하늘에서 풀립니다. 계속 입술로 선포하며 명령하시기를 바랍니다. 나를 우울하게 하는 악한 영은 떠나가고 기쁨의 영이 임할지어다. 잡념을 주는 악한 영은 물러가고 머리가 맑아질 지어다. 머리에 산소가 잘 공급이 될지어다. 머리에 피가 잘 순환될지어다. 마귀의 유혹에 대적하여 싸우시기 바랍니다. 예수 이름으로 마귀와 싸워 이겨야 합니다.

환경이 어려워도 환경에 지지 말아야 합니다. 환경을 이기는 자가 되어야 조울증에서 해방을 받을 수가 있습니다. 아무리 어려워도 절망감을 가지지 말아야 합니다. 우리의 승리는 영적인 부분에서 시작됩니다. 우리를 둘러싼 환경은 실상이 아니라, 허상이라는 것을 알아야 합니다. 지나가는 스크린에 지나지 않습니다. 이러한 것들에게 충격을 받지 말아야 합니다. 환경을 두려워하지 말아야 합니다. 우리는 믿음으로 환경을 만들어가야 합니다.

이외에도 운동과 적당한 수면, 휴식을 통한 신체의 리듬과 건강의 유지, 긍정적인 사고, 효율적인 여가생활 등이 조울증의 예방에 도움이 됩니다. 조울증 시기에는 자살의 위험이 높고, 조증 시기에는 재산상의 손실 위험이 높습니다. 미혼 여성의 경우 분별없는 이성관계로 충격적인 상처를 당할 수도 있습니다. 이런 점에 특히 유념해야 합니다. 조울증은 안수한 번에 치유는 불가능합니다. 지속적으로 말씀을 듣고 기도하여 성령으로 충만해야 합니다.

9장 조현병을 예방하고 완전치유하려면

(막 9:18)"귀신이 어디서든지 그를 잡으면 거꾸러져 거품을 흘리며 이를 갈며 그리고 파리해지는지라 내가 선생님의 제자들에게 내쫓아 달라 하였으나 그들이 능히 하지 못하더이다."

조현병(정신분열병)은 우리가 생각하고 있는 것보다 훨씬 흔한 병이며 그 어떤 병보다 가정과 사회에 부담을 주는 병입니다. 우리나라에도 약 50만 명 정도가 현재 정신분열병 환자이거나 앞으로 환자가 될 가능성이 있다고 추정됩니다. 그들의 가족을 4명씩으로 계산하면 적어도 2백만 명 이상이 정신분열병으로 인해 막대한 정신적, 신체적, 경제적 손실을 입게 된다는 결론이 나옵니다. 아직까지도 정신분열병의 완치는 어렵지만 지난 40년간 효과적인 치료방법들이 꾸준히 개발된 결과 이제 정신분열병 환자들은 스스로 독립적으로 만족스런 삶을 영위할 정도의 호전을 기대할 수 있게 되었습니다.

1.조현병(정신분열병)의 원인: 생물학적 원인과 환경적인 요인이 있습니다. 먼저 생물학적 원인입니다.

1) 유전: 조현병(정신분열병)의 발병은 가족 혹은 혈연관계와 밀접한 관련이 있는 것으로 알려져 있습니다. 즉 일반인들이 조현병

(정신분열병)에 걸릴 확률은 약 1% 정도인데 비해 조현병(정신분열병) 환자의 1차 직계가족인 경우 10% 정도이고, 2차 직계 가족인 경우도 일반인보다 높은 조현병(정신분열병) 발병률을 보였습니다. 쌍둥이 연구에서도 한쪽이 조현병(정신분열병)에 걸렸을 때 다른 한쪽의 발병 확률은 40-65%였습니다. 이와 같이 조현병(정신분열병)에 유전적 성향이 있다는 것은 사실이지만 유전적 요인만이 발병의 유일한 원인은 아니며, 그 밖의 여러 다른 생물학적, 심리 사회적 요인이 모두 갖추어져야 비로소 조현병(정신분열병)에 걸리는 것으로 보고되고 있습니다. 유전적 요인과 환경적 요인의 상호 작용에 의해 조현병(정신분열병)이 발병하며 비록 유전적 요인이 있다 하더라도 그 사람 개인의 신체적, 생물학적 조건이나 성장 환경에 따라 조현병(정신분열병)의 발병이 결정되는 것입니다.

2) 뇌 내 생화학적 이상: 지난 10여 년간 조현병(정신분열병)의 원인 물질이나 특징적 뇌 구조 변화를 찾아내려는 연구가 활발히 진행되어 왔고 수많은 이론들이 발표되었습니다. 신경전달물질은 두뇌 속의 세포들이 서로 소통하고 연결되도록 하는 물질로, 조현병(정신분열병)에서는 특히 "도파민"과 "세로토닌"이라는 신경전달 물질이 불균형을 보인다고 알려져 있습니다.

3) 뇌 내 해부학적 이상: 조현병(정신분열병) 환자들의 두뇌는 건강한 정상인의 두뇌와 비교하였을 때 경미한 차이가 있는데, 뇌 내의 뇌척수액을 담고 있는 뇌실의 크기가 좀 더 크거나, 회백질의

위축, 또는 일부 뇌 부위의 대사가 감소되어 있기도 합니다. 조현병(정신분열병) 환자의 뇌세포 또한 일반인의 뇌세포와 차이를 보이는데 이런 차이는 출생 이후부터 만들어지는 아교세포에서는 나타나지 않아서 뇌세포의 차이가 출생 전에 결정된다고 생각됩니다. 뇌가 발달하는 동안 이런 차이는 드러나지 않고 있다가 사춘기에 뇌 발달이 변하게 되면 이것이 정신병적인 증상을 드러내게 한다는 이론도 있습니다.

나. 환경적인 요인: 환경적인 요소란 더 정확히 말하자면, 인간의 전 영역에서 생물학적인 영역을 뺀 나머지 영역의 요소를 말한다고 할 수 있습니다. 조현병(정신분열병)의 가장 기본적인 발병 원인이 비록 생물학적인 것이라 할지라도 출생 전후, 그리고 성장 과정에서 환자가 겪는 심리적 요인들, 환경적 요인들이 조현병(정신분열병)의 실제 발병에 중요한 역할을 합니다. 환자의 가족들 중에는 이 환경적인 요인, 심리적인 요인이 발병에 영향을 미친다는 사실 하나만으로도 환자의 발병에 대해 잘못된 죄책감을 갖는 사람이 많습니다. 그러나 환경적 요인에 비해 생물학적 요인이 훨씬 더 압도적으로 영향을 미친다고 알려져 있습니다. 이러한 요인들은 발병 과정뿐 만 아니라 치료와 경과, 예후에도 영향을 미칩니다.

2. 조현병(정신분열병)의 증상: 조현병(정신분열병)의 증상을 이해하기 쉽도록 '양성 증상'과 '음성 증상', '인지 증상' 그리고 급성

기 이후에도 계속 남아 있는 '잔류 증상'의 네 가지로 분류하여 설명하고자 합니다.

1)양성 증상: 양성 증상은 조현병(정신분열병)에서 겉으로 드러나는 비정상적이고 괴이한 증상, 건강한 사람에게서는 발견할 수 없는 정신병적 증상을 의미합니다. 대표적인 양성 증상에는 환청이나 환시 같은 감각의 이상, 비현실적이고 기괴한 망상 같은 생각의 이상, 그리고 생각의 흐름에 이상이 생기는 사고 과정의 장애 등이 있습니다. 양성 증상은 겉으로 보기에는 대단히 기괴하고 심각해 보이지만, 음성 증상에 비하면 약물 치료에 의해 비교적 빨리 쉽게 좋아지는 증상이기도 합니다.

① 환각: [환각의 예] "지방 소도시에 사는 영수는 가끔 누구에게도 알리지 않고 서울에 올라오곤 하였다. 아침 일찍 아무 말 없이 나가서 저녁 늦게 들어오는 일이 잦아지면서, 부모님은 영수가 어디를 다녀오는지 궁금해 하였지만 영수는 대답이 없었다. 이해할 수 없는 외출이 계속되면서 결근도 잦아지고 결국에는 직장까지 그만두게 되었다. 나중에 알게 된 사실이지만, 영수가 수시로 서울로 올라갔던 이유는 고등학교 때 짝사랑했던 여학생이 데이트를 하자고 하는 환청이 들렸기 때문이었다. 영수는 그녀의 목소리를 다른 사람들이 들을 수 없다는 것을 알았지만, 그것은 그녀가 사랑하는 영수만을 위해 하는 말이기 때문이라고 믿었다. 그러나 만나는 장소에 대해 구체적인 언급이 없어서 영수는 서울역 앞이나 시청 앞 같은 유명한 장소에서 하루 종일 서서 기다리다가 밤이

늦어서야 집으로 돌아오곤 하였던 것이다."

환각은 다른 사람들은 보거나 듣거나 맛보거나 만지거나 맡을 수 없는 감각을 생생하게 경험하는 것을 말합니다. 잘못 보거나 잘못 듣는 착각과는 달리 아예 없는 소리나 물체를 듣고 보고 느끼는 것이 환각입니다. 특히 조현병(정신분열병)에서는 다른 사람들은 듣지 못하는 소리를 듣는 환청이 흔히 나타나며 100명의 환자 중 90명 이상에서 환청 증상이 나타난다고 알려져 있습니다. 환청의 내용은 다양해서 환자의 행동을 중계하듯 하나하나 말하는 환청, 명령을 내리거나 때로는 위험을 경고하는 환청, 욕을 하거나 반대로 듣기 좋은 말을 속삭이는 환청, 여러 사람의 목소리가 자기들끼리 대화하거나 다투는 내용의 환청 등이 있습니다. 환청이 있는 대부분의 환자들은 환청에 귀를 기울이고 환청과 대화를 하는 경우가 많고 따라서 혼잣말을 중얼거리기도 합니다. 환청 외에 다른 형태의 환각으로는 있지도 않은 사람이나 사물이 보이는 환시, 다른 사람이 맡을 수 없는 냄새를 맡는 환취, 피부에 벌레가 기어가는 듯한 감각을 느끼는 환촉 등이 있지만 조현병(정신분열병)에서 이런 환각이 나타나는 경우는 흔치 않습니다.

② 망상: [망상의 예] "다른 사람들의 생각이 내 머리 속으로 주입되어 들어오고 내 생각이 전파로 방송되어 세상 사람들이 내 생각을 훤히 알고 있어요." "사람들이 다 나를 알아보고 비웃는 것 같아요" "특수 국가기관에서 CCTV와 위성을 사용해서 24시간 저를 감시하고 있어요. 조만간 나와 우리 가족을 죽이러 올 거예요."

"나는 하나님의 아들이다. 모두 내 앞에 무릎을 꿇어라. 내가 너희를 구원하리라." "나는 죄를 받아서 혈관 속에는 검은 피가 돌고 있고 내장이 모두 썩어가고 있어요." 망상이란 이해할 수 없고 사실이 아니며 주위의 어떤 말에도 흔들리지 않는 믿음입니다. 일반적으로 그 문화권에 속하는 사람들이라면 누구나 터무니없다고 생각하는 내용을 환자는 사실이라고 주장하는 것이 망상이며, 이 경우 그 믿음이 근거 없는 것이라는 과학적 설명이나 증거 제시, 설득으로도 망상을 바로잡기가 어렵습니다.

특히 조현병(정신분열병) 환자의 망상은 비합리적이고 괴이한 경우가 많습니다. 이웃들이 전자파를 이용해 자신의 행동이나 생각을 조종한다는 생각, 텔레비전에 나오는 아나운서나 탤런트들이 자신에게 특별한 메시지를 전해 준다는 생각, 방송국에서 자신의 생각을 온 세계로 전파시키고 있다는 생각 등은 일반인은 말도 안 된다고 무시하지만 특별한 메시지로 틀림없는 사실로 믿습니다. 또 자신이 역사적으로 유명한 인물이거나 전지전능한 힘을 가진 존재라고 믿는 과대망상도 흔히 볼 수 있습니다. 다른 사람이 자신을 감시하고 미행하며 자신을 위험에 빠뜨리기 위해 계획적으로 움직인다고 믿는 피해망상도 흔히 나타납니다.

망상은 앞서 설명한 환각과 함께 나타나는 경우가 많습니다. 예를 들어, 자신이 국내 최고 재벌의 숨겨 놓은 후계자라는 망상을 가진 환자는 그 재벌이 은밀히 자신에게 어떤 조언이나 격려를 하는 환청을 지속적으로 듣는 경우도 있습니다. 또 여러 망상이 서로 연결되어 각각의 망상을 강화시키는 경우도 있습니다. 예를 들어, 지하철의 맞은편에 있는 사람이 귀를 만지면 자기를 근접하여 미행 중이라는 신호인데, 그 이유는 자신을 간첩으로 오인했기 때문이라는 망상의 경우, 관계망상, 피해망상이 함께 나타난 것의 예입니다. 또한 망상은 일종의 믿음의 체계이기 때문에 그에 따른 사고, 감정 그리고 행동의 변화가 나타나게 됩니다.

③ 사고 과정의 장애: 조현병(정신분열병) 환자는 일반적인 사고의 흐름과 다르게 비논리적인 순서로 생각이 진행되는 경우가 많습니다. 따라서 다른 사람들은 환자들이 하는 말을 이해하기 어렵게 됩니다. 묻는 말에 엉뚱하게 대답하는 상관성의 결여나 앞뒤 연결이 되지 않게 조리에 맞지 않는 말을 하는 일관성의 결여를 보이기도 합니다. 그 밖의 양성 증상으로 한 가지 자세만을 계속 유지하는 긴장증적 증상이 있습니다. 아주 극단적인 경우 의미가 없는 행위를 끊임없이 반복하거나, 반대로 동상처럼 전혀 움직이지 않고 아무 반응도 없는 경우도 있습니다. 밀납인형 처럼 고정된 자세를 취하면서 다른 사람이 자세를 바꾸어 놓으면 그 자세를 그대로 유지하는 증상을 보이기도 합니다. 어떤 조현병(정신분열병) 환자들은 이유를 알 수 없는 반복행동을 하는데 이러한 행동이 사실은 환자에게 어떤 의미가 있는 행동일 경우가 많습니다. 이상 설명한 양성 증상들은 약물 치료, 즉 항정신병 약물을 사용할 경우 비교적 쉽게 호전됩니다.

2)음성 증상 [음성 증상의 예 (보호자의 표현)] "아이가 몸에서

악취가 날 정도인데도 씻지 않고, 옷도 제대로 입을 줄 모르는데 이런 것도 증상인가요? 아니면 가르치고 훈련시켜야 하는 것인가요?" "항상 화가 난 사람처럼 무표정하게 있어요. 성격이 변한 건가요?" 조현병(정신분열병) 환자들 중에는 하루 종일 무표정하게 있거나 대부분의 사람들이 박장대소하는 개그 프로그램을 보면서도 오히려 눈물을 흘리는 등 상황에 맞지 않는 감정을 보이는 사람들이 있습니다. 대개의 조현병(정신분열병) 환자들은 웃거나 울거나 화내거나 하는 감정 표현이 점차 줄어들고, 병이 더 악화되면 무표정에 가깝게 변화되어 마치 가면을 쓴 것 같이 보이는 경우도 있습니다. 또한 조현병(정신분열병) 환자들은 외부와의 접촉을 일체 끊고 하루 종일 자기 방에 틀어박혀 나오지 않고 기본적인 위생 관리도 제대로 하지 못하며 아무 생각도 없는 사람처럼 행동하는 경우도 있습니다.

이와 같은 증상들을 음성 증상이라고 합니다. 음성 증상이란 정상적인 감정반응이나 행동이 감소하여 둔한 상태가 되고, 사고 내용이 빈곤해지며, 의욕 감퇴, 사회적 위축 등을 보이는 현상을 말합니다. 그 결과 환자들은 일상적인 생활, 상황에 적절한 옷차림, 수면 관리, 적절한 식사 예절. 위생 상태 관리 등이 어려워집니다. 환자의 가족들은 이러한 환자모습에 대해 "게으르다", "스스로 노력을 하지 않는다.", "바보가 되었다", "어린애처럼 군다" 는 등의 말을 하고 답답해하며 화를 내는 경우가 많습니다.

음성 증상은 일반적으로 양성증상보다 약물치료 결과가 좋지 않은 것이 사실입니다. 하지만, 1990년대부터 개발된 새로운 종류의 항정신병약물들은 이전 약물에 비해 음성 증상에 효과가 있으며 조현병(정신분열병)의 재활치료도 지역사회에서 크게 활성화되면서 이전보다는 상황이 많이 나아지고 있습니다.

3)인지 증상: 인지 증상은 집중력을 유지하기 어렵고 새로운 정보를 학습하거나 자신의 생각을 정리하는 능력이 저하되는 증상을 말합니다. 예전에는 능숙하게 처리하던 일도 제대로 해내지 못하고 기억력이나 문제해결능력도 현저히 감소합니다. 또한 인지 증상은 눈에 잘 띄지는 않지만 조현병(정신분열병) 환자의 사회적, 직업적 기능을 감퇴시켜 환자들이 사회에 복귀하지 못하고 실직하여 좌절감을 맛보게 합니다.

4)잔류 증상: 조현병(정신분열병) 환자들은 치료에 의해서든 자연적이든 심한 급성기에서 벗어나게 되면 잔류기에 접어들게 됩니다. 이 기간은 음성 증상과 인지 기능의 장애가 주된 증상으로 나타납니다. 이러한 잔류증상이 환자의 일상생활에 지장을 주지 않게 하는 것이 중요한데, 약물치료와 더불어 재활치료와 인지행동치료를 함께 하는 것이 도움이 됩니다.

3.조현병(정신분열병)의 발병 시기: 첫 정신병적 증상이 시작되는 시기는 남자 환자는 10대 후반에서 20대 초반, 여자 환자의 경우는 20대 중반에서 30대 초반이 많습니다. 사춘기 이전에 발병하는 경우는 상당히 드물며 45세 이후에 발병하는 경우도 매

우 드문 것으로 알려져 있습니다. 정신병적 증상이 뚜렷하게 나타나기 전, 청소년기 환자들은 친구 관계의 변화, 학업 성적의 저하, 수면 문제, 예민하고 신경질적인 반응 등 소위 '전구증상'들을 보이지만, 이런 변화들은 청소년기에 정상적으로 나타나는 여러 가지 문제와 뚜렷이 구분하기 힘들고 따라서 이 시기에 조현병(정신분열병)을 조기 진단하는 것은 참으로 힘든 일입니다. 지금까지의 연구에서 조현병(정신분열병)은 성별, 문화, 지역의 차이와 무관하게 일정한 발병률을 보이고 있으며 일반 인구의 1% 정도로 추정되고 있습니다.

4.조현병(정신분열병)을 예고하는 경보 증상

1) 일탈 현상: 조현병(정신분열병)은 환각, 망상, 사고장애 등의 특징적 증상이 나타나기 전 수개월에서 수년에 걸쳐 전구기(잠복기)를 거치지만, 이 시기에 일어나는 미세한 변화를 눈치 채기가 어렵습니다. 가장 기본적인 변화는 일상생활의 여러 영역에서 일탈현상이 나타나는 것입니다.

조현병(정신분열병)의 일탈현상의 예: ○세면, 목욕, 청소 등을 잘 하지 않아 불결하고 지저분하게 지낸다. ○옷을 입고 화장을 하는 등, 자기를 가꾸는데 있어서 전과 다르게 엉성한 모습이 나타난다. 외모에 관심이 없어지기도 한다. ○수면시간이 불규칙해지고, 때론 밤낮이 바뀌어 생활한다. ○막연하게 여기저기가 아프다고 호소한다. ○신경이 예민해져서 사소한 일에도 짜증을 내고 불안하거나 긴장된 모습을 보인다. ○감정의 기복이 심해진다. ○분노를 심하게 나타내면서 공격적인 행동이 잦아진다. ○집중이 잘 되지 않아서 업무 능률이 떨어진다. 학생인 경우 이유 없이 성적이 떨어진다. ○철학적이고 종교적인 주제에 지나치게 몰두한다. 죽음과 자살에 대한 생각과 이야기가 많아진다. ○다른 사람들과 함께 있는 시간이 줄어들면서 혼자 있는 시간이 많아진다. ○말수가 줄어들고 무엇인가 골똘히 생각하는 모습을 자주 보인다.

2) 불안감: 또 하나의 특징은 거의 대부분의 환자들이 조현병(정신분열병)이 나타나기 이전에 불안감을 느낀다는 것입니다. 때로는 막연하게, 때로는 구체적으로, 자신이 앞으로 이 세상에 적응하며 살아가기가 힘들 것 같고, 심하면 자신의 존재 그 자체가 없어져 버릴 것만 같은 극심한 공포가 엄습하기도 합니다. 주위 사람들의 관점에서 이러한 변화를 한 마디로 요약하면 원래의 그 사람 같지 않게 느껴진다는 것, 즉 뭔가 달라 보인다는 것입니다. 물론 이러한 변화가 거의 없이 갑자기 조현병(정신분열병)이 발병할 수도 있습니다. 특히 조현병(정신분열병)이 잘 생기는 연령이 15-25세 경이기 때문에 정상적인 사춘기에서 흔히 볼 수 있는 정서적 불안정성과 정확하게 분별한다는 것이 쉽지 않다는 점을 염두에 두어야 합니다.

5.조현병(정신분열병)의 진단: 조현병(정신분열병)의 증상은 왜곡된 정신기능이 과도하게 외부로 표출되는 양성증상(positive symptoms)과 정신기능이 소실되거나 결핍되어 나타나는 음성증상(negative symptoms) 크게 두 가지로 나타날 수 있습니다. 아래에 기술 된 5가지 주요 증상 중에서 ①-④번까지의 증상은 양성증상, ⑤번 증상은 음성 증상입니다.

아래 5가지 주요 증상 중에서 2가지 이상 (단, ①-③ 중 하나는 반드시 포함)이 1개월 중 상당기간 있으면서, 6개월 이상 음성증상이나, 약화된 2가지 이상의 양성 증상 등 뚜렷한 장해의 징후가 지속되면 조현병(정신분열병)을 의심하여 정신건강의학과 전문의와 상의해야 합니다. ① 망상 ② 환각 (환청, 환시, 환촉 등) ③ 이해하기 힘든 혼란스러운 언어 ④ 혼란스럽거나 긴장증적 행동 ⑤ 빈약한 언어와 무감정, 사회적 활동의 위축 등으로 나타납니다.

여기에서 망상이란 불합리하며, 잘못된 생각 또는 신념을 굳게 믿고 말하는 것입니다. 예를 들어 자신이 위대한 텔레파시의 능력이 있고 자신을 통해 언젠가는 신의 계시가 이루어 질 것이라는 등의 마술적 사고를 보이는 경우를 말합니다. 환청은 실제로는 주변의 다른 사람들에게는 들리지 않고 실제로 존재하지도 않는 소리를 의미 있는 소리나 말소리로 듣는 것이며, 환시란 실제로는 보이지 않는 것에 대해서 볼 수 있다고 하는 증상입니다. 환촉은 어떤 물체가 피부에 접촉되어 기어가는 것으로 느끼는 증상을 말합니다.

예를 들어 "25세 남자가 6개월 전부터 자신의 집으로 가는 35번 버스를 타면 승객들로 가장한 스파이가 자신의 행동을 면밀하게 관찰하여 자기의 우수한 지적 능력의 비밀을 밝히려 한다고 주장하고, 자신의 운명이 35주가 지나면 결정될 것이라는 계시를 들었다는 등 앞뒤가 맞지 않는 이야기를 한다면" 기이한 망상, 환청, 이해하기 힘든 혼란스러운 언어와 행동을 보이는 사례이므로 조현병(정신분열병)을 의심할 수 있습니다.

⑤번 증상은 다른 사람으로부터 자신을 멀리 격리시키는 증상이어서 음성 증상이라고 일컫습니다. 이는 사회적으로 위축되어 있는 정신기능의 과도한 결핍 증상을 말하는데, 특히 음성증상이 있을 경우, 원만한 가족관계나 대인관계를 유지하나 학교나 직장생활에 적응하기가 매우 어렵습니다.

조현병(정신분열병)의 임상증상은 수개월 내지 수년에 걸쳐 서서히 발병합니다. 조현병(정신분열병) 환자에게 망상과 환청이 있다고 해서 조현병(정신분열병)은 앓고 있는 사람의 의식이 혼미하지는 않습니다. 대개의 경우 자신의 병에 대해 병이 있다고 인식을 잘 하지 못합니다. 대부분의 환자들은 논리에 맞지 않는 신체 증상을 표현하고, 학교, 직장, 혹은 사회적 활동의 기능이 위축되며, 대개 발병 이전에 추상적 사고, 철학, 종교 등에 심취하거나 괴상한 생각과 행동, 감정반응 및 착각을 보이기도 합니다.

6. 조현병(정신분열병)의 치료

1)성령의 역사에 의한 근본치유: 초기 조현병의 경우 아주 나쁜 인자만 없다면 쉽게 자유하게 됩니다. 무엇보다도 초기 발견 치료

가 중요합니다. 더 좋은 것은 사전에 성령의 역사로 근본을 떠나가도록 하여 예방하는 것입니다. 성령의 역사로 얼마든지 사전에 예방할 수가 있습니다. 믿음이 중요합니다. 조현병의 경우 영적인 문제가 결부된 영혼의 질병은 단순한 혼의 기능 이상만이 아니라, 영의 기능 이상과 문제이기 때문입니다. 영의 변화는 오직 예수의 생명 즉 하나님의 성령만이 변화 시킬 수 있습니다. 영의 변화는 영의 깨달음이 있어야 하는데 이 영의 깨달음은 하나님의 은혜요 성령의 선물입니다. 말씀과 더불어 성령이 역사하는 기름부음이 있어야 하며 성령의 나타남이 있어야 합니다.

이러한 성령의 기름부음과 나타남은 영적 지각 기능이 살아나서 지각되는 영적 감각이 있는 사람이라야 합니다. 성령의 역사에 민감하게 반응할 수 있는 사람이라야 하는데, 하나님의 성령은 예수의 피로 씻어진 심령(거듭난 심령)이 아니고는 역사하지 않기 때문에 본인이 인정하고 받아들이고 적극적이어야 완치할 수가 있습니다. 조현병(정신분열병)은 현재의 의학으로는 거의 불가능합니다. 조현병(정신분열병)은 심리학적이나 교육적으로는 어느 정도 호전될 수 있지만 근본적으로는 고쳐지지 않는 것입니다. 믿음의 사람들도 성령의 도우심을 받지 않고서는 불가능하다는 사실을 인지하고 성령의 사역에 민감하게 반응하는 영성이 필요한 것입니다. 예수를 십년을 믿어도 변화되지 않는 것은 이러한 이유에서입니다. 또한 성령의 은사자라고 자랑하는 사람이나 기도를 하루에 몇 시간씩 하는 영적이라는 사람들도 인격이 변화되지 않는 것은 이러한 영적 원리를 적용하지 않고 살기 때문입니다.

이러한 영적 원리를 적용하고 사는 삶의 태도가 성령하나님의 영으로 인도함을 받는 삶입니다. 성령은 ① 말씀 속에 있으며, ② 심령 속에 있으며, ③ 우리들 가운데 역사하고 있습니다. 그래서 마음을 열고 영으로 기도를 해야 성령이 충만한 것입니다. 그래야 영의 사람으로 성령으로 인도를 받을 수 있는 것입니다. 이러한 영적 원리를 잘 활용하여 영혼을 인도하는 사역자가 눈을 뜬 인도자입니다. 이러한 영적 원리를 적용하고 사는 것이 신앙생활입니다. 소경이 소경을 인도하면 다 같이 멸망할 뿐입니다. 그러므로 성령 사역을 잘 이해하고 성령의 나타나는 영적 현상과 그 원인을 이해함이 영적 눈을 뜨는데 지름길입니다.

2)약물치료: 현재까지 밝혀진 다양한 원인만큼 조현병(정신분열병)의 치료에도 다양한 방법이 있습니다. 그러나 만일 단 한 가지 치료 방법만을 선택해야 한다면, 그것은 두말할 것도 없이 "약물치료"입니다. 약물 치료는 조현병(정신분열병) 환자의 재입원을 낮추는 가장 강력한 인자임이 수많은 연구를 통해 증명되었습니다. 항정신병 약물은 1950년대 처음으로 사용하기 시작하였고, 특히 조현병(정신분열병)의 양성 증상에 효과적인 것으로 알려져 있습니다. 이 약물들은 환자들의 증상을 경감시키거나 해소시켜 삶을 편안하게 하지만 이것이 조현병(정신분열병)의 완전한 치유를 의미하는 것은 아닙니다.

약물 치료를 시작하면 급성기의 정신운동성 초조, 환청 등은 수

일 내에 호전되고 망상 또한 수 주 내에 호전되는 것이 일반적입니다. 대부분의 환자에서 적절한 약물을 적절한 용량으로 6-8주 유지할 경우 급성기 증상의 상당 부분이 호전됩니다. 항정신병 약물을 처음 복용하면 졸리거나, 어지러움을 경험하는 경우가 많고 시야가 흐릿해지기도 합니다. 또한 여성 환자들은 월경의 변화가 생기기도 하며 민감한 환자에서는 피부 발진이 나타나기도 합니다. 그러나 이런 부작용들은 대부분 며칠 지나면 저절로 사라지므로 크게 걱정하지 않아도 됩니다.

① 고전적 항전신병 약물: 전통적으로 사용되던 고전적 항정신병 약물에는 대표적으로 할로페리돌(haloperidol), 클로로프로마친(chlorpromazine), 플루페나진(fluphenazine) 등이 있습니다. 이런 고전적 항정신병 약물은 강직, 근육경련, 진전, 초조 등의 부작용이 있습니다.

② 새로운 항 정신병 약물: 1990년대 들어서 비전형적 항정신병 약물이라고 불리는 신약들이 잇달아 개발되었습니다. 이러한 신약들은 고전적 항정신병 약물에 비해 부작용이 적고, 양성증상뿐만 아니라 음성증상에도 더욱 효과적입니다. 처음 개발된 약은 클로자핀(clozapine)으로 이 약은 아주 드물게 백혈구 감소증이라는 심각한 부작용을 일으키긴 하지만 다른 약물에 반응이 없는 정신병 증상, 특히 음성증상에 효과적으로 작용합니다.

리스페리돈이나 올란자핀, 쿼티아핀 같은 비전형적 항정신병 약물은 고전적 약물에서 나타나는 강직, 경련, 진전 등의 부작용은 물론 백혈구 감소증 같은 치명적인 부작용도 적습니다. 그러나 이들은 체중 증가를 비롯한 당뇨나 고지혈증의 위험을 증가시키는 등 대사변화를 일으켜 주의가 필요합니다.

최근에는 이러한 체중 증가 및 대사 변화 등의 부작용을 줄이거나, 기존 약물의 대사산물을 개발하는 등으로 지프라돈, 아리피프라졸, 블로난세린, 팔리페리돈, 아미설프라이드 등 다양한 약물도 개발되어 널리 사용되고 있습니다.

조현병이 재발할수록 급성기 호전 이후에도 기능 수준이 예전에 비해 저하되고 치료가 더욱 어려워지는 등 퇴행성으로 진행하는 경향이 있어, 재발의 방지가 매우 중요합니다. 이 때 가장 중요한 것은 약물치료를 거르지 않고, 증상이 좋아진 이후에도 재발 방지를 위한 꾸준한 유지치료를 하는 것입니다. 대체로는 한 번 발병한 환자들도 1-2년 이상, 재발을 경험한 환자들은 최소 5년 이상 가급적 장기간의 유지치료가 필요하다는 근거들이 많습니다. 꾸준한 약물 복용이 어려운 환자들을 위해 수주에서 수개월에 한 번 맞는 장기지속형 주사형 항정신병약물 (리스페리돈, 팔리페리돈, 아리피프라졸)도 개발되어 사용되고 있습니다.

③항우울제: 조현병(정신분열병)의 급성기가 지나면서 정신병적 증상이 없어지고 현실 생활에 복귀하는 과정에서 우울감을 경험하는 일이 많은데, 우울로 인한 기분장애 증상이 심한 경우 항우울제를 추가 복용하기도 합니다.

3)심리 사회적 치료: 급성기 증상이 호전된 후에도 많은 조현병

(정신분열병) 환자들은 직업이나 자아실현의 욕구가 적어지거나 대인관계의 어려움으로 인해 고통을 받습니다. 이런 상태의 환자에게 심리 사회적 치료는 그들이 가진 현실적인 문제들을 해결할 수 있도록 도움을 줍니다.직장이나 학교, 사회생활에 대처하는 방법을 배우고 연습하는 심리 사회적 치료는 약물의 규칙적이고 지속적인 복용을 도와주고 재발을 막는 효과가 입증되었습니다.

조현병은 초기에 발견하여 예수를 믿고 성령으로 세례를 받고 성령 안에서 온몸으로 기도하면서 자신의 온몸을 성령하나님께서 지배하시도록 의지적인 노력을 해야 합니다. 절대로 의학적인 치료 즉 약물치료는 임시 치료법에 해당됩니다. 근본 치유 방법이 되지 못한 다는 것입니다. 정신과 약에 의존하면 평생 약을 먹으면서 살아야 합니다. 또 약물로 인하여 정상적인 사고를 못하고 정신이 붕 뜬 상태로 살아가게 됩니다. 심리 치료도 마찬가지입니다. 근본적인 치유는 사람을 창조하신 성령하나님의 역사로 영적-정신적-육체적인 모든 기능을 정상으로 돌리는 방법 밖에 없습니다. 성령의 역사에 의한 치료는 시간이 오래 걸릴 수도 있습니다. 그러기 때문에 환자나 보호자가 의지가 있어야 근본을 치유하여 정상적인 삶을 살아갈 수가 있습니다. 치료가 되었다고 방심하면 재발할 수가 있으니 지속적으로 성령으로 충만한 생활을 해야 합니다. 조현병은 무엇보다도 초기에 발견하여 치료해야 합니다. 발병의 시간이 경과되면 될수록 치료에 시간이 많이 걸리고 완전치유 하는데도 한계가 있게 됩니다. 조기 발견치유가 중요합니다.

10장 불면증을 예방하고 완전치유하려면

(시127:2)"너희가 일찍이 일어나고 늦게 누우며 수고의 떡을 먹음이 헛되도다 그러므로 여호와께서 그의 사랑하시는 자에게는 잠을 주시는 도다."

불면증은 잠이 쉽게 들지 못하고 잠을 자도 자주 깨며 이른 아침에 깨는 특징을 갖는 증상을 일컫는 말입니다. 불면증은 밤에 잠을 잘 이루지 못하는 불편뿐 아니라, 낮 시간의 활동에도 영향을 미쳐서 주의집중의 저하나 피로감으로 작업장에서 재해의 원인이 되기도 하고, 졸리움으로 인한 교통사고의 위험이 증대되기 때문에 이에 대한 사회적 관심이 증가되고 있는 추세입니다. 국제수면협회의 자료에 의하면, 일 년 동안 인구의 27%에서 일시적인 또는 간헐적인 불면증상을, 인구의 9%에서는 만성적인 불면증을 보인다고 하였습니다.

불면증은 편의상 6개월 이상 지속되는 만성 불면증과 4주 미만 동안 지속되는 급성 또는 단기불면증으로 나누고, 임상적으로는 흔히 최소한 3-4주이상 지속적인 불면 증상을 보이는 경우 치료 대상으로 삼습니다. 만약 불면증이 6개월 이상 지속이 되는 경우는 흔히 여러 가지 소인(예 : 불안증)과 촉발인자(예: 새로운 직업), 영구화시키는 인자(예: 술 혹은 수면제 남용)를 가지고 있기 때문에 아주 복잡한 양상을 띠게 됩니다. 이때는 수면제의 지속적인 복용, 불면과 수면제에 대한 두려움, 붕괴된 수면의 각성리듬과 아주 나빠진 수면 위생으로 치료가 더욱 어렵게 됩니다. 이러한 불면증은 반드시 원인에 대한 정확한 평가가 이루어져야 제대로 치료를 받을 수 있기 때문에 이런 경우 꼭 정신과 의사나 가정의를 찾아보길 권합니다.

1.불면증 증상

1) 불면증 증상과 불면증의 심각한 증상.

① 수주 이상 거의 밤마다 잠이 들기 어려울 경우는 불면증입니다. ② 잠이 들기 어렵기 때문에 불안하여 잠자리에 들기가 무서울 경우는 불면증입니다. ③ 낮 동안 몹시 피곤하고 제대로 집중하거나 활동할 수 없을 경우는 불면증입니다. ④ 잠을 자기 위해 술이나 약물에 의존할 경우는 불면증입니다.

2) 수면의 기능에 대해. 수면의 기능은, 잠을 못 자게 했을 때 나타나는 현상을 보고 짐작할 수 있습니다. 사람에게 잠을 못 자게 하면 결국엔 자아붕괴, 환각, 망상이 나타납니다. 동물실험에서 수면박탈은 음식섭취증가, 체중감소, 체온저하, 피부장애 그리고 사망까지 초래함을 보였습니다. 꿈을 꾸지 못하게 해도 과민성, 피로가 나타납니다. 질병, 과로, 임신, 스트레스, 정신기능 과다 등이 있을 때 수면요구가 많아집니다. 잠이 적은 사람이 잠이 많은 사람보다 능률적이고 야심적이며, 만족해한다고 합니다.

3) 수면은 크게 5가지 기능을 갖는다.

① 낮 동안 소모되고 손상된 부분(특히 중추신경계)을 회복시켜 주는 기능이 가장 중요한 수면기능중의 하나입니다.

② 발생학적 기능인데 그래서 급속안구운동수면(REM 수면)은 특히 성장이 활발한 신생아에서 더욱 활발합니다.

③ 인성학적 기능으로 수면은 낮 동안의 생존기능과 본능적 보존 기능을 잘 할 수 있도록 준비시키고 조절 연습하도록 합니다.

④ 인지적 기능으로 특히 급속안구운동수면이 낮 동안 학습된 정보를 재정리하여 불필요한 것은 버리고 재학습 및 기억시키는 기능을 합니다. 급속 안구운동, 수면 중 단백질 합성이 증가되는 것은 학습된 정보를 기억으로 저장시키는 과정이기도 합니다.

⑤ 감정조절기능입니다. 불쾌하고 불안한 감정들이 꿈과 정보 처리를 통해 정화되어 아침에는 상쾌한 기분을 갖도록 해줍니다. 특히 흥미로운 것은 우울감정과 수면의 관계입니다. 건강한 사람 에서는 충분한 수면을 취하고 나면 우울한 감정이 감소 되는 현상 을 보이나 어떤 사람들에서는 수면이 우울감정을 악화시킵니다. 그래서 이런 환자들에게는 수면박탈을 통해 우울을 치료합니다.

4) 불면증의 원인: 불면증은 크게 3가지 원인이 있습니다.

① 정신과적 질환과 동반된 경우인데, 이 경우는 정신과 장애와 관계된 수면장애로 분류합니다.

② 신체장애가 그 원인인 경우는 신체장애와 관계된 수면 장애

로 분류합니다.

③ 스트레스, 입원과 일상의 중대한 변화 등과 같은 환경적 변화로 생긴 불면증으로 흔히 억압이 많고 완벽주의 성향이 강한 강박적 성격의 사람들이 수면이 자기 뜻대로 조절되지 않을 때 쉽게 긴장하고 불안해 질 수 있습니다. 그런데 이런 사람은 낮에는 잘 지내다가 수면시간이 가까울수록 정신 생리학적 긴장과 각성이 높아지면서 불면증으로 이행될 수 있습니다.

필자가 내적치유 하다가 어려서 물에 두 번 빠져서 사경을 헤매다가 구출되었고, 불속에서 한 번 구출된 경험이 있는 60세 된 목사님을 내적치유와 축귀를 통하여 치유한 경험이 있습니다. 이 목사님이 불면증으로 2년을 고생하시다가 저의 충만한 교회 성령 치유 집회에 연속적으로 참석했습니다. 여러 곳을 다니면서 치유를 받으려고 했지만 불면증을 치유 받지 못하다가 국민일보 광고를 보고 참석하기 시작했습니다. 몇 개월 동안 열심히 다니면서 능력과 치유를 받았습니다. 그런데 어느날 아마 밖의 날씨가 영하 8도 정도 내려갈 때인데 집회를 마치고 집으로 가려고 하는데 내가 보니까 땀을 비가 내리듯이 흘리면서 몸을 가누지를 못하는 것이었습니다. 그래서 내가 그냥 가시면 안 된다고 잠시 안정을 취하고 가시라고 의자에 앉게 했습니다.

그리고 머리에 손을 얹고 안수하며 기도를 했습니다. 그러니까, 성령께서 이렇게 감동을 하시는 것입니다. "어려서 심하게 놀란 일이 있다. 본인에게 한번 물어보아라." 그래서 본인보고 어렸을 때

놀란 일이 있는지 생각하여 보라고 했습니다. 그랬더니 한참을 눈을 감고 생각하더니 "목사님 이제 생각이 났습니다. 제가 물에 두 번 빠져서 죽을 뻔 했는데 하나님의 은혜로 살아나왔습니다. 그리고 불에도 한번 들어가서 타죽을 뻔 했습니다."

그래서 제가 안수를 시작했습니다. 성령이여 임하소서. 성령이여 사로잡으소서. "불속에 집어넣고, 물속에 집어넣어 죽이려고 했던 귀신아 내가 예수 이름으로 명하노니 정체를 밝히고 나와라. 정체를 밝히고 나와라." 하니까 한참을 흐느끼다가 서서히 정체를 드러내기 시작했습니다. 온몸이 부르르하고 한참을 떨었습니다. 숨을 몰아쉬더니 기침을 한동안 사정없이 하다가 떠나갔습니다. 목사님 얼굴이 아주 평안한 상태가 되었습니다. 그렇게 줄 줄 줄 흐르던 땀이 싹 멈추었습니다. 축귀를 한 후에도 계속 몇 개월 동안 다니면서 은혜를 받았습니다. 목사님이 저의 사모에게 축귀를 받고 2년 동안 고통당하던 불면증을 치유 받았다는 것입니다.

2.불면증 치료: 세상에서는 크게 세 가지 원칙에서 행해집니다.

첫째, 원인론적 치료입니다. 정확한 다원수면 검사를 통해 원인을 밝혀 그 원인을 제거하는 것이 가장 중요합니다.

둘째, 수면환경 요법입니다. 이는 불면증 치료뿐만 아니라 일반인의 수면건강을 위해서도 강조되어야 할 내용입니다. 건강한 수면을 위해서는 가능한 충분한 수면 시간을 취하고, 규칙적인 생활을 하는 것이 중요합니다.

① 규칙적인 기상시간을 지킬 것. ② 평소 수면시간만큼만 침상에 있을 것. ③ 불규칙한 낮잠을 피하고, 아무 때나 드러눕지 말 것. ④ 잠을 충분히 잠으로 일어났을 때 상쾌한 기분을 갖도록 할 것. ⑤ 안락하고 적절한, 소음이 차단된 그리고 따뜻한 수면환경을 조성할 것. ⑥ 적당한 운동량과 자극량을 유지할 것. ⑦ 저녁시간에 자극적인 것을 피할 것. ⑧ 잠자기 전 20분 정도 뜨거운 샤워(체온을 올리는)를 해볼 것. ⑨ 일정시간에 식사할 것, 수면 전 과식을 피할 것, 그러나 자기 전에 배고픔을 잊기 위해 소량의 우유나 스낵 등을 먹는 것은 도움이 될 수 있습니다. ⑩ 그리고 술(잠이 잘 오기는 하나 자주 깨게 한다)과 담배, 지나 친 각성음료등 중추신경계 작용물질을 피할 것. ⑪ 정기적으로 저녁에 이완요법(근육이완, 명상)을 시행해 볼 것. ⑫ 자기 전에 물을 많이 마시지 말 것. ⑬ 잠이 안와 초조하거나 화가 날 때, 자꾸 자려고 하지말고 일어나 불을 켜고 침실을 나와 쇼파에 앉아 깊은 기도를 하는 것도 좋습니다. 호흡을 들이쉬면서 예수님! 내쉬면서 사랑합니다. ⑭ 그러나 아무리 적게 잤어도 다음 날 제시간에는 일어날 것. ⑮ 자꾸 시계를 보게 되면 시계를 감추어 버릴 것, 그리고 낮에 아무리 복잡한 일이 있고 나쁜 감정이 있었더라도 그날 자기 전에 정리하여 가능한 한 단순하고 편한 마음으로 잠자리에 들것 등입니다.

셋째, 행동 및 인지요법, 이완요법, 역설적 노력, 집중 및 범주화, 단순자극, 수면제한, 자극-조절치료. 깊은 영의기도 등의 적절한 사용이 있습니다. 깊은 영의기도는 수면위생과 함께 행동치료는 정신생리적 및 다른 불면증 치료에 도움이 될 수 있습니다. 행동치료요법으로는 깊은 영의기도, 이완요법, 수면제한 치료, 자극조절요법 등이 있는데 궁극적인 목표는 잠들기 전에 호흡을 깊게 하면서 깊은 영의기도 또는 근육의 이완을 통해 각성정도를 낮추고, 졸리울 때만 잠자리에 들도록 하여 수면의 질을 높이는 것입니다. 영적으로 깊어지면 마음이 평안해 지므로 잠을 잘 자게 됩니다. 깊은 영성을 유지하는 방법은 이런 것이 있습니다.

1) 성령으로 온몸기도: 호흡을 깊게 들이쉬고 내쉬면서 깊은 기도를 하는 것입니다. 자세한 것은 "성령으로 온몸기도 하는 법"을 읽어 보세요.

2) 점진적 이완훈련: 점진적 이완훈련은 긴장이 물리적일 때 예를 들어 근육을 이완시키는데 어려움이 있을 때 효과적입니다. 점진적 이완, 명상, 심호흡, 숫자세기와 같은 이완요법이 있으며 이 훈련을 더 자주 하면 할수록 더 잘 이완될 수 있습니다. 마음으로 에수님을 찾는 방법도 있습니다.

3) 자극-조절치료: 자극-조절 치료의 목적은 침대에 있으면서 잠을 잘 수 없다는 부정적인 연상을 깨는 것입니다. 이것은 특히 수면 초기 불면과 수면 중기 각성 증상이 있는 환자에게 효과적으로 사용됩니다. 규칙은 간단합니다. 졸리울 때만 잠자리에 들고 15분 이내 잠이 오지 않으면 잠자리에서 나오고 다시 잠을 잘 수 있을 것 같다고 생각될 때까지 잠자리에 들지 않습니다. 이것을 수분 이내에 잠을 잘 수 있을 때까지 반복합니다.

4) 수면제한 요법: 수면제한 요법은 침대에서 더 많은 시간 있으면 있을수록 수면이 더 분절되고, 반대로 적은 시간동안 침대에 있을수록 수면이 더 응축된다는 관찰에 근거한 방법입니다. 늘 잠자는 시간에 15분 정도를 더한 시간만을 침대에 머물도록 하고, 이 과정을 8시간 혹은 원하는 시간만큼 수면을 취할 수 있을 때까지 반복하는 것입니다. 이 과정 또한 효과적이 되려면 3-4주 가량이 걸립니다.

수면제한 요법이나 자극-조절요법 모두에서 매일 같은 시간에 일어난다든가 낮잠을 자지 않는다든가 하는 규칙은 늘 지켜져야 하며, 이러한 방법은 낮동안 매우 졸리울 수 있으므로 운전할 때는 조심하는 것이 필요합니다.

3. 말씀과 성령에 의한 영적치유. 불면증을 치유하는 방법 중에 제일 좋은 방법은 말씀과 성령으로 영적치유를 하는 것입니다. 저는 불면증으로 몇 년씩 고생한 사람들을 말씀과 성령으로 내적치유를 통해서 완전 치유하여 자유하게 한 체험이 많습니다. 그래서 불면증 환자는 먼저 자신의 불면증은 하나님만이 치유하실 수 있다는 강력한 믿음이 있어야 합니다. 말씀과 성령으로 영적치유를 받겠다고 찾아와야 합니다. 교회나 치유센터에 찾아 나와서 말씀을 듣고 기도하며 성령을 체험해야 합니다. 성령을 체험해야 불면증을 일으키던 어두움의 세력들이 떠나가기 시작하는 것입니다.

분명하게 불면증을 일으키는 어두움의 세력이 있습니다. 이 어두움의 세력은 초자연적으로 역사하는 성령의 역사가 일어나야 떠나가는 것입니다. 왜냐하면 성령의 역사는 불면증을 일으키는 세력보다 강하기 때문입니다. 그런데 우리가 바르게 알아야 할 것은 성령의 체험은 말이 아닙니다. 성령으로 체험하면 영적으로 육적으로 본인이 느끼게 됩니다. 성령체험을 할 때 일어나는 현상은 이렇습니다. 잘 이해하고 거부하거나 두려워하지 않도록 하시기 바랍니다. ① 호흡이 깊어지거나 빨라지고 손이 찌릿찌릿 하기도 합니다. 이는 악 영과 성령의 대립 현상이나 상처를 풀어주는 현상이기도 합니다. ② 주체 못하게 울음이 터지거나. 웃음이 터지는 경우도 있습니다. 방언이 나오게 됩니다. ③ 가슴을 찌르고 무엇이 빠져나오는 아픔을 느낄 수 있습니다. ④ 위장이나 아랫배 부근에서 어떤 뭉치 같은 것이 움직이는 것을 느낄 수도 있습니다. ⑤ 큰 소리가 속에서 터져 나오기도 하고 온 몸에 불이 붙은 것 같이 뜨겁기도 합니다. ⑥ 가슴이 답답하고 기침이 나오고 손과 입에서 불이 나오는 것을 느끼기도 합니다. ⑦ 기침, 하품, 트림이 나오고, 토하기도 하고 메스꺼움을 느끼기도 합니다. ⑧ 멀미하는 것처럼 속이 울렁거리며 아랫배가 심히 아프기도 합니다. ⑨ 머리가 아프고 어지럽고 몸이 감당하지 못하게 흔들리기도 합니다. ⑩ 때로는 얼굴이나 몸 전체가 뒤틀리다가 풀어져 평안해지기도 합니다. ⑪ 때로는 상당한 시간 동안 심신의 괴로움(머리가 어지럽고, 몸이 떨리고, 몸에서 열이 나는 등)의 현상이 일어날 수 있습니다. 이것은 일종의 성령의 임재와 치유의 현상이니 두려워말고 조금 있으면 없어집니다. 많은 분들이 이런 체험이 있은 후 영안이 열리고 능력이 나타납니다.

그리고 내적치유를 해야 합니다. 말씀을 들으면서 사역자의 안수를 받으며 내적치유를 2-3개월 받게 되면 웬만한 불면증은 모두 치유됩니다. 지금까지 우리 교회에 오셔서 불면증을 치유 받지 못한 성도는 거의 없습니다. 본인이 의지를 가지고 다닌 분들은 모두 치유 받았습니다. 저는 항상 이렇게 말합니다. 불면증은 불치병이 아닙니다. 성령을 체험하고 뜨겁게 기도하면서 내면을 치유하고 귀신을 축사하면 치유가 됩니다. 믿음을 가지십시오. 인내력을 가지고 영성훈련에 참여해야 합니다. 그러면 어느날 불면증은 깨끗하게 사라지고 말 것입니다.

불면증을 치유 받았다고 성령 충만한 믿음생활을 중단하면 조금 있다가 다시 재발합니다. 그래서 지속적인 말씀과 성령 충만한 믿음생활을 하여 영성을 유지하면 절대로 재발하지 않습니다.

우리 주변에 불면증으로 고생하는 분이 있다면 잘 권면하여 치유 받게 하시기를 바랍니다.

4. 약물치료. 제일 좋은 방법이 영적인 치유라고 했습니다. 그러나 영적인 치유 기간 동안 잠을 잘 수가 없을 경우 의사의 처방에 따라 약물을 복용해도 무방합니다. 약물을 투여하면서 치유를 받다가 증상이 호전되면 약을 끊으면 됩니다. 세상의술을 사용하는데 너무 거부반응을 하면 안 됩니다. 필요하면 세상의술을 사용하

면서 영적치유를 하는 것입니다. 그러나 내면치유 사역자가 약을 복용하라는 지시는 삼가는 것이 좋습니다. 절대로 본인의 판단에 맡겨야 합니다. 본인이 의지로 약을 먹지 않고 치유를 받겠다면 그것보다 더 좋은 것은 없을 것입니다. 그러나 본인이 견디기 힘이 들어서 세상의술을 사용하겠다고 하면 본인의 판단에 맡기는 것이 좋습니다. 절대로 본인이 결정할 요소입니다.

약물치료로는 수면제 이외에 항히스타민제와 진정작용이 있는 항우울제, 항불안제, 항정신병약물 등이 사용될 수 있습니다. 불면증의 양상이나 건강상태에 따라 종류나 용량이 결정되어야 합니다. 주치의의 적절한 진단이 이루어진 후에 처방이 되어야 하고, 경과에 따라 주치의와 상담이 꼭 필요합니다. 수면제의 사용에는 몇 가지 원칙이 있습니다. 급성불면증에서 주로 사용하여 3주 이상 사용하지 않도록 합니다. 간헐적으로 사용합니다. 효과를 볼 수 있는 가장 낮은 용량을 사용합니다.

반감기가 짧은 약제들은 갑작스런 투약중단에 의한 금단을 예방하기 위해 점차 줄여서 끊어야 합니다.

5. 적당한 운동을 통한 치유. 유산소 운동이 좋습니다. 될 수 있으면 등산을 하는 것도 좋습니다. 낮에 잠을 잔다면 밤에 잠을 못 자는 것은 당연한 것입니다. 낮에는 활동을 해야 합니다. 헬스장 같은 곳에 가서 지속적으로 운동을 하는 것도 불면증 치유에 도움이 될 것입니다. 좌우지간 본인이 불면증을 퇴치하려고 부단한 노

력을 해야 합니다. 성령이 충만한 교회에서 하는 성령치유집회를 참석하여 근본적인 영적문제를 해결하는 방법도 좋습니다. 성령치유를 해야 불면증을 일으키는 근원을 제거할 수가 있습니다.

그리고 불면증 환자가 금해야 하는 것은 낮잠을 자는 것입니다. 낮잠을 자면 밤에 잠이 오지 않는 것은 당연한 것입니다.

불면증은 반드시 치유가 됩니다. 성령으로 세례를 받고 내면의 상처를 치유하여 안정된 심령이 되어야 합니다. 기간을 단축하여 치유를 받으려면 매주 월-화-금-토요일 날 실시되는 개별집중치유를 받으면 좀 더 빨리 불면증을 치유 받을 수 있습니다. 집중 치유를 받으면 불면증뿐만 아니라. 다른 질병과 상처가 치유됩니다. 귀신이 축사되어 마음에 참 평안을 찾게 됩니다. 물론 성령의 은사도 받게 됩니다. 일석이조가 됩니다. 전화를 주시면 자세하게 안내하여 드립니다.

11장 울화병을 예방하고 완전치유하려면

(엡4:26-27)"분을 내어도 죄를 짓지 말며 해가 지도록 분을 품지 말고 마귀에게 틈을 주지 말라"

화병이란 고부간의 갈등이나 남편의 외도 등 강한 스트레스를 적절하게 해소하지 못하는 한국여성에서 주로 발생하는 '문화결함 증후군'의 하나로 알려져 있으며 현대사회에서 직장인들의 주요한 직업병 중 하나이기도 합니다. 한 온라인 취업포털 사이트의 2007 년 남녀직장인 1315명이 설문조사를 실시한 결과 직장인의 63% 가 직장생활 질병을 앓는다는 것으로 나타났고 이 중에서 '화병' 등과 같은 스트레스성 질환이 30.4%를 차지했습니다. 요즘 사람들 은 여러 가지 어려움으로 인한 마음의 상처로 고통스러워합니다. 교회는 이들을 치유해야 합니다.

또한 가정들도 40% 이상의 이혼율을 보인다고 합니다. 그래서 우리나라가 세계에서 이혼율이 2위라고 합니다. 정말 문제가 아닐 수 없습니다. 남자들은 실직, 은퇴로 재취업을 하는 과정에서 받는 스트레스로 화병(火病)에 걸려 병원을 자주 찾는다고 합니다. 회사 의 부도로 실업자가 된 47세의 김모씨는 불면증에 시달린다고 합 니다. 사소한 일에도 화가 나 부인과 자주 싸우다 보니 부부 사이 도 별로 좋지 않게 되었고, 직장을 겨우 구하기는 했지만 마음에 들지 않는 등 삶의 의욕조차 없어졌습니다. 할 수 없이 도움을 청하기 위해 병원을 찾아갔습니다. 병원에 가서 검사를 해보니 화병이라는 진단이 나왔다고 합니다.

중년남성들에게 점점 많이 확산되고 있는 화병은 공통적으로 다음과 같은 증상들이 나타나는데, 가슴이 답답하고, 속이 자꾸 더워져서 찬물을 많이 마시고, 잠을 잘 때 몸에 열이 나서 이불을 덮지 않고, 두통과 불면증에 시달린다고 합니다. 사람이 젊을 때에는 신체기능이 활발해서, 그때 그때 쌓인 스트레스에 잘 대처할 수 있지만 40대가 넘어 중년이 되면 해소되지 않는 스트레스가 누적돼 병으로 나타나는 것입니다. 스트레스가 자꾸 쌓이면 암, 성인병, 각종 현대병이 되기 때문에 의사들은 운동을 많이 하고 취미생활을 적극적으로 하라고 권유하고 있습니다. 하나님은 우리에게 쌓인 화와 분을 성령의 임재 하에 풀어내라고 하십니다.

화병이란 생활 속에서 일어나는 억울한 감정이나 과중한 스트레스를 제 때 발산하지 못하고 억지로 참음으로써 오랫동안 누적되어 생기는 신경질적인 화가 원인이 되어 생기는 병입니다. 화병은 우울한 감정, 속상함 등의 스트레스가 수년간 쌓임으로써 발병하는데, 이러한 스트레스를 제때 풀지 못하여 가슴 부위가 답답하고 얼굴이 화끈거리는 느낌이 들면 이미 화병에 걸렸다고 볼 수 있겠습니다. 이 병은 우리나라에만 있는 고유한 형태의 병으로 호랑이 같은 시어머니와 남편의 외도에 시달려온 우리네 주부들의 한 맺힌 병으로서 "울화병"이라고도 부릅니다.

경희의료원 화병 크리닉 전문의인 김종우 박사의 말을 빌리면

"화병으로 병원을 찾는 환자들 대부분이 수년간 남편과 시어머니의 갈등을 겪어 온 공통점이 있다"는 것입니다. 가장 많은 원인은 남편의 바람기와 술을 마시는 버릇 때문에 화병에 걸리고, 그 다음으로는 시부모와의 갈등으로 인해 화병이 발병한다고 합니다.

1.화병의 증상과 발병단계. 화병은 화가 치밀어 오르는 불행한 현실을 벗어날 방법이 없는 사람에게서 발병합니다. 즉 경제적으로 독립할 여건도 안 되고, 교육수준이 낮은 계층에서 많이 생기는 병입니다. 남자들은 사업실패, 명예실추, 배신, 돈 떼임, 사기의 피해, 예상하지 못한 실직 등의 이유로 생기고 여자들은 시댁의 구박이나 가정문제로 발병합니다. 직장인들은 과도한 업무 스트레스로 발병이 되기도 합니다.

부부의 대화부족, 시어머니와의 갈등 또는 자녀교육 등의 과다한 스트레스나 정신적인 갈등의 화열(火熱), 큰 병을 앓고 난 후나 노약자 등의 허약(虛弱), 비만이나 수척한 체질적인 소인의 습담(濕痰), 병리적인 산물인 어혈(瘀血), 기후나 계절적인 요인인 풍(風) 등이 있습니다.

신체적 증상으로는 두통과 어지러움을 느끼고 얼굴에 열기가 느껴지며 가슴이 뛰고 답답하며 울화가 치밀어 오릅니다. 또 목이나 가슴에 덩어리가 느껴지기도 하고 소화 장애가 나타나기도 합니다. 가슴이 답답해 호흡을 하기가 힘이 드는 경우도 있습니다.

정신적 증상으로는 우울, 불안, 신경질, 짜증 등이 자주 나타나고 깜짝깜짝 자주 놀라며 쉽게 화를 폭발하기도 합니다. 그밖에 "사는 재미가 없고 의욕이 없다" "허무하다" "죽고 싶다"는 생각이 들기도 합니다. 화병의 발생 빈도는 중년 이후의 여성에게 많이 나타나며 학력과 경제적 수준이 낮을수록 많이 발생합니다. 화병이 일반적 스트레스성 질병과 다른 점은 발병원인이 분명하며 발병기간이 10여 년에 걸친 만성적인 병이라는 점입니다.

2. 화병의 증상들: ① 특정한 스트레스 사건으로 인해 생긴 억울한 감정이 누적되어 해소되지 않은 상태가 3개월 이상 지속됩니다. ② 가슴이 답답하거나 숨이 막히는 증상과 함께 뭔가 치밀어 오르는 증상을 나타냅니다. ③ 가슴이 두근거리고 뜁니다. ④ 가슴이나 목에 뭉친 덩어리가 느껴집니다. ⑤ 두통이나 어지러움이 자주 옵니다. ⑥ 몸이나 얼굴에 열감이 오르는 것을 느낍니다. ⑦ 잠을 잘 자지 못합니다. 놀라서 잘 깹니다. ⑧ 갑작스런 화가 폭발하거나 혹은 분노감이 있습니다. ⑨ 우울 또는 허망한 기분이 자주 듭니다. ⑩ 불안 혹은 초조감을 많이 느낍니다. ⑪ 신경질이나 짜증이 심합니다. ⑫ 억울함을 자주 느낍니다. ⑬ 소변을 자주 보게 됩니다. ⑭ 대응능력에 따라 고혈압 등 순환기계, 두통 등 신경계, 호흡기계, 소화기계 등 다양한 증세로 나타날 수 있습니다.

3.화병은 다음의 단계를 거친다.
1) 충격기 - 이것은 화가 나는 충격을 받아 갑자기 변하는 급성

기를 말합니다. 상대에 대한 배신감과 증오심 등이 격하게 일어나 살의까지 품게 되는 극한 상황이 연출됩니다.

2) 갈등기 - 분노를 품은 사람이 충격기를 지나 이성을 회복하기 시작하면 고민에 빠집니다. 만일 남편이 외도를 했다면 이혼을 생각합니다. 그러나 그 생각은 오래가지 못합니다. 체면을 중시하고 사회윤리의식이 강하기 때문에 이혼을 하지 못하는 것입니다. 자녀가 있는 경우라면 고민의 정도가 더욱 심하게 됩니다.

3) 체념기 - 이 시기가 되면 사람들은 근본적인 치료방법보다는 자신의 불행을 그대로 받아들이는 자세가 됩니다. 운명이고 팔자소관일 뿐입니다. 그렇다고 상대방을 용서하는 관용은 볼 수 없고 그저 상대방과 감정관계를 맺지 않으려는 성향을 보이며 우울증이 많이 나타납니다. 분방 등의 수단이 동원됩니다.

4) 증상기 - 그 동안 쌓여왔던 것이 한꺼번에 폭발해 우울증, 가슴앓이, 만성 스트레스 등 신체적인 병으로 나타납니다. 이렇게 화병은 몇 가지 단계로 나누어지는데, 전문의의 말에 의하면 화병의 패턴이 차츰 바뀐다고 합니다. 불과 얼마 전까지만 해도 시부모와 남편과의 갈등으로 인해 화병에 걸리는 경우가 대부분이었는데, 최근에는 자녀문제 때문에 화병에 걸리는 경우가 늘고 있다는 것입니다. 또 직장 문제로 화병에 걸리기도 합니다.

4. 치유는 가족의 이해와 도움이 가장 중요. 화병은 어떻게 치료해야 하는가? 안타깝게도 근본적인 원인을 제거하기 전에는 치유

방법이 없다는 것이 정설입니다. 남편과 시부모와의 갈등 때문에 화병이 발병했을 때는 다소 치료하기가 힘이 듭니다. 효과적인 치료를 위해서는 가족의 이해와 도움이 무엇보다 중요한데 이는 사실상 매우 어렵습니다. 왜냐하면 주부의 건강에는 가족들이 의외로 무관심하기 때문입니다. 남편의 바람기 때문에 화병에 걸린 주부환자의 경우는 남편에게 아내의 상태에 대해서 이야기하고 협조를 구하지만, 많은 남편들의 반응이 대체로 비슷합니다. "나는 그런 사실이 없다"또는 "여자가 성질이 못됐으니까 병에 걸렸지"라는 식입니다.

또 환자 본인의 마음가짐도 치료에 도움이 안 되는 일이 많습니다. "시어머님이 집에 계신데 어떻게 약을 먹어요? 그냥 병원에 와서 주사만 맞으면 안 될까요?" 하고 말하는 환자도 적지 않다고 합니다. 반면에 자녀문제로 인해 화병에 걸린 경우에는 치료하기가 비교적 수월한 편입니다. 남편의 협조가 가능하고 취미나 운동 등으로 스트레스를 풀 수 있기 때문입니다. 화병을 치료하기 위해서는 여러 가지 치료법이 동원되지만 무엇보다 가족의 이해와 도움이 가장 중요합니다. 대부분은 한 달 가량 말씀과 성령으로 집중 치료하면 많이 좋아지지만, 심한 경우에는 3개월 이상 장기간 치료를 받아도 쉽게 낫지 않습니다. 또한 치료기간 동안 스트레스에서 벗어나 있으면 치료에 상당한 도움이 됩니다.

5.건설적으로 화를 내면 화병 예방. 우리가 분명히 알아야 할 것

은 화를 참았다고 해서 드러나지 않는다는 것은 아니라는 것입니다. 화는 여러 가지 방식으로 나타난다. 중요한 점은 얼마나 건설적으로 나타나느냐 입니다. 화가 건설적으로 나타나지 않을 경우 그 화는 그냥 없어지지 않습니다. 화를 억눌렀을 경우 그 화는 결국 자신과 남들에게 파괴적인 모습으로 나타나기 때문입니다. 그러므로 통성 기도를 해서 푸는 것이 좋습니다.

성령의 임재 가운데 주여! 주여! 주여! 주여! 하면서 심경을 하나님에게 토설하는 것입니다. 그렇기 때문에 우리는 화의 원인을 정확하게 알아내어 화를 직접적이고 건설적인 방법으로 표현해서 화병을 예방하고 우리자신과 상대방이 함께 성장할 수 있는 좋은 기회로 삼아야 할 것입니다.

상대방에게 안 보이는 곳에서 분을 푸세요. 어느 학력이 고졸인 여인이 인물이 잘생겨서 박사 남편을 만나 결혼을 했습니다. 그런데 남편이 툭하면 무식하다고 구박을 하는 것입니다. 그래서 화병이 생긴 것입니다. 그래서 제가 이렇게 조언을 했습니다. 남편이 없는 곳에서 남편이 베고 자는 베개를 가지고 남편을 욕하면서 발로 밟으라고 했습니다. 그래서 하루는 남편이 출근하고 난 다음에 침대 위에서 남편의 베개를 발로 밟으면서 있는 대로 분을 다 풀었습니다. "그래 나는 고등학교 밖에 나오지 못했다. 너는 대학원을 나오고 박사가 되어서 잘났다. 그래 잘났어, 그렇다고 나를 이렇게 무시 하냐" 하면서 막 발로 베개를 밟았다는 것입니다, 그런데 남편이 출근을 하다가 보니 서류를 놓고 간 것입니다. 서류를 가지러

왔다가 자기 부인이 하는 소리를 다 들은 것입니다. 그다음에는 말을 조심해서 치유가 되었다는 이야기입니다.

두 번째 방법은 기도로 하나님에게 자신의 감정을 속이지 말고 아뢰는 것입니다. 우리가 다윗이 쓴 시109:1-31절을 읽어보면 다윗의 심경을 알 수가 있습니다. 그리고 거기에서 교훈을 얻을 수가 있습니다. 하나님에게 다 일러바치세요. 속이 시원하게 하나님에게 말씀을 드려서 푸는 것입니다. 그런데 저의 교회에 치유 받으러 오시는 권사님들을 보면 많은 분들이 울화병으로 고생을 하십니다. 그래서 제가 안수를 해드리면서 하나님에게 모두 이야기해서 풀어가라고 조언을 합니다.

*임상 목회 교육의 지도자로서 국제적 명성을 떨치는 비논 비트너 박사의 화를 건설적으로 표현하는 여섯 단계는 이렇습니다.

첫째, 화를 인정하라. 자신이 화가 났음을 스스로 깨닫고 그것을 인정하려는 태도가 필요하다는 것입니다.

둘째, 대상을 확인하라. 화의 대상이 누구인지 알아야 합니다. 많은 사람들이 실수하는 것이 엉뚱한 사람에게 화풀이를 한다는 것입니다.

셋째, 순수한 동기를 가져라. 남에게 화내는 이유를 검토해볼 필요가 있습니다. 만약 우리가 화를 내는 근본목적이 사람에게 화풀이하는 것에 있다면 손해만 보는 것으로 끝날 것입니다.

넷째, 과거에 집착하지 마라. 직접 관련 있는 문제는 지금 당면한 것뿐입니다. 과거의 일을 끄집어냄으로써 문제의 핵심을 흐려

선 안 됩니다. 그것은 문제를 더 복잡하게 만들어서 현재 상황을 파악하기 어렵게 만들뿐입니다.

다섯째, 실질적인 문제를 논하라. 우리는 화의 진짜 원인을 자백하기 난처할 때, 부차적인 문제를 원인인 양 말할 때가 있습니다. 그러나 중요한 것은 화가 난 실체가 무엇이냐를 찾아야 하는 것입니다.

여섯째, 화를 긍정적으로 표현하라. 화를 건설적으로 표현한다는 것은 원래 의도를 전달하는 것이고 상대방을 깎아내리지 않고도 싸우는 것입니다. 우리는 서로의 관계가 중요하고 또한 각자 서로에게 가치 있는 사람들이라는 것을 기억하여 화를 긍정적인 방법으로 풀 필요가 있습니다.

의사의 전달은 연습이 필요하듯 화도 건강한 방법으로 표현하려면 연습해야 합니다. 바라건대, 화내길 겁낼 것이 아니라, 화를 성장을 위한 기회로 생각해야 합니다. 만일 우리가 배우자나 다른 가족, 이웃 또는 동료에게 화가 난다면 그 사람을 직접 만나서 해가 지기 전에 가능하면 조심스럽고 부드럽게 우리의 감정을 표현해야 합니다. 그렇지 않으면 그 화는 우리의 몸과 영혼을 병들게 할 수 있습니다.

6.화병을 진단하는 방법. 병리적인 화를 중심으로 화에 대하여 알아보면 다음과 같습니다. 인체의 화를 관장하는 장기는 심장이고, 또 심장은 감정을 관장한다고 한방의학 서적에는 기술되어 있

는데, 스트레스에 대하여 직접적으로 반응을 하게 됩니다. 화는 오행 중에서 불의 성질을 가집니다.

그러므로 증상이 나타나게 되면 얼굴이나 가슴의 열기, 분노, 충혈 등이 나타나게 되는 것입니다. 화는 양(陽)의 특성을 가져 위로 올라가려는 속성을 가지고 있습니다. 화병의 증상은 주로 가슴 위의 부분에서 나타납니다. 두통이나 어지럼증, 상열감, 가슴부위의 답답함이나 열기가 나타나게 됩니다. 화는 온몸의 진액을 손상시킵니다. 불은 물을 마르게 하고, 습기를 건조하게 하는 작용을 가지고 있는 것처럼, 화병은 신체를 건조시키는 작용을 합니다. 입술이 타거나 목이 마르는 증상이 나타나는 것도 그 이유에서입니다.

다음과 같은 조건이 충족되어야 화병이라고 할 수 있습니다. 억울한 감정이 누적되고 해소되지 않은 상태가 6개월 이상 지속되었다면 화병입니다. 단기적인 스트레스나 충격은 화병이라고 할 수 없습니다. 가슴이 답답하거나 숨이 막히는 증상과 무엇인가 치밀어 오르는 증상이 나타납니다. 이것은 화병의 필수증상입니다. 가슴 정중앙 부위를 누르면 심한 통증이 나타납니다. 가슴의 정중앙은 전중이라는 침 자리로 감정의 기운이 많이 모이는 곳입니다. 그러므로 이 부위를 눌렀을 때 심한 통증이 있다면 정서적인 스트레스를 많이 받았다고 보아도 좋을 것입니다. 또한 이 자리는 화병을 진단하는 자리이면서 경과를 관찰할 수 있는 중요한 자리입니다. 치료에 따라 화병의 증상이 좋아지면 이곳의 통증도 완화가 됩니다. 특징적인 4가지 증상은, 즉 가슴의 답답함, 무엇인가 치밀어 오르는 증상, 몸이나 얼굴에 열이 오르는 느낌, 그리고 급작스러운 화의 폭발 혹은 분노 중에서 최소한 2가지 이상은 현저하게 나타나야 합니다.

7.화병을 예방하는 법. 화병은 치료도 필요하지만 예방하는 것이 더욱 중요합니다. 또한 화병을 앓고 나서 치료가 된 이후에도 병의 재발을 방지하기 위해서는 예방법은 필수적입니다. 다음과 같은 몇 가지 사항을 염두에 두고 생활을 하는 것이 좋습니다. 화가 난다고 화를 바로 폭발하지 말아야 합니다. 또 다른 화를 부를 수 있습니다. 화가 폭발한 경우는 전신을 이완시켜야 합니다. 이 경우 침묵기도나 묵상기도 등의 방법을 미리 익혀서 화로 인하여 발생되는 전신의 경직을 풀도록 하여야 합니다. 화를 참기만 하지 말고 표현할 줄 알아야 합니다. 기도로 풀라는 것입니다. 화를 계속해서 참는 것은 바람직하지 않습니다. 하나님에게 아뢰는 습관을 드리세요. 급작스런 화가 가라앉은 후에는 대화를 적극적으로 시도해야 합니다. 자신이 하는 일에 자부심을 가지고 있어야 합니다. 화병을 앓고 있는 사람이 가지기 쉬운 것이 자신이 다른 사람의 희생양이라는 생각입니다.

즉 자신은 어쩔 수 없다는 생각입니다. 우선 자신이 하고 있는 사소한 일부터 자부심과 자신감을 가져야 합니다. 화를 가지고 잠자리에 들지 않아야 합니다. 스트레스를 받은 경직된 상태에서 수면을 취하게 되면 스트레스가 체내에 쌓이게 되고, 다음날까지도 그 스트레스는 연결이 됩니다. 되도록 그 날의 스트레스는 그날 풀도록 하십시오. 깊은 영의기도로 풀어버리고 주무시기 바랍니다. 영적인 생활을 열심히 해서 성령 충만하게 지내고 자신에 맞는 운동이나 취미를 지속적으로 해야 합니다. 화에 대한 저항력은 결국 건강한 육체와 정신에서 비롯되므로 미리 자신의 육체와 건강을 튼튼히 하는 것이 중요합니다.

8.화병을 치유하는 법. 화병치료에 있어서 가장 중요한 점은 나타나고 있는 증상을 없애는 것과 스트레스를 받고 있는 환경을 어떻게 개선해야 하느냐는 것입니다. 증상을 개선하기 위해서는 가슴에 뭉친 기를 풀어주는 방법, 열을 가라앉히는 방법, 위로 올라간 화와 아래로 내려간 한랭의 기를 순환시키는 방법, 날카로운 신경을 안정시키는 방법 등을 고려하여 치료에 임해야 합니다.

1) 병원에서 하는 치유. 침 치료는 가슴에 뭉친 기운을 풀어주는데 가장 효과적인 방법입니다. 약물요법은 지속적으로 치밀어 오르는 열을 내려주는데 필요한 방법입니다. 그 외에 아로마요법(향기요법)은 마사지의 방법을 이용하여 뭉친 기를 풀어주는 작용과 향의 흡입을 통한 정신의 안정을 도모하는 방법입니다. 스트레스를 받는 환경에 대한 개선도 무척 중요합니다. 증상의 개선이 어느 정도 이루어지게 되면 스트레스를 주는 대상과 대화를 가지고 환경을 고치는 작업을 시작해야 합니다. 참고 지내는 생활이 결코 병

을 낮게 해주지 않기 때문입니다.

2) 말씀과 성령으로 하는 영적치유

① 하나님에게 자신의 마음을 숨김없이 토하시기를 바랍니다. (시62:8)"백성들아 시시로 그를 의지하고 그의 앞에 마음을 토하라 하나님은 우리의 피난처시로다."

② 감정의 입에서 이를 뽑으시기를 바랍니다. (시58:6)"하나님이여 그들의 입에서 이를 꺾으소서 여호와여 젊은 사자의 어금니를 꺾어 내시며"

③ 하나님에게 지금 나보다 높은 곳으로 인도해 달라고 부르짖으시기를 바랍니다. (시61:2)"내 마음이 약해 질 때에 땅 끝에서부터 주께 부르짖으오리니 나보다 높은 바위에 나를 인도하소서"

④ 계속 솔직한 심경을 주님께 간구하시기를 바랍니다. (시55:9)"내가 성내에서 강포와 분쟁을 보았사오니 주여 그들을 멸하소서 그들의 혀를 잘라 버리소서." 나를 괴롭히는 자의 혀를 나누게 해달라고 기도하는 것처럼 솔직한 심경을 숨김없이 하나님께 고하시기를 바랍니다.

⑤ 성령 충만한 믿음생활입니다. 성령으로 체험하고 성령으로 내적치유하며 기도하는 것입니다. 그래서 말씀과 성령으로 하나님의 전신갑주를 입어야 합니다. 진리의 허리띠, 의의 흉배, 평안의 신, 믿음의 방패, 구원의 투구, 성령의 검, 성령 안에서의 기도를 해야 합니다. 부정적인 사고와 어두움의 생각을 버리고 마음을 밝히며 평온을 유지하시기를 바랍니다.

애써서 긍정적인 사고를 가지려고 노력해야 합니다. 새로운 성품과 습관을 가지려고 노력하시오. 항상 하나님께 가까이 나아가는 마음을 가지는 것이 화병의 치유에 좋습니다. 항상 말씀을 가까이 하여 말씀 안에 거하며 묵상하는 삶을 살아가는 것입니다. 성령으로 기도의 삶을 살아가려고 의지적인 노력을 하십시오. 사람을 사귀는 것도 성령 충만하고 영적인 사람과 사귀어야 합니다. 사람을 통하여 여러 가지 좋지 못한 요소들이 전이될 수 있기 때문입니다.

감사하는 마음, 찬양, 사랑을 고백하는 마음을 가지세요. 성령으로 충만한 상태에서 마귀를 대적해야 합니다. 말씀과 성령이 역사하는 장소에서 내적치유를 자주 받는 것이 좋습니다. 그리하여 성령의 역사에 순종하는 성령의 사람이 되면 화병은 치유되고 예방이 됩니다.

⑥ 성령의 이끌림을 받는 기도를 하십시오. 기억을 위하여 성령님께 도움을 요청하면 자신의 깊은 곳에 감추어져 있던 상처의 기억과 감정이 생생하게 살아납니다. 성령님의 도우심으로 특정한 (분노, 불안, 두려움, 공포, 눌림, 혈기, 스트레스, 마음의 상처, 자존심의 상처 등) 사건의 현장으로 돌아가서, 그때 받았던 묻혀진 상처의 기억을 떠올리며, 상처와 함께 그때에 겪었던 당황함, 부끄러움을 회상하시기 바랍니다. 하나씩 앞으로 회상해 나가면서 떠오르는 상처를 주님에게 드려야 합니다.

주님은 항상 나와 함께하셨습니다. 주님은 내가 고통당할 때 함께하시면서 나와 고통을 함께 하셨습니다. 지금도 그 주님은 나와 함께하십니다. 억울함, 분노, 두려움, 상처, 눌림 등으로 내가 울 때 함께 하시면서 우신 분입니다. 특히 어린 시절의 작은 상처, 부모가 자신을 거부했다고 하는 상처가 오늘의 자신에게 많은 영향을 줍니다. 자 이제 상처를 예수께 드립니다. 드러난 상처를 주님께 가져가야 합니다. 주님은 많은 상처를 입은 분이십니다. 그러기에 상처 입은 사람들의 고통의 삶을 누구보다 안타깝게 여기고 계십니다. 예수 그리스도에게 성령님의 치유의 능력을 간곡하게 부탁해야 합니다.

이와 같은 영적인 치유는 스스로 하기는 힘이 듭니다. 충만한 교회 같이 성령 내적치유를 전문적으로 하는 곳에 가서서 전문 치유 사역자의 도움을 받아 어느 정도 영의 통로가 열리고 성령의 깊은 임재에 빠져 들어갈 줄 알아야 스스로 치유가 가능합니다. 빠른 시간 내 전문적인 치유를 하는 곳을 찾아가셔 성령을 체험하면서 치유를 받기를 바랍니다.

12장 공황장애를 예방하고 완전치유하려면

(시42:5)"내 영혼아 네가 어찌하여 낙심하며 어찌하여
내 속에서 불안해하는가, 너는 하나님께 소망을 두라 그가
나타나 도우심으로 말미암아 내가 여전히 찬송하리로다."

공황장애를 가지고 고통을 당하는 분들이 많습니다. 제일 문제
가 공황발작이 일어나 환자 자신은 죽을 것 같은데 주변의 보호자
들은 꾀병을 앓는 것으로 이해를 한다는 것입니다. 왜냐하면 가정
의 상황이나 직장의 상황이 좋지 않을 때 공황발작이 일어나기 때
문입니다. 예를 들어 설명하면 멀쩡하던 부인이 시어머니가 오니
까, 공항발작이 일어났다고 꼼짝을 못하기 때문입니다. 공황장애
에 대하여 이해를 못하는 분들은 꾀병으로 착각하고 환자를 대하
는 경우가 많습니다. 정작 공황발작이 일어난 환자는 숨을 쉬지 못
하고 죽을 것과 같은 고통을 당하는데 겉으로 보기에는 아무런 표
시가 없기 때문입니다.

시험을 치르기 바로 전이나 중요한 면접을 앞둔 상황, 그리고 거
북한 만남의 자리에 있어서 온 몸이 뻣뻣해지면서 손발에 땀이 나
고 극도의 긴장이 몰려오면서 가슴이 쿵쾅거리는 증상은 일생을
살면서 누구나 한번쯤은 겪어본 상황일 것입니다.

이런 상황은 이미 스스로 어느 정도 준비가 되어있는 상태에서
맞닥뜨리는 결과이기에 우리 몸에 이런 상황이 보인다고 해서 크

게 문제시 여기는 경우는 없습니다. 하지만 이런 증상이 아무런 예고증상 없이, 또는 아무 긴장도 야기되지 않는 상황 속에서 몸을 통해 연출이 된다면 어떤 느낌을 받게 될까요? 불안함과 긴장감을 야기할만한 그 어떤 자극이 없는데도 불구하고 호흡곤란, 가슴부위 통증, 식은땀, 어지럼증과 같은 증상이 나타난다면, 그 사람은 극도의 불안감에 휩싸일 수밖에 없을 것입니다.

대부분의 사람들은 이런 상황이 발생하면 응급실을 찾게 됩니다. 그런데 응급실에서 시행하는 각종 검사(심전도, CT, MRI 등)상 아무런 이상증상이 나타나지 않는다면 어떤 느낌이 들게 될까요? 분명 자신은 금방이라도 죽을 것 같은 고통을 느껴서 병원을 찾아 왔는데도 불구하고 각종 검사 상 아무런 병적 반응이 나타나지 않는다고 한다면, 그 또한 불안하기 그지없을 것입니다.

분명 죽을 것과 같은 신체의 이상반응을 감지했는데 검사 상 아무 이상이 없다면 대부분 나 스스로 꾀병을 이야기하는 것이 아닌가라는 생각을 하게 됩니다. 태어나서 이런 고통을 처음 느껴본 사람들은 아무리 생각해도 꾀병은 아님이 분명하다고 느낍니다. 바로 이런 상태를 일컬어 '공황장애'라고 부릅니다. 다시 말해 특별한 자극이나 스트레스가 없는 상황에서 온 몸이 극도의 교감신경 항진상태에 빠지게 되어 심장박동의 증가 및 호흡곤란과 불안감을 온 몸으로 느끼며, 몸이 뒤틀리며, 마치 죽음이라는 상태를 몸 전체로 인식하게 되는 상태가 되어 이것이 반복적으로 지속되게 되는 상태를 가리키는 말인 것입니다.

이런 공황장애가 반복적으로 발생 시 대부분 신경정신과를 찾게 됩니다. 그러면서 자율신경을 조절해주면서 억제성 신경전달물질을 증가시켜주는 약을 처방을 받게 됩니다. 그러면 일시적으로 증상은 개선되지만, 근본적인 치유는 불가능합니다. 평생 정신과 약을 복용해야 합니다. 말씀과 성령으로 하는 영적인 치유 많이 완벽한 치유가 가능합니다. 이 증상 자체가 아무런 예고 없이 찾아오고 또한 그 원인을 정확하게 파악하지 못했기 때문에 이것을 대비한다는 것이 결코 쉬운 일은 아닙니다.

공황장애란 불안장애의 일종으로 급작스런 공황발작 즉 극심한 불안과 함께, 몸의 뒤틀림, 두통, 현기증, 가슴 두근거림, 질식감, 호흡곤란, 가슴 통증, 오한, 사지마비 감, 또는 저림 등의 증상이 나타나는 것이 반복되는 질병입니다.

공황발작이란, 사람이 생명에 위협을 느낄 정도의 극심한 상황에서나 느낄 수 있을 정도의 심각한 공포를 갑작스럽게 느끼는 것을 의미합니다. 환자들은 쉬고 있거나 차를 타고 있거나 자고 있던 중에 증상이 나타나 매우 당황하게 되고 급한 나머지 응급실을 방문하기도 합니다.

공황발작시의 특징적인 신체증상도 환자를 더욱 곤혹스럽게 합니다. 불안감과 동시에 나타나는 신체증상은 심각한 신체질환의 증상과 매우 유사하여 환자들은 내과, 신경과 등 타과를 방문하기도 합니다.

공황장애의 원인은 크게 생물학적인 원인과 정신사회적 원인으로 나눌 수 있습니다. 이를 좀 더 쉽게 설명하면 마음의 상처와 스트레스를 받아 영-혼-육체의 밸런스가 깨어질 때 발생하게 됩니다. 이는 그동안 필자가 공황장애로 고통을 당하던 환자를 치유하고 깨달은 것입니다. 이는 공황장애환자에서 흔한 증상에서 쉽게 깨달을 수가 있습니다. -가슴 두근거림 -몸의 뒤틀림 -땀 흘림 -떨림 또는 전율 -숨 가쁨 또는 숨 막히는 느낌 -질식감 -흉부통증 또는 가슴 답답함 -토할 것 같은 느낌 또는 복부 불 편감 -현기증, 불안정감, 머리 띵함, 또는 어지럼증 -비현실감 -자제력상실에 대한 두려움 또는 미칠 것 같은 두려움 -곧 죽을 것 같아 죽음에 대한 두려움 -감각의 이상 -오한 또는 얼굴이 화끈 달아오름 -사지의 뒤틀림 등입니다.

생물학적 원인으로는 유전이론, 카테콜아민이론, 청반이론, 대사이론, CO_2과민성의 증가 등이 있습니다. 유전이론에 따르면 공황장애환자의 직계가족에서 공황장애의 발병률이 4~8배 높은 것으로 알려져 있으며, 일란성쌍생아에서의 공황장애발병 일치 율이 이란성에 비해 약 3배 높은 것으로 알려져 있습니다.

카테콜아민이론에 의하면 신경 화학적 공황 유발 물질들(예: yohimbine, caffeine, isoproterenol등)이 중추신경계의 노르에피네프린, 세로토닌, GABA수용체에 작용하여 공황을 일으키는 것으로 보고되고 있습니다. 호흡과 관련하여 공황을 일으키는 물질들(예: 젖산, CO_2 등)은 과 호흡을 유발하거나 생체내의 산-염기 평형을 와해시켜 공황을 유발합니다.

뇌 구조적으로는 뇌의 간뇌에 있는 청반이 관련되는 것으로 보고되고 있는데, 청반은 불안의 중추조직으로 인체의 경보장치 역할을 합니다. 공황발작은 인체의 경보장치가 지나치게 예민해져서 아무런 이유 없이 혹은 사소한 자극으로도 작동하기 때문에 일어나는 것입니다. 그 외에도 불안을 중개하는 편도 핵의 역할이 중요한 것으로 알려지고 있으며 기타 불안관련 중추신경에서 불안을 종합하는 능력의 상실이 공황을 일으키는 원인으로 보고되고 있습니다.

정신사회적으로는 성격이 너무 내성적이고 의존적이거나 너무 완벽 지향적이고 성취욕이 높으며, 경쟁적인 경우에 많고 스트레스가 많아 과음하거나 생활이 불규칙하거나 카페인이 든 음식을 과다하게 섭취하거나 항상 수면이 부족한 사람에게서 흔합니다. 정신분석적 입장에서는 억압이 중요한 공황장애환자들의 방어기제로 보고하고 있으며, 개인이 받아들이기 어려운 소망, 충동들이 억압되어 있다가 의식화되려 할 때 불안과 공황발작이 나타나는 것으로 설명하고 있습니다. 행동주의 이론에서는 불안이 부모로부터 학습한 결과이거나 전형적인 조건화반응을 통하여 나타난다고 보고 있습니다.

이밖에 공황장애는 등이 굽어서 흉추 3, 4, 5번들이 틀어졌을 경우에 오기 쉬운 병입니다. 보통은 몸과 마음이 다른 것으로 생각하기 쉬우나 몸의 병이 마음에 나타나기도 하고 마음의 병이 몸으로 나타나기도 하는데, 대부분 몸을 건강하게 하면 정신적인 증상도 사라지게 됩니다.

가슴이 답답한 것은 등이 굽고 어깨가 앞으로 틀어짐으로써 가슴을 압박하기 때문이며, 등이 굽고 어깨가 처지면 목을 잡아당기게 되어 목도 삐어있는 경우가 대부분인데 그러면 머리로 올라가는 신경이 약화되어 여러 이상이 나타나게 됩니다.

우리 몸은 골격만 바로 서 있으면 큰 일이 없는 한 건강하도록 되어 있습니다. 몸 골격에서 가장 중요한 부분은 '고관절' 로서, 고관절 이란 다리와 골반을 이어주는 부분으로 집에 비유하자면 '주춧돌' 처럼 가장 기초가 되는 곳인데, 이 고관절은 외부 충격을 받아서 틀어질 수도 있지만, 요즈음은 대부분 나쁜 생활습관과 자세를 오랫동안 지속함으로써 고관절이 쉽게 틀어지고 있으며, 푹신한 침대, 소파, TV시청에 더하여 컴퓨터의 보급으로 인해 몸의 자세가 무너지고, 이로 인해 거의 모든 병이 발생한다고 해도 과언이 아닙니다.

고관절이 틀어지면 〉 골반이 기울고 〉 다시 그 위의 요추와 흉추가 굽거나 휘게 되며 〉 등이 굽으면 어깨가 처지고 목이 삐게 되는데, 이처럼 우리 몸은 하나로 연결된 유기체 이므로, 고관절이 틀어짐으로써 집이 무너지듯이 점차 이상이 생기게 되는 것입니다. 또한 몸이 굽으면 위장을 비롯한 모든 내장기관들이 아래로 처지면서 제 기능을 못하는 것은 물론이고 몸 살림 운동에서 '공명' 이라고 말하고 있는 아랫배 부분이 꼭 막혀서 깊은 호흡이 안 되고 가슴으로 할딱할딱 숨을 쉬게 되므로 몸에 필요한 산소를 공급하지 못하게 되어 악순환이 거듭되게 됩니다. 치유를 위하여 '고관절 자가 교정'과 '어깨 자가 교정'들도 익혀서 할 수 있다면 더욱 도움이 되겠습니다. 허리를 곧게 세우고 가슴을 활짝 펴는 바른 자세를 갖는 것만으로도 건강할 수 있습니다. 나쁜 생활습관으로 해서 몸이 굽은 것을 약이나 시술 또는 타인의 도움을 받을 수 있는 것은 아주 제한적이라는 것을 잘 이해해서 매일 자세를 바로 하는 꾸준한 운동으로 스스로의 몸을 바로 세우면 건강해지는 것입니다.

공황장애의 진단 및 증상. 공황장애의 진단을 위해서는 정신과 의사의 철저한 문진과 정신과적 검사가 시행되고 불안을 유발하는 신체적인 질환을 감별하기 위하여 기본적인 이학적 검사, 갑상선 기능검사 등이 시행됩니다.

앞에 말씀드린 14가지 증상 중에 5가지 이상의 증상이 동시에 나타나는 경우 공황발작이 있는 것으로 진단되고 이러한 발작이 반복되거나 또 그런 발작이 반복되는 것을 두려워하는 경우 공황장애로 진단됩니다.

공황장애의 발생시 일어나는 현상. 대개의 경우 공황발작의 첫 증상은 흔히 특별한 유발요인 없이 저절로 시작됩니다. 그러나 일정기간 동안의 육체적 과로나 심각한 정신적인 스트레스를 겪고 난 후에 증상이 처음 시작되는 경우도 많습니다. 대개 공황발작은 10분 이내에 급격한 불안과 동반되는 신체증상이 최고조에 이르며 20~30분 정도 지속되다가 저절로 사라지게 됩니다. 증상이 1

시간 이상 지속되는 경우는 드물며, 증상의 빈도도 하루에 여러 번씩 나타나거나 1년에 몇 차례만 나타날 수 있을 정도로 환자에 따라 차이가 큽니다.

증상과 다음 증상 사이에는 예기 불안이 동반되기 쉬우며 발작 중에 이인감이나 우울 감을 경험하기도 합니다. 평소에 카페인 음료나 알코올을 과도하게 섭취해도 증상이 악화될 수 있습니다.

많은 환자들이 공황 발작이 있을 때 응급실을 방문하거나 내과 등, 다른 신체질환을 다루는 의사를 찾게 되며 증상의 원인을 찾기 위해 각종 임상 검사들을 하지만 공황발작 당시의 일시적인 혈압 상승이나 과 호흡 증상 이외에는 특별한 이상이 없는 것으로 판정되곤 합니다.

다음 중 5가지 이상의 증상이 갑자기 발생하여 10분 이내에 증상이 최고조에 이르게 됩니다. - 심계항진, 가슴이 심하게 두근거림, 빈맥, - 몸이 뒤틀리면서 가누기가 힘이 든다. - 발한, - 몸이 떨리거나 후들거림, - 숨이 가쁘거나 답답한 느낌, - 숨 막히는 느낌, - 흉통 또는 가슴의 불쾌감, - 메스꺼움 또는 복부 불 편감, - 어지럽거나 불안정하거나, 멍한 느낌이 들거나 쓰러질 것 같은 느낌, - 이인증 또는 비현실감, (이인증은 정신이 육체와 분리되어 있다는 느낌, 신체의 일부가 짝짝이라는 느낌, 자기가 자기 자신을 멀리서 바라보고 있다는 느낌 등등) - 스스로 통제할 수 없거나 미칠 것 같은 두려움, - 죽을 것 같은 공포감, 감각과민, - 춥거나 화끈거리는 느낌 등입니다.

공황장애의 진단기준은 이렇습니다.

① 다음의 ⓐ, ⓑ가 모두 존재합니다.

ⓐ 반복적이고 예기치 못한 공황발작. ⓑ최소한 한 번 이상의 공황발작과 더불어 한 달 이내에 다음 중 한 가지 이상의 증상이 있습니다. (a) 또 다른 발작이 올까봐 계속 염려함. (b) 발작이나 그 결과의 함축된 의미(스스로에 대한 통제를 잃어버리거나 심장발작이 오거나 혹은 미쳐버리지 않을까)에 대해 걱정함. (c) 공황발작과 관련된 행동에 있어 뚜렷한 변화가 온다.

② 광장공포증이 없거나 혹은 있습니다.

③ 공황발작은 물질(습관성 물질의 남용이나 약물투여 등)이나 일반 신체적 상태(갑상선 기능항진증 등)의 직접적인 생리적 영향 때문이 아닙니다.

④ 공황발작이 사회공포증, 특정 공포증, 강박장애, 외상 후 스트레스장애, 분리불안장애와 같은 다른 정신질환에 의해 더 잘 설명되지 않습니다.

공황장애를 치유하려면 이렇게 해야 합니다. 공황장애의 근본적인 원인은 "마음의 상처와 스트레스"와 "영적인 문제"이기 때문에 원죄의 해결과 마음의 상처 치유가 먼저 되어야 합니다. 죄의 개념이 율법을 범하는 차원에서만 생각하지 않기를 바랍니다. 죄란 바로 나 자신의 일부로서 육을 통하여 나타나는 생각이나 감정이나 의지가 다 죄입니다.

육신이 바로 죄이며 육신적으로 사는 것이 죄입니다. 영으로 살지 않는 사람은 육신적으로 사는 죄의 대가인 혼의 질병이 오게 됩니다. 그리고 자신의 죄가 아니더라도 조상의 죄악으로 오는 경우가 많습니다. 그리고 용서를 해야 합니다. 많은 경우 질병이 있는 환자는 말 못할 큰 충격을 받은 일이 있습니다. 나에게 이 충격을 일으킨 사람을 용서해야합니다.

1) 원죄를 용서받고 치유를 받으려면 예수를 영접하여야 합니다. 예수를 영접하므로 성령의 역사로 치유가 이루어지기 시작합니다. 모든 치유는 성령의 능력으로 됩니다. 자신에 내재하는 인간의 영의 선한 힘(영력)이라 하고, 예수를 믿어 내면으로 들어오신 하나님의 영은 인간의 능력을 초월하여 5차원으로 나타나는 영적 능력으로 역사합니다. 성령의 능력이 이때부터 나타납니다. 그래서 사람은 할 수 없으나 할 수 있는 하나님의 영력(형상)이 나타나서 성령이 충만하게 됩니다. 영력은 나타나는 상태와 조건인 마음을 열고 온몸으로 기도해야 강해집니다.

2) 성령의 역사가 나타나는 말씀을 듣고 성령의 세례를 받아야 합니다. 그 조건과 상태는 여러 가지이지만 첫째 의지를 발동시켜야 합니다. 치료 받고자 하는 의지를 발동하게 하여 주여! 주여! 소리 내어 기도하면서 성령세례를 받는 것이 제1의 원리요, 그 다음은 말씀과 성령의 역사하심으로 내적 치유하는 것이 제2의 원리요, 귀신 추방의 제3 원리입니다. 귀신추방은 성령의 역사가 마음 안에서 일어나서 상처와 스트레스가 처리되기 시작하면 자동으로 떠나가는 것이 보통입니다. 그리하여 생각이 바뀌고, 마음이 감동

되어, 믿음이 생겨서, 본인의 의지가 발동되어, 몸이 움직여지고, 행동으로 옮겨지는 과정을 거쳐야 합니다. 이 영적 원리는 모든 것에 적용됩니다.

3) 성령의 인도로 말씀을 잘 알아들을 수 있어야합니다. 성경에서는 내 뜻과 정성과 힘을 다하여 하나님을 섬기라 했고(신28장), 크게 사모하는 자에게 제일 좋은 길을 보여 준다고 했습니다(고전 12:31). 네가 낫기를 원하느냐고 예수님은 말씀했습니다(요5:6), 영과 진리로 예배하는 자에게 찾아오신다 했습니다(요4:23). 모든 영적인 일에 마음을 열고 진심으로 구하고 구하면 얻을 것이요, 찾고 찾으면 찾을 것이고 두드리면 열립니다. 마음을 열고 소리내어 기도하면 성령을 주십니다. 강한 순종과 믿음과 승리의 의지를 발동시키고 행동으로 옮기십시오. 행동으로 옮기지 못하게 하는 장애요인(죄)이 자신에게 있습니다. 이것을 성령으로 깨닫고 회개하여 제거하십시오. 귀신의 역사에 의한 병과 정신병의 구분을 잘 해야 합니다.

4) 앞의 과정을 거친 다음에 질병의 원인을 성령께 질문해야합니다. 영적인 그림을 그리라는 말입니다. 전체의 그림을 보면서 자신의 문제의 원인이 어디에 있는 지를 찾아야합니다. 시간이 많이 걸릴 수가 있습니다. 왜냐하면 성령께서 완전하게 장악을 한 다음 원인을 알 수 있고 치유도 되기 때문에 하나님의 시간표를 따라 기다려야 합니다. 급하다고 되는 일이 아닙니다.

5) 성령께서 알려주는 질병의 원인에 따라 조치를 해야 합니다.

조상이나 자신의 죄악은 회개하고, 상처를 준 사람은 용서하고, 가문의 대물림되는 귀신 역사는 성령의 역사로 유전은 절단하고 원인을 제거해야 합니다. 악한 영의 역사라면 귀신을 축사해야 합니다. 그리고 지속적인 치유를 받아야 합니다.

6) 이때부터 내적치유하며 악한 영을 축사해야 합니다. 의지를 가지고 지속적으로 해야 합니다.

7) 하나님과 영적인 관계를 지속하며 감사해야 합니다.

공황장애의 치유는 반드시 말씀과 성령으로 가능한 것입니다. 먼저 예수를 믿어 옛 사람이 죽어야 합니다. 그리고 새사람으로 태어나야 합니다. 옛 사람이 그대로 살아있는 이상, 완전 치유는 곤란합니다. 옛 사람이 죽고 새사람으로 태어나는 고통을 감내해야 치유가 됩니다. 그러므로 공황장애를 치유 받으려면 반드시 성령의 세례를 받아야 합니다.

성령으로 세례를 받아, 성령의 이끌림을 받으면서 지속적인 기도를 하면 자신 안에서 성령의 불이 나오면서 성령의 역사로 내면의 상처를 치유 받아야 합니다. 한마디로 자신이 변해야 완치가 되기 때문입니다. 사람은 할 수 없으되 하나님은 하십니다. 하나님의 말씀에는 불치가 없습니다. 믿음을 가지고 치유 받아 새로운 삶을 살 수가 있습니다. 반드시 예수 안에서 치유된다는 믿음이 굉장히 중요합니다. 하나님이 하십니다.

공황장애는 말씀과 성령의 역사로 내면과 정신과 영적인 문제를 치유하면 정신 신경과 약을 먹지 않고 완치가 가능합니다. 정신과 약을 먹으면 죽을 때까지 복용해야 합니다. 약 부작용으로 몸이 비대해집니다. 2020년 12월 하순 새벽 1시에 우리 충만한교회에 다니는 분으로부터 전화가 왔습니다. 몸이 뒤틀리고 가슴이 답답하고 불안하여 119구급차를 불러서 지금 구급차를 타고 응급실에 가려고 한다는 것입니다. 그러면서 기도를 해달라는 것입니다. 필자는 코로나19로 인하여 성도들을 대면하여 안수기도를 못해서 전화로 기도를 해주고 있습니다. 전화로 기도하니 성령의 역사로 기침을 했습니다. 기침을 심하게 하니까, 119구급차의 간호사가 혹시 코로나19에 걸린 것이 아닌가 거리낌을 갖거나 이상하게 생각하는 것 같아서 그냥 119구급차를 타고 병원 응급실을 가라고 했습니다.

새벽 4시가 되어서 전화가 왔습니다. 응급실에 도착하여 여러 가지 검사를 했는데 이상이 없다고 퇴원을 하라고 하더랍니다. 그러면서 공황장애라고 하더랍니다. 그래서 필자가 앞으로는 발작증상이 나타나더라도 구급차를 부르지 말고 그냥 호흡을 깊게 하면서 기도하면 10분정도 지나면 잠잠해진다고 걱정하지 말고 두려워하지 말라고 했습니다. 대중교통을 타고 가거나 직장에서 일할 때 증상이 나타나거든 절대로 두려워하지 말고 숨을 깊게 들이쉬고 내쉬면서 성령으로 기도하면 부교감 신경이 강화되어 잠잠해지니 참고 인내하라고 당부했습니다. 그리고 성령하나님께서 공황장애를 완전 치유하여 주실 것이니 두려워하지 말고 기도하자고 했습니다.

교회예배당에 나오지 못하는 날은 전화로 기도를 해주었습니다. 우리 교회는 매주 토요일 날 영적-정신적-육체적으로 고생하는 4-6명을 대상으로 오랜시간 집중치유기도를 합니다. 이때 참석하게 하여 지속적으로 성령으로 기도하게 했습니다. 기도를 계속하는 기간에도 버스를 타고 가다가 발작 증상이 일어났다고 말하기도 했습니다. 그럴 때마다 절대로 두려워하고 무서워하면 발작 증상이 더 심해질 것이니 성령하나님께서 보호하여 주신다는 것을 믿고 마음으로 기도하라고 알려주었습니다.

그리고 계속 집중 기도를 하여 마음의 상처와 스트레스와 두려움을 주는 상처를 성령의 역사로 밖으로 배출하게 했습니다. 공황장애는 마음의 상처와 스트레스로 발생하는 경우가 많기 때문입니다. 이 성도의 동생은 예수를 믿지 않는데 2년 전에 공황장애로 공황발작이 연속적으로 찾아와 지금 정신과에서 공황장애 약을 처방받아 먹고 있는데 잠을 많이 자고 머리가 멍하고 몸이 비대해져서 정상적인 생활이 곤란하다는 것입니다. 그래서 약을 먹으면 평생 먹어야 함으로 성령의 역사로 마음을 치유하여 평안하게 하면 공황장애는 완치 된다고 안심을 시키고 성령으로 기도하게 했습니다. 그러니까, 자신의 동생 상태를 익히 보고 알고 있어서 필자가 하는 말을 받아들이고 영적치유를 계속했습니다. 그 결과 1년이 지나고 2월이 지났는데 아무런 증상이 없고 평안하게 직장생활 정상적으로 잘하고 있습니다.

공황장애는 전적으로 마음의 상처와 스트레스로 인한 영적문제로 발생합니다. 특별하게 가족력이 있는 분들에게 발생합니다. 그러니까, 말씀과 성령의 역사에 의한 내면의 치유가 중요한 것입니다. 온몸으로 기도하면 성령의 역사로 내면의 상처가 치유되면 부교감신경이 강화되면서 머리에 도파민과 세로토닌이 정상적으로 분비됨으로 완치가 되는 것입니다. 공황장애로 정신과에서 약을 처방해주는 것은 치료제가 아니고 도파민과 세로토닌이 정상적으로 분비되도록 해주는 약입니다. 그러므로 약을 먹기 시작하면 평생 약을 먹어야 합니다. 제일 좋은 치유는 말씀과 성령의 역사에 의한 마음의 상처와 스트레스 영적 정신적인 치유입니다. 공황장애는 완치가 가능합니다.

13장 악성두통을 예방하고 완전치유하려면

(시62:5-7)"나의 영혼아 잠잠히 하나님만 바라라 무릇 나의 소망이 그로부터 나오는 도다. 오직 그만이 나의 반석이시요 나의 구원이시요 나의 요새이시니 내가 흔들리지 아니하리로다. 나의 구원과 영광이 하나님께 있음이여 내 힘의 반석과 피난처도 하나님께 있도다."

하나님은 만성된 악성 두통을 치유하십니다. 지금 세상에는 만성 두통으로 고생하는 사람들이 많습니다. 두통이 시작되면 아무것도 못하는 악성 두통 환자도 많습니다. 이는 세상 살아가기가 어렵기 때문입니다. 여기에는 예수를 믿는 성도도 예외가 되지를 않습니다.

세계두통협회에서 두통은 불치병이라고 정의를 내렸습니다. 왜 불치병이하면 영적인 문제가 결부되어 있기 때문입니다. 진통제로 일시적 진정 효과밖에는 거둘 수 없으므로 두통은 고칠 수가 없다고 단정해 버렸습니다. 머리가 깨질 것 같이 아파서 병원에 찾아가 MRI 사진을 찍어보아도 아무것도 안 나오고, 머리가 막 깨지는 것처럼 아픈데도 아무것도 안 나오니까 증거가 없다는 겁니다. 증거가 없으니까 두통은 병이 아니고, 증상이라고 최신 이론은 말합니다. 필자는 마음의 병 심리적인 병이라고 생각합니다.

통증이 사진에 나올 리가 있나요. 그래서 두통은 못 고치는 것으로 되어있습니다. 영적인 문제가 결부된 결과입니다. 두통의 종류와 치료법은 이렇습니다. 꼭 치료 받겠다는 의지가 중요합니다.

1. 두통의 원인

첫째, 편두통입니다. 우리 교회에 보면 편두통이 자주 찾아오는 분들이 있습니다. 또한 오른쪽, 왼쪽에 특정 머리가 아프다고 하시는 분들이 있습니다. 그렇다면, 그 원인은 무엇이고, 어떻게 해결해야 하는지 알아보도록 하겠습니다. 심장이 뛰는 것처럼 한쪽에만 발작적으로 나타나는 이런 편두통은 왼쪽이나 오른쪽 이렇게 한쪽으로 나타나는 경우가 많습니다.

첫째로 그 원인을 알아보면, 가족력이 있을 수 있습니다. 이것도 '가족력이냐'라고 말씀하시는 분들이 계십니다. 예상외로 가족력이 크게 작용을 하는 경우가 있습니다. 필자가 치유사역을 하다가 체험한 바로는 집안에 무당의 내력이 있는 분들이 오른쪽 편두통으로 고생하는 경우가 많습니다. 어렸을 때 무당에게 가서 기도를 받았거나 혈통에 무당이 있는 경우에 편두통으로 고생을 심하게 했습니다. 그러다가 치유집회에 참석하여 무속의 영을 지속적으로 축귀하여 정상으로 회복된 분들이 많습니다.

편두통은 여성분들에게는 한 달에 한번 찾아오는 월경통과도 관련이 있을 수 있습니다.

두 번째로 스트레스로 인한 것입니다. 스트레스를 많이 받게 되면, 만성 스트레스로 인해서 편두통이 심하게 오게 됩니다. 대부분

왼쪽 편두통이 오는 이유가 이에 해당되지 않을까 생각됩니다. 그렇기 때문에 편두통 전조증상이 나타난다면, 내가 스트레스를 많이 받고 있는지는 아닌지 잘 체크해보시고, 스트레스를 잘 관리하셔야 합니다.

셋째로는 뒷목의 **뻐근함**으로 인해서 왼쪽 편두통이 있을 수 있습니다. 거북목 증후군이라는 말을 많이 들어보셨을 것입니다. 우리가 컴퓨터와 스마트폰이 일상화되면서 자세가 올바르지 못한 경우가 많습니다. 이런 습관이 계속 되면서 편두통 증상이 일어날 수 있습니다. 그렇기 때문에 편두통 전조증상이 역시 나타난다면, 내 자세를 의심해보시고, 올바른 자세로 컴퓨터나 핸드폰을 해주시고, 스트레칭을 해주시는 것이 좋습니다.

그렇다면, 어떤 증상이 편두통 전조증상일까요? 전조증상으로는 머리가 꽉 조이는 증상이 지속되어 나타나거나 속이 미식거리는 증상이 있을 수 있는데요. 또한, 갑자기 눈이 잘 보이지 않는다거나, 흐릿하게 보이는 증상 또한 전조증상이 될 수 있습니다. 또한 머리가 두근두근 거리거나 찌릿 거리는 증상이 계속 나타날 수 있는데요. 이렇게 왼쪽 편두통 혹은 오른쪽 편두통이 나타날 때는 그냥 시간이 지나면 나아지겠지라는 안일한 생각보다는 적극적으로 그 원인을 알고, 치료해주시는 것이 좋겠습니다. 생명의 말씀과 성령으로 치유하면 2주면 치유가 됩니다.

둘째, 위장에 병나서 생기는 전 두통입니다. 위장이 약한 분들에게 보편적으로 일어나는 현상으로 앞머리가 아픈 겁니다. 앞머리가 시리고 땀나는 경우가 있습니다. 주로 밥을 많이 먹으면 위장이 냉각되어 앞머리가 아픕니다. 위장이 약한 분이 과식하면 발생할 수도 있습니다.

셋째, 후두통입니다. 뒷목이 아픈 경우입니다. 신장 방광으로 인해서 두통이 날 때는 후두통입니다. 혈압으로 나타나는 경우도 있습니다.

넷째, 미릉골통입니다. 말 그대로 눈썹이 나있는 뼈 부분이 아픈 증상인데, 미릉골통은 과로나 스트레스로부터 생기는 경우가 많은데 개인적인 전조 증상은 정확히 눈썹 있는 뼈가 아닌 좀 더 위 이마가 튀어나온 쪽의 통증이 있습니다. 이미 눈썹 있는 뼈가 아프다면 증상이 심한 상태라고 보면 될 것입니다. 미릉 골통에 동반되는 증상은 소화기능의 문제인데, 미릉골통으로 인해 소화가 안 된 다기 보다는 오히려 미릉공통의 원인이 소화기능의 문제인 것입니다. 정말 소화가 거의 안 된다고 보면 됩니다. 화나 스트레스로 인하여 명치끝이 꽉막힌 것입니다.

과로로 인해 두통과 소화기능 불량이 나타나고 이 때문에 미릉골통이 나타나는 것입니다. 따라서 치료를 위해서는 일단 편히 쉬어야 합니다. 하지만 그냥 쉬는 것만으로는 증상이 빨리 낫지 않습니다. 아무 신경 안 쓰고 알아서 낫겠지 하고 있으면 2주일이 지나도 계속 증상이 남아있습니다. 성령치유 집회에 참석하여 생명의 말씀과 성령으로 치유하면 하루면 치유가 됩니다.

다섯째, 두냉통(頭冷痛)입니다. 모자를 써서 머리를 따뜻하게 하면 금새 머리 아픈 것이 없어집니다. 진통제로는 안 됩니다. 먹을 때만 좀 낫는 것 같다가도 약효가 없어지면 또 아픕니다. 머리가 차니까 그럴 수밖에 없습니다. 두건을 씌어주고 뜨거운 물마시고, 인삼 한 숟가락 먹고 나서 한 시간쯤 있으면 두통이 사라집니다.

여섯째, 경추에 문제가 있어서 생기는 두통입니다. 안구 통, 예민한 성격, 병원에서도 못 고치는 만성두통은 경추가 틀어져있을 가능성이 높습니다. 원인으로는 목뼈 정렬 상태가 바르지 못한 경우, 외상 후 후유증(교통사고, 추락, 충돌 등), 뇌에 이상이 있는 경우입니다. 눈, 코, 귀, 두피, 입, 턱관절, 후두, 인두, 갑상선, 등에 문제가 있는 경우입니다. 무기력증과 두통, 어지럼증, 시야 흐림, 머리 띵 함과 같은 증상들이 함께 나타난다면 경추의 정렬 상태가 바르지 못할 때 나타나는 증상으로 다음을 참고해보시기를 바랍니다.

척추가 바르지 못한 원인으로 나타나는 증상들인 경우는 어떤 치료를 하더라도 치료 작용을 하는 베개를 사용하지 않는 경우, 밤에 잠을 자면서 비틀린 척추로 변형시켜 악화시켜버리기 때문에 그 누구도 빠른 치료를 보장하지 못합니다. 대략 이런 경우입니다.

① 척추가 바르지 못하게 비틀린 변형 원인.

② 비틀린 척추로 잠을 자는 자세를 만드는 베개와 침상(침대쿠션, 요 두께).

③ 비틀린 척추로 자세를 유지하는 습관.

④ 비틀린 척추로 스스로 만들어버리는 스트레칭이나 체조 운동들.

⑤ 교통사고나 추락사고 산재사고 등의 외부 충격에 의하여 골절 변형된 척추로 인하여.

이렇게 해서 우리 몸에서 두통이 생기는 원인을 다 설명했습니다. 두통은 각 장부에 해당하는 장부가 허약해서 일어나는 증상입니다. 허약한 장부를 튼튼하게 하기 위하여 내면의 상처를 치유해야 합니다. 그리고 뼈와 신경을 정상으로 회복하는 기도를 해야 합니다. 깊은 기도를 하여 순환기계통이 활성화되게 합니다. 웬만한 두통은 3-6개월 동안 성령치유집회에 참석하면 모두 치유가 됩니다.

2.두통의 치료. 만성 두통이나 편두통을 치료받고 있는 환자가 나날이 늘고 있습니다. 인구의 10%가 이러한 두통으로 고생을 한다고도 이야기를 합니다. 치유집회에 오시는 두통 환자가 늘어나는 것을 보아도 두통에 대한 환자 층은 점점 더 늘어나는 것 같습니다.

현대 의학이 그렇게 발달을 하는데 왜 두통은 극복이 안 되는 것일까요? 이는 원인을 알 수 없다고 하는 두통이 있기에 그렇습니다. 우리는 오직 진료 장비에 의존하여 두통을 진단합니다. 그래서 뇌에 이상이 없으면 두통의 원인을 알 수 없다고 하는 것입니다. 하지만 실제로 두통은 뇌 내의 문제만은 아닙니다.

신체의 각 장부가 그 기능을 제대로 못하여 일어나는 것입니다. 간이나 위의 기능 혹은 신장의 기능 등등…. 아무리 만성 악성 두통이라도 반드시 원인이 있습니다. 그런데 병원에서 하는 MRI 검사로는 나타나지 않습니다. 성령으로 충만한 가운데 지식의 말씀의 은사로 원인을 진단하여 찾아야 합니다.

한 예로 평소에 머리가 심하게 두통이 와서 오신 한 환자분이 있었습니다. 이분은 하루에 2회 정도 머리가 아파오는 증상이 심하게 나타나 활동을 거의 못하는 정도라고 했는데 병원에서 진단을 해보아도 원인을 알 수가 없다고 한다는 것입니다.

이분을 영적진단을 해본 결과 낸 결론은 위장의 기능 저하로 담이라는 물질이 생성되어 이것이 혈액을 따라 돌아다니다가 머리 혈관에 영향을 미치기에 두통이 생기는 것 이었습니다. 평소에 위장이 좋지 않아 소화가 잘 안되고 식사 후에 두통이 나타난다고 하니 그렇게 진단을 한 것입니다.

진단에 따른 치료는 성령을 체험하게 하고 내적치유를 했습니다. 뼈, 신경치유로서 위장과 연결된 신경을 치유했습니다. 이에 환자는 3개월의 치료로 두통에서 벗어날 수 있었고, 일상생활을 이제 무리 없이 영위할 수 있게 되었습니다.

두통 치료는 말씀과 성령으로 일단 막힌 곳을 뚫어주어야 합니다. 그리고 내적치유와 뼈, 신경 치유로 소화기나 간의 기능을 개선시켜야 하고, 성령으로 몸의 나쁜 기운을 몰아내야 합니다. 동시에 내 스스로 병을 극복할 수 있도록 영성을 만들어주어야 합니다. 우리는 흔히 과도한 스트레스를 받으면 목이 뻐근하거나 혹은 어지럼증, 만성피로, 두통 등을 호소하는 경우가 있는데, 이러한 것이 얼마나 위험한 것인지 모릅니다. 직장인 과로사의 가장 큰 원인이 스트레스로 문제는 자신이 이러한 것에 대하여 방치하기에 일어난다는 것입니다.

우리가 여기서 알아야 할 것은 만성 악성두통은 한방이나 양방으로 거의 치유가 불가능합니다. 어느 분이 저희 교회에 오셔서 치유를 받고 간증한 내용을 들어보면 알 수가 있습니다. "사실 저는 10년 전부터 만성 악성두통이 있었습니다. 깨어있는 시간에는 거의 머리가 아프고 열이 납니다. 잠을 잘 때 빼고는 항상 머리가 아픕니다. 그래서 책상 앞에 1시간 앉아서 공부하는 게 정말 힘들 정도였습니다. 만성두통도 괴로웠지만 26년이나 달고 지낸 지긋지긋한 아토피 치유를 받기위해 집회에 참여하기 시작했습니다. 어렸을 때부터 엄마를 따라 온갖 양약과 한방병원을 다니면서 치료를 받았지만 증세는 그때만 잠시 나아질 뿐 근본적인 치유를 받지 못했습니다. 제 몸과 마음도 지쳐 고등학교 때부터는 포기하고 살았습니다.

제가 몸은 별로 심하지 않은데 유독 얼굴이 심해서 항상 사람들이 절 처음 보면 하는 말이 '술 먹었냐'는 소리였습니다. 제가 세상에서 제일 듣기 싫은 말입니다. 노이로제까지 있었습니다. 그 소리를 들을 때마다 쥐구멍이라도 찾아서 숨고 싶을 만큼 창피하고 얼굴이다 보니 자신감도 나날이 떨어지고, 거울을 볼 때마다 속상하고 화가 나고 제 자신이 보기 싫었습니다.

치료를 포기하고 살다가 최근에 유명한 한의원에서 6개월 정도

한약과 침 등 치료를 받았습니다. 하지만 기대했던 거와 달리 몸은 좀처럼 나아지질 않았고, 치료비만 카드 빚으로 남아있게 되었습니다. 물론 연체된 상태는 아니지만, 일을 해서 돈을 버는 족족 치료비로 써야 한다는 것이 너무 억울했습니다.

아토피가 있으신 분들은 알겠지만 거의 풀만 먹고 살아야 하는 병입니다. 치유에 희망을 주신 분은 하나님이셨고, 저는 한의원을 다니면서 기도도 열심히 했지만, 제 상태에 대한 기도였었나 봅니다. 상태가 좋아지면 감사해하고, 또 안 좋아지면 속상해하고 하나님을 원망도 하기도 했습니다.

도대체 언제 고쳐주실 것이냐고 기도는 하지만, 하나님은 묵묵부답이셨습니다. 그러던 중 한의원 치료를 그만 다녀야겠다는 생각이 들쯤, 우연히 강요셉 목사님의 책을 읽게 되었습니다. 제목이 "신유은사 사역 달인이 되는 가이드"입니다. 그때는 한의원 치료를 받는 중이었고, 책만 읽다가 나도 집회에 참여해보고 싶다는 생각이 들어 참여하게 되었습니다. 첫 집회 때 참석해서 회개와 눈물로 하나님을 만났습니다.

교회는 꾸준히 다니고 있었지만, 제가 너무 영적인 것을 바르게 알지 못하고, 무지한 믿음 생활을 했다는 걸 깨달았습니다. 하나님이 가장 먼저 치유하신건 제 마음에 집착이었습니다. 제 자아를 깨려고 옛사람을 벗어내기 위해 성령의 충만과 말씀으로 하나님을 붙들기 시작했습니다. 그러던 중에도 상태가 또 나빠지면 그 순간은 실망했었지만, 곧 마음을 추스르고 하나님을 붙들었습니다. 그러기를 6주가 지나고 이제 제 마음에 있던 우울함, 두려움, 죄책감 등, 저의 영적인 매임 들을 하나님께서 풀어주셨습니다. 제 마음에 있던 집착과 옛사람은 십자가에 못 박았습니다. 이젠 제 마음에 기쁨과 행복이 넘쳐납니다. 항상 내 문제만 내 코가 석자인데 하면서, 남을 돌아보지 못하고 살았는데 이제는 제 주변에 있는 사람들을 돌아볼 수 있는 여유 있는 마음도 주셨습니다. 마음이 치유되니 여유가 생겼다는 증거입니다. 아토피로 인해 나빠졌던 성격도 변화되었습니다. 툭하면 엄마에게 화내고 제 감정을 억누르지 못하고 분노했던 마음이 사라졌습니다. 물론 제 아토피가 완전하게 나았다는 건 아니지만, 현저하게 좋아지고 있습니다. 지독한 영적 묶임에서 먼저 풀어주시고 자유 함을 얻었습니다. 아토피도 많이 나아가고 있습니다. 정말 눈으로 보고 체험할 수 있도록 치유가 되었습니다. 앞으로 완전하게 치유될 줄로 믿습니다. 이제 더 이상 두려움과 포기라는 말은 제게 없습니다.

이제 목사님 말씀처럼 환부를 바라보고 기도하는 것이 아니라, 내 안에 계신 예수님을 바라보고 기도하는 사람이 되었습니다. 영적인 자유 함을 얻게 하셨고, 만성두통은 완전하게 치유하셨습니다. 하나님이 치유하셨습니다. 앞으로 깊은 기도를 하면서 성령으로 충만하게 지내겠습니다." 이 분과 같이 의지를 가지고 다니면 악성두통 치유뿐만 아니라, 성령의 권능을 받아 하나님의 군사로서 쓰임을 받습니다.

3.만성 악성두통 영적치유. 앞에서 간증을 들어서 아시겠지만 만성두통은 민간요법으로는 치유가 불가능합니다. 반드시 영적인 치유를 해야 완치가 가능합니다. 본인은 이런 순서로 만성 두통을 치유합니다.

1) 성령으로 세례를 받고 성령으로 충만하여 성령님이 지배하게 한다. 성령의 역사가 일어나야 정확한 원인을 알 수 있습니다. 성령으로 치유되기 시작하는 것입니다. 성령의 체험은 말이 아니고 실제로 몸으로 느끼는 것입니다. 성령을 체험하려면 예수를 마음으로 믿고 입으로 시인해야 합니다. 뜨겁게 기도해야 합니다.

2) 원인이 무엇인지 진단한다. 원인이 영적인 것인지, 육적인 것인지를 먼저 진단합니다. 두통이 일어나는 증상이 여러 가지가 있기 때문에 정확한 진단을 하여 원인을 바르게 알아야 바른 처방이 가능합니다. 원인은 성령님이 알고 계십니다.

3) 원인에 따라 치유를 한다. 원인이 장기에 있다면 해당 장기를 튼튼하게 하는 조치를 합니다. 먼저 성령의 지배가운데 내적치유를 합니다. 두통의 원인을 제공하는 해당 장기에 연결된 뼈와 신경 치유를 합니다. 필요하면 축귀를 합니다.

환자를 성령으로 충만하게 하고, 의지를 가지고 치유를 받도록 권면합니다. 만성두통의 치유는 단기간에 되지 않습니다. 상당한 기간 동안 말씀을 들으면서 말씀과 성령으로 내적치유를 하면서 두통의 원인을 제거합니다. 무엇보다도 성령이 충만하여 약한 부분이 강해지도록 합니다. 의지를 가지고 성령으로 체험하며 성령으로 기도를 해야 합니다.

4) 의지를 가지고 치유한다. 하나님은 질병을 치유하는 것이 목적이 아니라, 질병을 통하여 성도를 영적으로 바꾸려고 하십니다. 고로 성도가 만성 두통을 치유 받으면서 영적으로 변하게 해야 합니다. 말씀을 듣고 성령으로 충만하여 생각이 바뀌고 믿음이 생기게 합니다. 반드시 치유된다는 의지가 중요합니다. 이렇게 의지를 가지고 치유를 지속적으로 하면 아무리 오래된 악성 두통이라도 치유가 됩니다. 절대로 의심하면 안 됩니다.

꼭 치유 받고 말겠다는 의지와 치유된다는 믿음이 중요합니다. 한의원에서도 만성두통을 치유하는데 4-6개월씩 걸린다고 합니다. 이렇게 오래 동안 치유를 해도 치유되지 않는다고 합니다. 고로 인내가 중요합니다. 성령으로 충만하여 영적인 치유를 하면 한 달 만에 치유될 수도 있습니다.

4.만성 악성 두통을 치유받은 간증입니다. 저는 몇 년 전부터 악성두통으로 사람구실을 제대로 못하면서 살아왔습니다. 119 구급차도 세 번이나 탔습니다. 그래서 서울대 병원에 가서 M.R.I 도 두 번이나 찍었는데 아무런 이상이 없었습니다. 그리고 그렇게 두통이 심해서 사모 노릇을 거의 하지를 못하면서 지냈습니다. 그러니 남편 목사님이 저를 한약방이다. 병원이다. 치유 받게 하려고 별별 곳을 다 데리고 다녔습니다. 그러나 치유되지 않았습니다. 그러다가 어느 기도원 목회자 치유 세미나에 참석하여 강요셉 목사님을

만났습니다. 목사님을 만나서 저의 남편목사님도 내적치유를 받아야 한다는 것을 알게 되었습니다. 저도 남편 목사님도 그때까지 내적치유가 무엇인지 몰랐습니다. 강요셉 목사님이 기도원에서 제가 고생하는 것을 보시고 남편목사님과 저를 안수하여 주시면서 내적치유에 대하여 알려주셔서 알게 되었습니다. 알고 보니 저뿐만이 아니고 남편에게도 상처가 말도 못하게 많다는 것을 알았습니다.

솔직하게 말씀드리면 저의 남편과 결혼한 이후로 한 번도 마음이 편안하게 살아본 경험이 없습니다. 율법주의 목사님이라 이것저것 행위를 가지고 저를 힘들게 했습니다. 개척교회를 하는데 성도가 주일날 오지 않으면 저에게 화풀이를 다합니다. 왜 오지 않았는지 전화해 보았느냐, 무슨 일이 있느냐, 오늘은 왜 이렇게 성도들이 오지를 않았느냐 하면서 그렇게 저를 힘들게 하고 상처를 받게 했습니다. 그 스트레스가 쌓이고 쌓이다 보니까, 저에게 우울증이 왔습니다. 악성 두통이 생겼습니다.

밤에 잠을 제대로 자지 못했습니다. 그래서 치유 받으러 갔다가 강요셉 목사님을 만난 것입니다. 강요셉 목사님의 이야기를 듣고 매주 충만한 교회에 가서 치유 받았습니다. 5개월 정도 치유와 은혜를 받다가 보니까, 저도 저인데 남편 목사님이 영적으로 변하는 것입니다. 저의 교회 성도들이 저보고 하는 말이 목사님의 찬송소리가 달라졌다는 것입니다. 너무나 은혜로워졌다는 것입니다. 말씀도 너무나 은혜롭고 정말 옛날하고는 딴판으로 목사님이 달라지는 것입니다. 그러면서 제가 자꾸 마음에 평안이 찾아오는 것입니다. 머리 아픈 것이 사라졌습니다. 우울증이 사라졌습니다. 이제 잠도 잘 잡니다. 그래서 참 평안을 찾았습니다. 이제 마음에 여유가 생겼습니다. 기도도 몇 시간을 할 수 있게 되었습니다. 사람을 보면 심령이 읽어집니다. 지금 생각하면 목사님이 상처가 정말 많았습니다. 부교역자를 가면 일 년을 채우지 못하고 나옵니다. 그래서 여덟 곳을 다니면서 부교역자를 했습니다. 그러니 마음에 얼마나 많은 분노가 쌓여 있었겠습니까?

그 분노 때문에 그렇게 저를 힘들게 하고 다른 사람에게 은혜를 전하지 못한 것입니다. 먼저 성령님의 인도로 강요셉 목사님을 만나게 되어 감사드립니다. 그리고 치유하여 주신 성령하나님에게도 감사를 드립니다. 제가 지금 치유 받고 생각하니 목회자는 내적치유와 내면세계를 알아야 합니다.

당신도 말씀, 말씀하지 말고 영적인 눈을 열어 내면세계에도 관심을 가지시기를 바랍니다. 저의 남편 목사님은 교계에서 인정해주는 신학대학과 대학원을 나온 장자 교단의 목사님입니다. 그런데 율법적인 목회를 하시다가 저로 인하여 치유에 관심을 가지고 치유를 받다 보니 지금은 너무도 많이 영적으로 변했습니다. 하나님에게 영광을 돌립니다.

14장 귀신역사를 예방하고 완전치유하려면

(막5:3-5)"그 사람은 무덤 사이에 거처하는데 이제는 아무도 그를 쇠사슬로도 맬 수 없게 되었으니, 이는 여러 번 고랑과 쇠사슬에 매였어도 쇠사슬을 끊고 고랑을 깨뜨렸음이러라. 그리하여 아무도 그를 제어할 힘이 없는지라. 밤낮 무덤 사이에서나 산에서나 늘 소리 지르며 돌로 자기의 몸을 해치고 있었더라"

제일 좋지 못한 것이 능력자를 의지하여 귀신만 쫓아내려고 하는 것입니다. 그런데 이렇게 능력자를 의지하여 귀신을 쫓아냈다고 하더라도 돌아서면 다시 원위치 합니다. 왜냐하면 자신에게 성령의 권능이 없기 때문입니다. 자신 안에 성령님이 주인 되어 성전이 되지 않고 이렇게 다른 사람을 의지하여 귀신을 쫓아내려고 하면 죽을 때까지 귀신을 쫓아내야 합니다. 귀신을 쫓아내고 자유하려면 자신 안에 나라가 바뀌어야 합니다. 하나님께서 주인이 되어야 한다는 말입니다. 성령님에게 지배당하고 장악당해야 합니다. 자신 안에 하나님의 성전이 견고하게 지어지면 귀신을 쉽게 떠나가는 것입니다. 귀신으로부터 고생하는 크리스천은 자신 안에 성전을 견고하게 하는 일에 집중해야 합니다.

1. 귀신을 바르게 속전속결 쫓아내는 비결이다. 귀신은 사람의

힘으로는 축사할 수가 없습니다. 귀신은 초인적인(4차원) 존재이지만, 사람은 3차원이기 때문입니다. 귀신을 축사하려면 성령의 권능(5차원)을 힘입어야 가능한 것입니다. 성령의 권능으로 귀신이 쫓겨 가기 때문입니다. 그러나 성령님도 보이지 않기 때문에 어떻게 해야 성령의 권능을 힘입는 것인지 막연합니다.

그래서 성령의 권능을 힘입기 위하여 여러 가지 방법을 동원합니다. 어떤 분들은 성령이 하늘에서 또는 능력 있는 사람에게서 임한다고 하시는 분들도 있습니다. 하늘이나 사람에게서 임하는 성령의 불을 받기 위하여 인간적인 노력을 합니다. 그래서 성령집회에 참석하여 손바닥을 내밀면서 성령의 불을 받으려고 합니다. 어떤 분들은 억지로 흔들면서 진동을 합니다. 어떤 분들은 팔을 흔들기도 합니다. 어떤 분들은 서서 뛰어다니기도 합니다. 이런 모든 방법은 인간적인 노력을 하여 성령을 받겠다고 하는 지극히 상식이하의 행동입니다. 그러나 성령께서는 사람 안에 임재 하여 계신다는 것을 알아야 합니다. "너희는 너희가 하나님의 성전인 것과 하나님의 성령이 너희 안에 계시는 것을 알지 못하느냐(고전 3:16)" 성령님이 자신 안에 계신다는 것입니다. 자신 안에 계신 성령님이 밖으로 나오게 해야 합니다. 성령의 불이 자신 안에서 나와야 한다는 것입니다. 예수를 영접한 크리스천이라면 직접적인 성령세례를 받지 못한 분들이라도 성령님은 자신 안에 계십니다. 예수를 믿을 때 성령님이 자신 안에 임재 하셨기 때문입니다. 임재하신 성령께서 자신을 완전하게 장악하시는 것이 성령세례입니다.

성령님은 호흡입니다. 바람입니다. 살아계십니다. 그렇기 때문에 성령을 손바닥에 받을 수가 없는 것입니다. 사람의 숨(호흡)을 통하여 자신 안에 임재하시고, 숨을 통하여 밖으로 나타나시는 것입니다. 성령님은 입과 코를 통하여 자신에게 임하시기도 하시고, 밖으로 나오시기도 하는 것입니다.

그렇기 때문에 성령을 충만하게 하려면 숨을 깊게 들이쉬고 내쉬는 것이 맞습니다. 절대로 팔을 흔든다든지, 진동을 한다든지, 억지로 입을 벌린다든지, 뛰어다닌다고, 성령으로 충만하게 되지 못합니다. 오히려 시간만 더 걸립니다. 숨을 들이쉬고 내쉬면서 주여! 숨을 들이쉬고 내쉬면서 주여! 하는 편이 훨씬 성령으로 충만 받는 적극적인 노력이 될 수가 있는 것입니다. 그렇게 하다가 보면 성령께서 서서히 장악하시어 성령으로 충만해지는 것입니다. 충만한 성령의 역사가 자신 안에서 밖으로 나오면서 귀신을 몰아내시는 것입니다. 절대로 다른 인간적인 방법으로는 귀신을 몰아낼 수가 없습니다. 어떤 분들은 능력 있는 목회자가 귀신을 불러내서 쫓아낸다는데 거짓말입니다. 이렇게 말하는 사람은 이단입니다. 영적인 지식이 부족한 크리스천들을 속이는 것입니다.

귀신은 성령의 역사가 환자 마음 안에서 일어나니 귀신이 성령의 권능으로 밀려나오는 것입니다. 그렇기 때문에 귀신을 빨리 축귀하려면 성령이 역사하는 장소에 가셔서 사모하는 마음으로 숨(호흡)을 들이쉬고 내쉬면서 주여! 숨(호흡)을 들이쉬고 내쉬면서 주여! 하면서 마음을 열어야 합니다. 마음이 열리면서 성령께서 서서히 자신을 장악하시는 것입니다. 성령님이 자신을 장악하시면서 잠재의식의 상처를 치유하시고, 귀신들을 몰아내시는 것입니다.

성령님이 자신을 장악하는 일에 집중해야 합니다. 세상 의사들도 염증성환자에게 매일 주사 맞고 치료하고 약을 먹으면 빨라 낫는다고 하지 않습니까? 마찬가지로 영적치유로 매일 말씀 듣고 기도하고 안수를 받으면 빨리 장악이 되어 해결이 되는 것입니다.

종합적으로 귀신을 빨리 축귀하려면 절대로 밖에서 성령의 불을 받는 다는 생각을 버리고, 성령으로 충만한 장소에 가서서 성령의 불이 자신의 마음 안에서 나와야 한다는 일념으로 마음을 열고, 영적인 말씀을 듣고, 안수를 받으면서 기도 시간에 숨(호흡)을 들이쉬고 내쉬면서 주여! 숨(호흡)을 들이쉬고 내쉬면서 주여! 하면서 기도를 열심히 해야 합니다. 숨(호흡)을 통하여 밖에서 역사하시는 성령의 불과 자신 안에서 역사하시는 성령의 불을 충만하게 한다는 믿음을 가지고 기도하는 것입니다. 열심히 하여 마음이 열려야 성령께서 장악하시기 때문입니다. 성령께서 자신을 장악해야 성령으로 충만도 받을 수가 있고, 귀신들도 떠나가기 때문입니다. 귀신을 쫓아내시는 분은 능력 있는 목사가 아니고 자신 안에 주인으로 계시는 성령님이십니다. 성령님의 장악이 중요합니다. 그래서 충만한 교회는 매주 토요일 예약하여 개별집중정밀치유를 하는 것입니다.

2. 절대로 귀신을 무서워하지 말라. 많은 성도들이 귀신을 무서워합니다. 얼마나 무서워하느냐. 우리 교회는 성령이 강하게 역사

하는 교회입니다. 그래서 예배를 드리면서 말씀을 듣거나 기도하는 시간에 성령의 역사로 악한 영의 역사가 드러나 발작을 하거나 악을 쓰는 경우가 많습니다. 그러면 옆에 있는 성도들이 무서워서 멀리 떨어지려고 도망을 갑니다. 귀신이 도망을 간다고 안 따라갑니까? 이는 영적인 무지에서 나오는 것입니다. 우리가 예수를 믿으면 하나님의 자녀가 되는 권세가 있습니다. 우리가 초자연적인 존재가 된다는 것입니다. 마귀 귀신은 초인적인 존재입니다. 영적차원으로 보면 한 단계 아래에 있는 것입니다. 귀신에게 능력이 있다면 우리에게는 하나님의 권세가 있습니다. 믿는 자이면 저 하늘이 무너지고 이 땅이 꺼져도 일점일획도 변함없는 하나님 말씀에 이런 표적이 따르리니 곧 그들이 내 이름으로 귀신을 쫓아내겠다는 것입니다. 성령으로 세례를 받고 성령으로 기도하여 성령으로 충만하게 하여 귀신을 몰아내야 자유 함을 누릴 수가 있어 지금 천국이 됩니다.

주님이 우리에게 성령으로 주신 귀신 쫓는 권세는 '익수시아=초자연적(5차원)'입니다. 귀신이 가지고 있는 것은 한 차원 낮은 '두나미스=초인적(4차원)'입니다. 그러므로 예수 그리스도의 이름으로 오늘 자기 스스로 마귀를 대적하십시오. 물러날 것을 믿으십시오. 한번 말해서 안하면 두 번, 세 번, 네 번, 다섯 번 계속하십시오. 성령의 충만함 가운데 명령하면 안 쫓겨나갈 턱이 없는 것입니다. 우리가 만일 안 쫓아내고 그대로 내버려 놓으면 마귀가 우리를 자기 집으로 삼습니다. 기가 막히잖아요. 우리를 자기 집으로 삼고 들락날락 하면은 우리가 기가 막히지 않습니까?

그리고 일부 목회자가 하는 말이 귀신을 쫓아내려고 성령이 역사하는 장소에 가서 기도하고 안수를 받을 때 다른 사람들이 기침이나 하품을 할 때 밖으로 나온 귀신이 다른 사람이나 자신에게 들어간다는 것입니다. 이는 잘 모르고 하는 말입니다. 자신이 성령으로 충만한 상태에서 기도하면 초자연적인 상태가 됩니다. 초자연적인 상태가 된 자신에게 초인적인 귀신이 자신 안에 들어올 수가 없는 것입니다. 자신 안에 역사하던 귀신도 떠나가느라고 정신이 없는데 밖에서 역사하던 귀신이 들어오지 못합니다. 오히려 귀신들이 자신에게서 나가지 않으려는 술책입니다. 자신 안에 귀신이 들어온다고 두려워하면서 움츠려 있으면 성령으로 충만하지 못합니다. 자연스럽게 귀신이 떠나갈 수 있는 영적인 상태가 되지 못하는 것입니다. 귀신이 자신에게 계속 역사할 수 있는 빌미를 제공하는 것입니다. 다른 사람에게서 나온 귀신이 들어온다는 논리는 기도하지 않고 멍청하게 앉아있는 사람에게 해당되는 말입니다. 성령으로 기도하는 사람에게는 절대로 들어오지 못합니다. 이것은 명확한 확증이 없는 돌아다니는 사람의 말입니다. 경각심을 가지고 자신의 영을 자기가 지키기 위하여 관심을 가지라고 강조하는 말입니다.

귀신을 쫓아내고 관리를 안 하고 지속적으로 귀신을 안 쫓아내면 와보고 정리되고 정돈되고 좋은 처소면 일곱 귀신을 데리고 와서 들어가서 집으로 삼기 때문에 나중 형편이 처음보다 더 나빠지는 것입니다(마12:43-45).

성령으로 충만하면 들어오는 대로 쫓겨나가는 것입니다. 만일 자신에게 귀신이 침입을 했다면 될 수 있는 한 빨리 쫓아내야 합니다. 귀신을 언제 대적해야 되느냐, 우리를 유혹할 때 그때 벌써 대적해야 되는 것입니다. 아담과 하와가 대적을 안했기 때문에 유혹을 당했는데 성령 충만한 가운데 대적을 해야 됩니다. 야고보서 4장 7절에 "마귀를 대적하라 그리하면 너희를 피하리라" 우리가 마귀를 피하는 것이 아니라 마귀가 우리를 피하게 되는 것입니다. 베드로전서 5장 8절로 9절에 "근신하라 깨어라 너희 대적 마귀가 우는 사자 같이 두루 다니며 삼킬 자를 찾나니 너희는 믿음을 굳건하게 하여 그를 대적하라"

우리는 영적으로 정신적으로 육체적으로 생활적으로 귀신은 대적하고 공격해야 되는 것입니다. 영적으로 들어와서 우리에게 거짓 예언이나 거짓 꿈이나 환상이나 계시를 주어서 잘못된 신앙으로 이끄는 일도 합니다. 정신적으로 귀신이 잘못 들어와서 이 세상에 오만하고 교만하고 잘못된 일을 도모하는 때가 있습니다. 육체적으로 공격하면 질병이 생기는 것입니다. 여러 가지 병이 들어요. 정신병 들고, 우울증이 생기고, 육체적으로도 병이 들면 그것은 약으로만 치료할 수 없고 귀신을 쫓아내야 되는 것입니다. 생활에 귀신이 와서 생활을 도적질하고 죽이고 멸망시키며 사업이 안 되게 합니다. 또 사업이 좀 잘되는 사람들은 탐욕을 넣어가지고서 하나님 없이 사업을 하다가 나중에 크게 망하게 만드는 것입니다.

3. 귀신에게 미혹당하지 말라. 귀신에게 고통을 당하는 환자의 의견에 동조하지 말아야 합니다. 환자가 어떤 교회에서는 계속 다니자고 합니다. 어떤 교회에 가면 두려워서 뛰어 나가거나 다니지 말자고 합니다. 이는 이러한 현상입니다. 계속 다니자고 하는 곳은 환자에게 역사하는 귀신이 견딜만한 곳입니다. 그러니까 계속 다니자고 합니다. 반대로 도망을 하거나 다니지 말자고 하는 교회는 환자에게 역사하는 귀신이 견딜 수가 없어서 환자를 이용하여 장소를 이탈하려는 귀신의 술책입니다. 이렇게 환자의 의견에 동조하면 절대로 귀신은 떠나가지 않고, 환자는 죽을 때까지 영적인 문제를 해결하지 못합니다. 바르게 분별하고 치유를 받으려고 해야 합니다. 자신이 성령으로 장악이 되는 곳에서 믿음을 키워야 합니다.

그리고 귀신에게 고통을 당하는 사람이 무엇을 하면 귀신이 떠나간다는 것은 거짓말입니다. 헌금을 얼마하면 귀신이 떠나간다고 속이기도 합니다. 아무리 헌금을 많이 해도 귀신은 떠나가지 않습니다. 예수님은 돈 받고 귀신 떠나보내는 분이 아닙니다. 목회자 사명이 있기 때문에 사명을 감당해야 귀신이 떠나간다고 속이는 사역자도 있습니다. 신학교를 가서 1학기도 마치지 못하는 분들이 많습니다. 절대로 무엇을 하면 귀신이 떠나간다는 것은 샤머니즘의 신앙의 잔재입니다. 속지도 말고 속이지도 말아야 합니다. 환자가 성령으로 장악당하여 성령의 지배를 받아야 귀신으로부터 자유함을 누릴 수가 있습니다. 바르게 알고 속지 말아야 할 것이 있습니다. 축귀를 하다가 보면 돌아가신 할아버지, 할머니 삼촌 소리는 내는 경우가 있습니다. 이는 그분들이 귀신이 된 것이 아니고, 그분들은 천국이나 지옥에 가있는 것입니다. 그분들이 살아계실 때 고통을 가하던 귀신들이 속이고 환영을 받으려는 술책입니다. 절대로 속으면 안 됩니다. 타락한 천사 귀신이 환자에게 들어와 고통을 가하면서 보호받으려는 사악한 술책입니다.

4. 사람을 의지하지 말라. 크리스천들이 알아야 할 것은 "귀신을 쫓는 것은 사람이 하는 것이 아닙니다." 정확하게 말하면 "귀신을 쫓는 것은 능력 있는 목회자의 전유물이 아닙니다."라고 말하고 싶습니다. 귀신 축사의 시작은 예수님이셨습니다. 이어 예수님께서 권능을 주신 제자들에 의해 축사가 이어졌습니다. 따라서 귀신 축사의 핵심은 예수님…. 성령이 역사하시는 교회시대인 지금은 성령님이 하십니다. 그리고 귀신을 쫓아내려면 예수님과 관계가 먼저 열려야 합니다. 예수님이 자신의 주인이 되어야 합니다. 예수님으로 하나가 되어야 합니다.

우리 크리스천들이 능력 있고 명성 있는 목사님만 눈에 보이고, 목사님의 배후에 주인으로 역사하시는 예수님을 보지 못하면 절대로 귀신으로부터 자유 함을 받을 수가 없습니다. 이 땅의 크리스천 중 정말 예수님과 긴밀하게 교제하며 그분과 인격적인 관계가 열린 크리스천은 누구나 귀신을 쫓아낼 수 있다고 믿습니다.

하지만 지금 귀신을 쫓는다며 사역하고 있는 행동들을 보시기 바랍니다. 권능이 있다고 하는 사역자들이 예수님과 온전한 관계를 맺고 있는 사람들일까요? 금이빨, 금가루 휘날린다고 예수님의 제자들입니까? 되지도 않는 예언을 하면서 성도들을 현혹시키는 자들이 예수님께서 인정하시는 사역자입니까? 이런 역사를 본다고 체험한다고 성도가 변화됩니까? 성도에게 역사하는 귀신이 떠나갑니까? 한번 깊게 생각하여 볼일입니다. 예수님은 예수님으로 하나 되어 예수님의 인격으로 변화가 되기를 원하십니다.

지금 귀신을 쫓는다고 속된 말로 설치는 사람들…. 이들 대다수는 실상 예수님과 아무런 관계가 없거나 혹은 예수님을 팔아 자신의 권위를 나타내려는 사람들이 있을 수 있지 않겠습니까? 솔직하게 말해서 2-3년 사역한 사역자가 알면 얼마나 알겠습니까? 체험했으면 얼마나 체험했겠습니까? 필자는 종종 이런 말을 합니다. 그분이나 자신이나 영적수준이 똑같을 수가 있다는 것입니다. 이는 깊이 들어가 보면 부인할 수 없는 사실일 경우도 있습니다. 하지만 그들은 마치 자신들만 귀신을 쫓을 수 있는 특별한 능력을 갖춘 것처럼…. 귀신을 쫓는다는 미명 아래 성도들을 휘어잡고 성도들의 왕으로서 군림하고 있지 않습니까? 역시 성도들은 귀신을 쫓아줄 목회자를 찾아다니느라, 오늘도 이 교회 저 교회 이 기도원 저 기도원을 들락날락하고 있지 않습니까? 자신이 스스로 영적인 자립 능력을 갖추려하기보다는 능력 있다는 사람을 찾아다니면서 귀신만 쫓아내려고 하지 않습니까? 이런 크리스천 자신에게도 문제가 있는 것입니다. 귀신은 자신 안에 계신 성령님이 하십니다.

이처럼 축사의 핵심 주인공인 예수님과 성령님은 온데간데없고 귀신 축사하는 사역자가 주인공으로 각광을 받는, 세태가 현실이지 않습니까? 그러나 거듭 반복해서 말씀합니다. 축사는 사람이 아닌 예수님과 성령님이 주인공입니다. 그분의 능력으로만 귀신을 쫓을 수 있습니다. 목회자들도 자신들의 능력이 아닌 위로부터 성령의 능력을 입어야 귀신을 쫓을 수 있습니다. 성령의 역사가 목회자를 장악하지 않으면 축사사역을 할 수가 없습니다. 축사는 사역자에게 역사하는 성령께서 환자에게 전이되어 환자 안에서 성령의 역사가 일어남으로 귀신이 떠나가는 것입니다. 절대로 스스로 능력 있다고 자처하는 목사가 귀신을 불러내어 쫓아내는 것이 아닙니다. 바르게 알아야 합니다.

　그러려면 가장 먼저 예수님과의 관계가 온전해야 합니다. 이 땅에는 수십만 명의 목사님들이 있습니다. 크리스천들은 그분들 중 누가 예수님과 온전한 관계를 맺고 사는지 확실하게 아십니까? 열매를 보아야 알 수가 있을 것입니다. 아니 자신 안에 귀신을 먼저 축사해야 될 사람들이 있을 수 있다는 것입니다. 환자 자신보다 더 영적상태가 좋지 못한 목회자도 있을 것입니다. 귀신의 영향을 받는 사람도 얼마든지 예수님의 이름으로 귀신을 쫓아낼 수가 있습니다. 귀신 쫓아낸다고 다된 것이 아니니 분별해야 합니다.

　성령님이 함께 하시지 않는 분들은 축사 쇼는 할 수 있어도 성도를 영적으로 변하게 하는 진정한 축사는 할 수 없습니다. 축사는 성령의 역사가 환자 안에서 일어나야 합니다. 환자의 안에서 일어나는 성령의 권능으로 귀신이 축사되는 것입니다. 사람이 영적으로 변화되어야 합니다. 바르게 알아야 합니다.

그렇다면 우리들은 그중 누구를 찾아갈 겁니까? 누구를 찾아가서 안심하며 축사를 부탁할 겁니까? 누구를 찾아가서 자신의 영혼을 맡길 거냔 말입니다. 스스로 분별력을 길어야 합니다. 필자는 7년 이상 사역한 사람을 찾으라고 권면하고 싶습니다. 찾을 수가 없다면 성령으로 세례 받고 성령으로 기도하여 성령 충만 받고 성령의 지배를 받으려고 해야 하지 않겠습니까? 이제는 좀 스스로 능력 있다고 자처하는 목사님을 그만 의지하고 오로지 예수님만 성령님만 의지하려고 해야 합니다. 자신 안에 성전을 만드는 일에 전력하십시오. 그러면 성령의 권능으로 귀신이 물러가는 것입니다.

이것이 제가 말하려고 했던 핵심 주장입니다. 목회자들도 크리스천들과 특별하게 다르지 않습니다. 똑같은 사람입니다. 그분들이 기도 말씀 안에서 하나님과 교제하듯 크리스천들도 똑같이 기도 말씀 안에서 하나님과 교제할 수 있습니다. 오히려 목사님들은 교리에 갇힌 분이 많기 때문에 어쩌면 크리스천들이 더욱 하나님과 깊이 교제할 수 있을 가능성도 아주 높습니다. 이러한 사실을 알았다면 목회자의 축사가 아니어도, 크리스천 스스로 예수님께 간절히 기도하면 성령의 지배를 받으면 스스로 기도할 때 귀신이 쫓겨나갈 것입니다. 차라리 성령으로 세례 받고 충만 받는 일에 관심을 집중하라는 말입니다. 자신 안에 성전을 견고하게 짓는 일에 집중하라는 말입니다.

이제 특정인을 통하여 영적인 문제를 100% 해결 받으려고 하지 마십시오. 단지 그분들을 도구로 하여 자신 안에 성령님과 관계를 열려고 하십시오. 알아야 할 것은 능력자를 통해서 70%까지 치유를 받을 수 있습니다. 나머지 30%는 본인이 기도하여 하나님과 관계를 열어서 해결해야 합니다. 뿌리는 자신이 기도하여 하나님과 관계가 열릴 때 뽑히는 것입니다. 모든 답은 크리스천의 책상 위에 있는 성경에…. 크리스천의 마음 안에 계시는 성령님…. 그리고 크리스천의 두 무릎에 있습니다. 귀신 쫓는 사역은 사람이 하는 것이 아닙니다. 귀신 쫓는 사역은 예수님께서 성령의 역사로 해주시는 겁니다. 한국교회의 순진한 크리스천들이여…. 제발 영적인 문제를 해결하는데 100% 능력 있다는 목사 의존증을 버립시다. 목사 의존증은 영적인 병입니다. 능력자는 의존하게 하는 것은 하나님과 관계를 열지 못하게 하려는 귀신의 술책입니다. 종국에는 자신과 하나님과 관계가 열려야 귀신으로부터 자유로울 수가 있습니다. 치료는 예수님, 성령님만 의존입니다. 성령으로 세례 받고 성령의 지배를 받는 것이 의존합시다. 영적으로 고통당하고 있는 자신도 성령의 지배를 받는 특별한 사람이라는 것을 잊지 마십시오.

5. 귀신 쫓는 것보다 성령의 지배를 받으려고 하라. 성도들의 의식이 영육의 문제가 있으면 귀신만 쫓아내면 해결되는 줄 압니다. 제가 성령치유 사역을 하면서 체험한 바로는 귀신만 쫓아내면 다 되는 줄 알고 있는 성도들이 많습니다. 귀신만 쫓아내면 문제가 해

결 된다고 하니까 귀신만 쫓아내려고 합니다. 이곳저곳 능력이 있다는 사람을 찾아다니면서 귀신만 쫓아내려고 합니다. 그러다가 치유의 시기를 놓쳐서 비참한 결과를 초래하는 경우가 많습니다. 정신적인 문제나 영적인 문제나 할 것 없이 귀신만 쫓아내면 문제가 해결되지 못합니다. 문제가 있으면 반드시 원인이 있습니다. 원인을 해결하면서 스스로 싸울 수 있는 영적인 능력을 길러야 합니다. 즉, 말씀을 듣고 기도해야 합니다. 스스로 기도하며 싸울 수 있는 영성을 길러야 합니다. 그렇지 않고 완력으로 축사를 하려고 하면 문제가 발생합니다.

귀신의 축귀는 사람의 힘으로는 할 수가 없습니다. 악귀는 사람의 힘보다 강합니다. 그래서 사람의 힘만으로는 악귀를 몰아낼 수가 없습니다. 반드시 악귀보다 강한 성령의 권능을 덧입어야 가능한 것입니다. 축귀사역은 전전으로 성령의 권능으로 하는 것입니다. 귀신축사보다 성령의 지배를 받으려고 노력을 해야 합니다. 귀신의 축사는 사람의 능력으로 하는 것이 아닙니다.

성령의 권세가 귀신을 축귀하는 것입니다. 성령은 어디에 계시는 가 먼저 믿는 자의 영 안에 거하십니다. 성령으로 세례 받은 사람들이 모여 있는 곳에 임재 하여 계십니다. 또 성령으로 충만한 사역자가 영으로 전하는 말씀 안에 역사하십니다. 축귀는 피 사역자의 영 안에 임재 하여 계신 성령의 역사를 일으켜서 성령의 권능으로 밀어내는 것입니다. 능력 있는 사역자가 하는 것이 절대로 아닙니다. 사역자는 귀신의 영향을 받는 자의 영 안에서 성령의 역사가 일어나게 하는 영적인 방법을 알고 있어야 합니다. 저는 축귀사역을 절대로 성령의 임재가 되지 않은 사람은 성령의 임재가 장악될 때까지 기다립니다. 성령님이 장악하시면 사역을 시작합니다.

만약에 사역자가 성령의 임재가 되지 않은 사람을 축귀했을 경우, 그 당시 성령 사역자의 능력으로 악귀가 떠날 지라도 시간이 경과되면 다시 들어갑니다. 왜냐하면 피 사역자가 성령으로 충만한 상태가 아니므로 다시 들어가는 것입니다. 축귀사역을 바르게 하려면 찬송을 뜨겁게 부르고 주여! 하면서 소리 내어 기도해야 합니다. 그리고 영의 말씀을 들어야 합니다. 필자의 체험으로는 피 사역자가 깊은 영의 말씀을 잘 알아들어 영적으로 변하는 만큼씩 귀신이 떠나갔습니다. 축귀는 시간이 걸리는 일입니다. 성령님의 일입니다.

자신이 성령으로 완전하게 장악되는 시간이 필요합니다. 자신에게 육체가 남아있는 한 악귀는 떠나가지 않습니다. 악귀는 육체와 생각에 역사할 수 있기 때문입니다. 원래 사람의 육체는 마귀가 주인 이였습니다. 그래서 아무리 성령으로 충만했던 사람도 시기나 질투 혈기 등으로 육체가 되면 마귀가 틈을 탈수가 있는 것입니다. 그래서 하나님은 성령으로 충만함을 받으라고 하시는 것입니다. 그럼 성령으로 충만한 상태는 언제인가, 하나님을 부르고 찾고 생각할 때가 성령으로 충만한 것입니다. 성령으로 충만하려면 항상 하나님을 찾고 부르고 하나님을 생각을 해야 합니다. 우리는 성령으로 충만하다는 계념 이해를 잘해야 합니다. 새벽기도 빠지지 않고 잘 참석하고, 예배를 잘 드리고, 봉사 열심히 하고, 소득의 십일조를 드린다고 성령으로 충만하다고 볼 수가 없습니다. 이렇게 행위로 열심을 내어도 세상에 나가 세상에 빠지면 성령의 충만이 사라지는 것입니다. 왜냐하면 우리에게는 육이 있기 때문입니다. 우리는 성령으로 충만하기 위하여 의지적인 노력을 해야 합니다. 항상 하나님을 찾아야 한다는 것입니다. 성령으로 충만한 상태는 항상 하나님을 찾는 상태입니다. 내 영 안에 성령하나님이 계셔도 찾지 아니하면 주무십니다. 이때는 육성이 되는 것입니다.

억지로 축귀하여 기침 몇 번하고 발작했다고 귀신이 떠났다고 볼 수가 없습니다. 절대로 축귀는 자신의 영속에서 올라오는 성령의 기름 부으심으로 귀신이 쫓겨나는 것입니다. 우리는 사역을 하더라도, 축귀사역을 받더라도 하나님의 영광을 위하여 하고 받아야 합니다. 하나님은 귀신에게 영향을 받는 사람을 영적으로 변하게 하여 하나님의 군사가 되기를 원하십니다. 그렇기 때문에 하나님의 때를 맞추려고 의지적인 노력을 해야 하는 것입니다. 이 말이 이해가 되지 않는 분은 귀신 쫓는 군사가 되어 지속적인 사역을 하다가 보면 이해가 될 것입니다. 우리는 알아야 합니다. 악귀는 세상보다 교회, 성도에게, 직분이 높을 수 록, 기도를 많이 할수록 더 많은 관심을 가지고 공격합니다. 늘 기도로 깨어 있어야 합니다. 마귀는 잘못된 고정관념, 극단주의, 편협한 사고를 심어줌으로 자신을 교묘하게 위장합니다. 그 속에 숨어서 우리를 공격합니다.

15장 간질경기를 예방하고 완전치유하려면

(막 9:22-27)"귀신이 그를 죽이려고 불과 물에 자주 던졌나이다 그러나 무엇을 하실 수 있거든 우리를 불쌍히 여기사 도와 주옵소서 예수께서 이르시되 할 수 있거든이 무슨 말이냐 믿는 자에게는 능히 하지 못할 일이 없느니라 하시니"

간질이란? 일반인들에게 경기, 발작, 또는 간질 등의 용어는 비교적 익숙합니다. 하지만 이러한 말들이 같은 말인지 아니면 다른 말인지 구분을 하지 못하는 경우가 있습니다. 또 다르다면 어떻게 다른지 잘 모르는 경우가 많습니다. 그래서 '경기'라 하면 별로 심각하게 받아들이지 않고, 있을 수 있는 일이라고 넘기는 경우도 있습니다. 일단, '간질'이라는 말을 듣게 되면 마치 불치의 병에 걸린 것으로 생각하고 쉬쉬하거나 여기저기 병원을 찾아다니며 헤매게 되는 경우가 종종 있습니다.

간질은 일상생활 중에 다른 특별한 이유 없이 경기가 반복되는 질환입니다. 우리의 뇌는 세포들끼리 전기적인 신호를 주고받으며 활동을 하는 기관입니다. 건강한 상태에서는 이러한 전기적인 신호가 적절하게 만들어지고 제어되게 됩니다. 그러나 여러 가지 원인에 의한 병적인 상태에서 뇌 조직이 과다한 전기를 방출하게 될 때 경기가 나타나게 됩니다. 경기는 간질 이외에도 뇌에 염증이 생겼다거나, 대사 이상, 뇌출혈 등 뇌 활동에 영향을 주는 다른 질환에서 나타날 수 있습니다. 이러한 이유 없이 일상생활 중에 예측할 수 없는 시기에, 경기가 반복적으로 지속되는 질환을 간질이라고 합니다.

경기의 증상은 그 경기가 뇌의 어떤 부분에서 발생하였느냐에 따라 매우 다양하게 나타날 수 있습니다. 팔다리가 굳거나 떠는 등의 운동계 증상이 나타날 때 발작이라는 용어를 쓰기도 합니다.

1.간질의 원인. 간질 발작을 일으킬 수 있는 원인은 무수히 많으나 연령에 따라 그 원인이 다를 수가 있으므로 가능하면 그 원인을 찾아 선행원인을 교정해 주는 것이 필요합니다. 소아 연령에서는 유전적 요인, 임신 및 출산 그리고 산욕기 동안의 약물의 노출, 감염, 손상 등이 원인이 될 수 있습니다. 그리고, 이런 경우는 대개 지능의 저하, 발육지연 등이 동반될 가능성이 높습니다.

어른의 경우에는 소아영역의 간질의 원인과는 다르게 선천적인 원인보다는 후천적인 원인이 더 큰 비중을 차지하게 됩니다. 어른에서의 간질의 원인으로는 해마 경화증, 뇌종양, 교통사고를 비롯한 각종 뇌 손상, 뇌수술 후의 후유증, 뇌졸중, 임신 중독증, 그리고 알코올 중독 등의 매우 다양한 원인들이 있습니다. 간질의 수술적 치료로써 완치율이 높은 해마 경화증은 어른에서 가장 흔한 측두엽 간질의 한 원인이 되고 있습니다.

2.간질의 증상. 간질은 앞에서 이야기한 대로 뇌에서의 갑작스럽게 비정상적으로 과다한 전기적 방전에 의해 반복적으로 나타나

는 현상이므로, 밤이든 낮이든 아무 때나 또 어느 곳에서든 일어날 수 있습니다. 일반인들이 많이 알고 있는 경기의 양상은 눈을 치켜 뜨고 팔다리가 뒤틀리며 소리를 지르고 입에 거품을 무는 대발작을 이야기 하는 경우가 많으나, 실제적으로는 이런 대발작보다는 부분 발작이 더 흔합니다. 부분 발작의 증상은 경기가 뇌의 어느 부분에서 시작되는지 또는 뇌의 다른 부위로 얼마나 퍼져 나가는 가에 따라 환자마다 경기의 양상이 다르게 나타날 수 있습니다.

남들은 전혀 알 수 없는 본인만 아는 느낌 또는 전조 이상 증상, 갑자기 지금까지 익숙하던 현실이 낯설게 느껴지거나, 낯설은 것이 익숙하게 느껴지는 것, 현실에 존재하지 않는 것이 들리거나 보이는 등의 환시나 환청, 불러도 반응이 없으며 무언가 만지려 하거나 입맛을 다시는 등의 이상한 행동, 갑자기 무언가에 놀란 듯이 움찔거리는 증상 등이 반복될 때는 부분성 간질을 의심해 보아야 합니다.

3.간질의 종류. 간질은 어떤 종류의 경기를 하는지, 뇌의 어느 부분에서 경기가 발생하는지, 어떤 원인에 의해 경기가 나타나는 지, 어느 나이에 경기가 시작되는지, 병의 경과가 어떻게 진행되는 지 등에 따라 다양한 종류로 구분하고 있습니다. 실제 간질은 이러한 분류에 따라 약 100 종류 이상으로 구분할 수 있는 것으로 알려져 있는데, 분류에 따라 서로 다르고, 치료에 대한 반응이 아주 다를 수 있기 때문에 어떤 종류의 간질인지 정확히 진단하는 것이 매우 중요합니다.

결국 어떤 종류의 간질인가에 따라 치료 방법이나, 치료 약제가 다를 수 있고, 치료하지 않아도 좋아질 수 있는 양성 간질에서부터 간질 자체가 정신 발달을 황폐화시키는 간질성 뇌증까지 매우 다양한 종류의 간질이 있기 때문에 정확한 분류와 그에 따르는 치료 선택이 매우 중요합니다.

4.경련 발작시 처치요령. 경기가 나타나게 되면 의식을 잃는 등 자신에 대한 방어 능력이 없어지게 되고, 주위 사람들을 매우 당황스럽게 하지만, 대부분의 경련은 오래지 않아 저절로 멈추게 됩니다. 그러나 한번 시작한 경기가 오랫동안 지속되면 그 자체로 뇌에 손상을 초래할 수 있으므로, 경기가 나타났을 때에는 가급적 빠른 조치가 필요합니다.

즉 경기가 시작되면 우선 주변의 위험한 물건들을 치우고 혀를 이빨로 깨물지 못하도록 조치해 주어야 합니다. 또 경기를 할 당시에는 침의 분비가 증가하고, 간혹 구토가 일어나 토물이 입안에서 기도를 막을 수 있습니다. 이러한 입안의 내용물이 바깥으로 쉽게 배출될 수 있도록 고개를 반드시 옆으로 돌려주어야 합니다. 대부분의 경기는 오래 지속되지 않지만, 첫 3분까지는 이러한 조치를 취하고 지켜보는 것이 중요하지만, 경기가 그 이상 계속되면 가급적 빠른 시간 내에 응급처치가 가능한 병원으로 옮겨야 합니다.

손을 딴다거나, 사지를 주무르는 행위는 실제로 경기를 억제하는데 아무런 영향을 주지 못하므로 이러한 행위로 시간을 낭비하는 것은 바람직하지 않습니다. 손을 잡는다든지, 발을 잡는다든지,

압박을 하는 행위는 절대로 삼가야 합니다.

5.간질의 진단

1) 환자의 병력: 간질은 진단하는데 있어 가장 중요한 것은 환자의 병력입니다. 즉 실제로 위에서 말한 증상이 있고 이런 증상들이 간질을 전문으로 보는 의사에 의해 확실히 진단을 받게 되는 것입니다. 가끔 간질과 비슷하게 발작 흉내를 내거나, 꾀병을 부리거나, 또는 정신적으로 과도한 스트레스가 반복적인 의식 소실을 가져오게 하는 경우가 있는데, 이때는 전문의를 찾아 간질이 확실한지 정확한 진단을 받는 것이 중요합니다.

뒤에 설명한 여러 검사들은 임상적으로 진단된 간질을 진단할 수 있으며, 드물게는 뇌파나 뇌 검사상 이상이 있어도 발생하지 않는 환자도 있습니다.

2) 뇌파검사: 뇌파검사는 간질 발작동안 또는 간질 발작이 없는 동안에 비정상적인 뇌파가 보이는지를 알 수 있게 해주고, 비정상적인 뇌파가 보일 때 뇌의 어느 부분에서 이상 뇌파가 보이는지를 알 수 있게 해줍니다. 그러나 일반 뇌파 검사에서는 실제로 간질 환자라 하더라도 이상이 있는 것으로 나타나는 경우가 절반 정도 밖에는 되지 않으므로, 처음 검사에서 정상으로 나타났다 하더라도 간질이 아니라고 할 수는 없으며 반복 검사를 시행함으로써 비정상 뇌파를 발견할 확률을 높일 수 있습니다. 그러나 뇌의 깊숙한 부분에 이상이 있는 경우에는 발견될 가능성이 적으므로 이런 경우에는 특수 전극을 사용함으로써 비정상 뇌파의 발견 가능성을

높일 수 있습니다.

3) 뇌의 자기 공명 영상(MRI): 간질을 가진 환자에서 꼭 필요하고 중요한 검사 중의 하나라고 할 수 있습니다. 왜냐하면 뇌 자기 공명 영상은 뇌의 구조를 직접 볼 수 있는 검사이므로 뇌종양이나 해마 경화증 등, 간질의 중요한 원인을 차지하고 있는 뇌의 이상을 발견하여 필요하면 수술적 치료까지 시행할 수 있습니다. 간질의 종류 중 측두엽 간질에서는 보통 시행하는 뇌 자기공명영상으로는 간질을 잘 일으키는 부위로 알려진 해마 부위를 잘 볼 수 없는 경우가 많아 찍는 방법을 달리해야 하는 경우가 있습니다. 뇌의 자기공명영상과 뇌파검사는 간질을 가진 환자에서 간질의 원인 및 간질 발생 부위를 결정하는데 필수적인 검사라는 것을 명심하셔야 합니다.

4) 비디오_뇌파 검사(Video/EEG monitoring): 최근 간질의 치료 방법의 하나로 수술적 치료가 도입되면서 이 검사의 역할이 부각되었습니다. 이 검사는 24시간 동안 환자의 경기의 양상을 비디오로 녹화하면서 이와 동시에 뇌파를 기록하여 컴퓨터 시스템으로 저장하여 다시재생 함으로써, 직접 환자가 경기 하는 모습을 볼 수 있습니다. 이때 뇌파의 변화도 동시에 볼 수 있어 경기가 뇌의 어느 부분에서 발생하는지에 대한 유용한 정보를 줍니다. 따라서 수술적 치료를 요하는 간질 환자에서는 필수적인 검사라 할 수 있습니다. 하지만 꼭 수술을 요하는 경우가 아니더라도 환자 보호자의 말만으로는 환자의 이상한 행동들이 경기의 증상인지 알기가 어려운 경우 확인을 위해서도 검사를 할 수 있습니다. 특히 어린아이들

의 경우 간질발작이 어른과 달리 구분이 쉽지 않은 경우가 많으므로 유용합니다.

또한 외래에서 시행하는 뇌파 검사상에서 이상이 발견되지 않는 경우 장시간의 뇌파 검사를 통해 이상을 발견할 수도 있습니다. 경기하는 모습을 직접 볼 수 있어 경기의 종류를 결정함으로써 그에 맞는 약물을 선택하는데도 도움이 될 수 있습니다.

5) 뇌 혈류 검사(SPECT) 및 뇌 대사작용(PET) 검사: 뇌 혈류 검사(SPECT) 및 대사작용(PET)검사는 간질이 일어나는 부위의 기능적 변화 유무를 보기 위한 검사입니다. 즉, 간질발작이 없는 동안 이들 검사를 시행하면 간질을 일으키는 부위에서는 뇌 혈류와 뇌의 대사 작용이 감소되어 있는지 확인할 수 있습니다. 간질 발작이 일어나고 있는 동안에는 오히려 증가되는 것을 확인할 수 있습니다. 따라서 간질발작이 있을 때와 없을 때 두 번의 검사를 시행하여 이상이 생기는 부위가 같다면 그 부분이 경기를 일으키는 부위로 생각할 수 있습니다.

6.간질의 치료

1) 약물치료(항경련제): 약물치료는 모든 간질의 치료 중 첫 단계이며, 대부분의 환자들은 약물치료만으로 간질이 치료될 수 있습니다. 즉, 전체 간질 중 약 80%는 일반적인 약물 치료에 의해 충분히 조절이 가능하고 그 중 상당수는 일정기간 투약 후 약물 치료를 중단하더라도 경기가 완전히 치유되기도 합니다. 일반적인 약물 치료에 조절이 잘 안 되는 약20%에 이르는 난치성 간질이라 하

더라도 최근 들어 활발히 적용되고 있는 새로운 치료법들에 의해 상당수가 완치에 이르고 있습니다. 하지만 간혹 약물치료에 의해 충분히 조절이 가능한 환자가 치료를 하는 중에도 발작이 계속되어 포기하는 경우가 있습니다. 따라서 약물치료를 효과적으로 시행하기 위해서는 몇 가지 유의해야 할 사항이 있습니다.

첫째, 약물의 종류에 관한 문제입니다. 현재까지 시판되고 있는 간질의 치료제는 수십 종에 이릅니다. 따라서 어떤 약제를 선택하느냐에 따라 경기의 조절 정도가 달라질 수 있습니다. 약물을 선택하는데 중요한 것이 간질의 종류입니다. 물론 모든 간질에서 다 그런 것은 아니지만 어떤 간질은 그 약으로만 잘 조절되는 경우가 있습니다. 따라서 이러한 결정은 간질을 전문으로 치료를 하는 의사와 상담을 통해 결정을 하는 것이 좋습니다.

둘째, 약물의 용량입니다. 간질의 치료제로 많은 수의 환자들이 잠이 많아지거나, 어지럽거나, 위장장애 등을 경험하게 되며 자의로 약의 복용횟수를 줄여서 먹는 경우가 있습니다. 물론 하루에 한 번 복용이 가능한 경우도 있으나 대부분은 하루에 2회 내지 3회 정도의 약물 복용이 필요하며 제대로 잘 복용할 때에 혈중 약물 농도가 치료농도를 유지할 수 있습니다. 약물의 부작용이나 다른 이유로 의사 선생님이 권한대로 약물을 복용할 수 없을 때는 반드시 다시 의사 선생님과 상의를 하여 약물을 조절하는 것이 좋습니다.

셋째, 약물의 부작용에 관한 문제입니다. 일반적으로 간질로 진단받고 치료를 시작하면 항경련제를 2~3년 이상 복용해야 하므로 항경련제가 지능 등에 미치는 영향은 매우 중요한 관심이라 하지 않을 수 없습니다. 항경련제는 결국 뇌에 작용하여 뇌의 전기적인 활동에 관여하므로 대뇌 활동에 어느 정도 영향을 주는 것은 사실입니다. 그러나 항경련제를 복용중인 사람들을 조사해보면 복용 전과 후에 차이가 발견되는 경우는 많지 않습니다. 결국 항경련제 투여 전후의 상태 변화를 세밀히 관찰하여 그러한 영향에 대한 평가를 하는 것이 매우 중요합니다.

그리고 최근에 개발된 항경련제들은 대뇌에 대한 부작용이 적어서 비교적 안심하고 사용할 수 있으나, 항경련제를 과다투여 하거나 체질적으로 민감한 일부 환자에서는 항경련제를 장기간 투여할 때 지능 저하가 초래될수 있습니다. 그러므로, 항경련제를 투여할 때에는 약물 투여 전과 후에 환자의 인지 기능과 대뇌 활동 저하, 즉 피로감 또는 의욕저하 같은 변화가 있는지를 자세히 관찰하여, 그러한 영향이 없거나 덜한 약제를 선택하는 것이 매우 중요합니다.

넷째, 약물의 혈중 농도검사입니다. 예를 들면, 같은 양의 술을 마시더라도 취하는 정도가 다르듯이 사람마다 약제의 요구량이 다를 수 있기 때문에 정기적으로 약물의 혈중 농도검사를 시행하여 약제의 항경련 효과가 제대로 유지되는 상태인지를 확인해야 합니다.

2) 수술적 치료: 최근 간질을 수술로 치료하여 성공한 환자들이 늘어나면서, 간질 때문에 고생한 환자나 보호자들은 한 번쯤 간질 수술에 대해 생각해 보지 않으신 분이 없을 것입니다. 하지만 모든 간질환자들이 수술적 치료의 대상이 되는 것은 아닙니다. 환자의

간질에 적당한 약물을 선택하여 충분한 용량을 일정기간 치료했음에도 불구하고 간질이 조절되지 않는 난치성 간질이 그 대상입니다. 또한 난치성 간질이라고 할지라도 위에서 말한 여러가지 검사를 통해 뇌의 어떤 부위가 간질을 일으키는 것으로 판단될 때 수술을 고려할 수 있으며 또한 그 부위가 수술적 접근이 가능한 부위여야 합니다. 왜냐하면 뇌 기능에 중요한 역할을 하는 부위는 수술로 제거될 때 큰 수술 후 장애를 남길 수 있기 때문입니다.

그러므로 수술적 치료가 필요한 상태인지 또는 수술의 대상이 되는지는 간질을 전문적으로 진료하는 의사와 상의하여 결정하는 것이 중요합니다. 사람에게 있어 뇌는 인간이 생각하는 모든 것을 조절해주는 매우 중요한 곳이므로 신체의 다른 부위보다 더 신중한 결정을 요하며, 이런 신중한 결정을 통해서 수술이 최선의 선택이라고 판단될 때 수술후의 결과도 만족스러울 수 있기 때문입니다.

3) 케톤성 식이요법: 케톤성 식이요법은 금식할 때 나타나는 항경련 작용을 지속시키는 치료 방법으로, 기존의 어떠한 약물 치료에도 조절되지 않는 난치성 간질 환자의 일부에서 매우 효과적이라는 것이 알려져 최근 세계적으로 다시 활발하게 이용되고 있는 항경련 치료입니다.

뇌세포는 평상시에는 당을 에너지원으로 사용하지만, 금식으로 당이 고갈되면 지방으로부터 만들어진 케톤체들을 에너지원으로 사용하게 되는데, 이 때 에너지 생산이 훨씬 증가하여 뇌세포의 기능이 향상되고 항경련 작용이 나타난다고 알려져 있습니다. 결국

이 치료를 시작하기 위해서는 체내에 저장되어 있는 당 성분을 모두 소진시키기 위해 2~3일간 금식하여야 하며, 이후 당을 극도로 제한하고 지방질이 대부분인 고지방 저탄수화물 및 저단백의 식사를 유지하여야 합니다.

초기의 금식 기간이나 식사에 대한 적응과 교육이 필요한 첫 1~2주간은 반드시 병원에 입원하여 금식에 의해 유발되는 합병증을 주의깊게 관찰하여야 합니다. 케톤성 식이요법의 항경련 효과는 치료 기관에 따라 차이가 있지만, 기존의 어떠한 치료에도 조절되지 않는 난치성 간질환자의 약 반수에서 경련이 완전히 억제되거나 현저히 감소하는 것으로 알려져 있습니다.

국내에서 시행한 연구 역시 인제의대 상계백병원 간질센터의 결과로 난치성 소아 간질 환자의 49명 중 27명(55.1%)에서 경련이 완전히 억제되거나 90% 이상 감소한 것으로 나타나고 있습니다. 또한 인지 기능이나 행동 장애 역시 상당히 호전시키는 것으로 알려져 있습니다. 케톤성 식이요법의 항경련 효과는 치료 시작후 1~2주 정도에 가장 강력하게 나타나며, 치료 기간중 지속되므로, 치료후 3개월 정도까지도 성공적인 치료 효과가 없을 경우에는 중단하는 것을 고려할 수 있습니다.

그러나 간질이 효과적으로 억제될 경우에는 기존의 항경련제를 모두 중단하는 것이 가능하며, 약 2~3년간 경련이 재발하지 않으면 다시 정상식사로 환원시킬 수 있는 치료법입니다.

4) 영적치유: 성령이 충만하고 신유은사가 있는 목회자나 성도

가 안수를 하는 것입니다. 환자만 하는 것이 아니고 부모와 함께 치유하는 것이 효과적입니다. 필자가 병원에 능력 전도하러 다닐 때 일반적인 간질이나 경기는 세 번 정도 안수하면 완치가 되었습니다. 될 수 있는 대로 어려서 영적치유를 하는 것이 치유가 빠릅니다.

7.교육, 학교생활. 간질환자는 완벽한 사회의 일원으로 생활할 수 있습니다. 우리나라에도 약 40만 명 정도의 간질환자가 있을 것으로 추산되고 있는데, 이들의 상당수가 정상적인 사회생활을 하고 있습니다. 일반적으로 간질환자들은 정신 지능이 낮거나, 학습 능력이 떨어질 것으로 생각하는 경우가 많은데, 선천적으로 대뇌 기능 장애를 함께 가지고 태어난 경우가 아니면, 간질 자체에 의해 정신 기능이 떨어지는 경우는 많지 않습니다.

인류 역사상 각 분야에서 위대한 업적을 남긴 여러 인물들, 즉 소크라테스, 시저, 나폴레옹, 바이런, 도스도예프스키, 고갱 등이 모두 간질환자였다는 사실만 보아도 간질이라는 병이 지적 능력에 직접적인 영향을 미치지는 않는다는 것을 알 수 있습니다.

결국 간질을 앓고 있다고 하더라도 대학을 가거나 전문 직위를 가지는 데 지장이 없을 수 있고, 실제로 많은 환자들이 그러한 성취를 하고 있습니다. 간혹, 약물 복용이 수업에 장애가 되거나 쉽게 피곤하게 만드는 경우가 있지만, 일상생활에서의 부작용은 전문 의사와 상의하여 상당 부분 완화시키는 것이 가능합니다.

또 수면 부족은 발작을 유발할 수 있으므로, 밤새워 공부하는 것은 절제하여야 합니다. 그밖에 학교에서의 체육수업이나 방과활동들은 특별히 제한할 필요는 없습니다.

8.운동, 여행. 운동은 여러 이유로 간질 환자에게도 생활을 풍요롭게 만들어 주는 방법이 됩니다. 조깅, 테니스, 골프, 산책, 하이킹, 축구, 농구, 야구 등 대부분의 운동이 간질환자들이 위험 부담 없이 즐길 수 있는 운동들입니다. 그러나, 발작은 예측할 수 없는 시기에 발생할 수 있으므로, 발작이 일어났을 당시의 상황이 환자를 매우 위험하게 만들 수 있다는 것을 유념하여야 합니다.

즉, 수영을 하다가 경기가 발생하면 익사사고가 날 수 있으며, 도로에서 자전거를 타고 가다가 경기가 나타나면 교통사고가 발생할 수 있습니다. 일반적인 물놀이는 문제가 안되지만, 주변에 붙어서 지켜주는 사람이 없는 한 수영은 금하는 것이 좋습니다. 등산 역시 대기압의 차이로 경기를 유발할 수 있고, 추락의 위험성이 있으며, 응급 상황에서 조치가 늦어질 수 있습니다. 그러나 간질이 잘 조절되는 상태에서 가벼운 산행 정도까지 금할 필요는 없습니다. 그 외에 스키나, 혼잡한 상태에서의 스케이팅 역시 발작에 따른 사고가 일어날 수 있으므로 주의하여야 합니다.

또 머리에 충격이 일어날 때 경기가 발생할 수 있으므로 머리를 부딪힐 수 있는 운동은 가급적 피하는 것이 좋습니다. 태권도, 검도 등의 격투기 운동에서 머리에 충격을 주는 동작이라던가, 축구에서도 헤딩 등은 피하여야 합니다. 여행 역시 생활에 재충전을 시킬 수 있고. 친구들과 가까워지게 하는 중요한 생활 요소라고 할 수 있습니다. 그러나, 여행 중에 약물 복용을 중지하거나, 잠을 자지 않는 등의 생활 패턴의 변화는 간질 발작을 유발할 수 있으므로, 이러한 문제가 발생하지 않도록 반드시 주의하여야 합니다.

10.직업, 일상생활. 현재 세계적으로 간질 환자들은 수백종의 다양한 직업을 가지고 활동하고 있습니다. 경기가 완전히 조절되지 않는다고 하여, 그 직업에서 필요한 능력을 발휘하지 못하는 것은 아니기 때문에 직업 선택에 불이익을 받을 이유는 없습니다. 그러나, 운전과 같이 경기에 의해 사고가 유발될 수 있는 특수한 일은 간질 전문의와의 충분한 상의 없이는 제한될 수 있습니다.

간질환자의 식사는 특별한 차이를 둘 필요는 없지만, 장기간의 항경련제가 몸에 필요한 비타민이나 미네랄의 소모를 증가시키는 경우가 있기 때문에 균형 있는 식사와 비타민 제제의 보충이 도움을 줄 수 있습니다. 간혹 난치성 간질 환자에서 시행되고 있는 고지방 저탄수화물의 케톤성 식이요법은 특수한 식이처방에 따라 이루어지는 방법으로 일반적인 간질 환자의 치료에 적용되지는 않습니다.

간질 환자의 수면 역시 일반인들과 비슷한 양이 필요합니다. 특별히 더 많은 낮잠이나, 조기 취침이 필요하지는 않습니다. 그러나 밤을 샌다거나, 수면이 극도로 부족한 상태에서는 경기가 유발될 수 있으므로 적당한 수면은 반드시 유지시키는 것이 좋습니다.

음주는 간질환자가 금하여야할 생활 중의 하나입니다. 물론 알콜 자체는 경기를 억제하는 역할을 하기도 하지만, 대부분 술에서

깰 때 경기가 유발될 수 있습니다. 또 일부의 항경련제와 술이 같이 작용할 때는 매우 위험한 일이 생길 수 있고, 과음의 경우 수면 장애를 일으키기 때문에 경기가 유발되기 쉽습니다. 친구 또는 가족들과의 사교 모임에서 맥주 한잔이나 샴페인 한잔 정도까지 제한할 필요는 없지만, 음주량을 스스로 조절하지 못하는 환경은 반드시 피하여야 합니다.

또 간질 치료 중에 다른 질병에 걸렸을 때는 전문의의 조언을 받아 치료 받는 것이 중요합니다. 단순히 감기를 치료할 경우에도 일부의 약제가 경련을 유발할 수 있기 때문에 간질 치료를 받는 것을 밝히고 처방을 받는 것이 필요합니다. 또 어떤 치료를 받는가에 관계없이 항경련제는 반드시 지속해야 합니다.

11.치유시 참고할 사항. 필자가 지금까지 성령치유 사역을 하다가 임상적으로 경험한 결과는 이렇습니다. 어렸을 때에 상처가 있던 사람들이 스트레스를 많이 받으니까, 갑자기 간질증상이 나타나는 사람이 있습니다. 간질이 갑자기 발생하니까, 경험이 없는 사람들이 귀신의 영향으로 간질이 발생했다고 단정을 짓습니다. 그래서 이 목사님 저 목사님에게 귀신축사를 받으러 다닙니다. 이러다가 치유의 시기를 놓쳐서 심각한 상태로 진전이 되기도 합니다. 저는 이런 분들을 다수 치유한 경험이 있습니다. 우리가 스트레스를 받으면 체력의 소모가 많이 됩니다. 체력이 떨어지니 자신 속에 잠재하여 있던 영육의 문제가 드러나는 것입니다. 그래서 간질을 하기도 합니다. 어떤 분들은 가위눌림을 당하기도 합니다.

그래서 영적인 문제라고 단정하고 축사만 받으려고 합니다. 그러다가 영적인 분야를 잘 알지 못하는 사역자를 만나 금식도 합니다. 그러나 금식은 금물입니다. 체력이 소진되어 문제가 발생했는데 금식을 하면 기름 가마에 불을 붙이는 것과 마찬가지입니다. 더 악화된다는 것입니다. 이때에는 당황하지 말고 환자를 안정시키고 우선 체력을 보강해야 합니다. 빠른 시간에 체력을 보강할 수 있는 보약이나 다른 보양 식품을 먹여야 합니다. 그래서 체력을 회복시켜야 합니다.

안정을 취하게 해야 합니다. 그러면서 정신적인 문제를 바르게 전문으로 치유하는 사역자에게 가서 치유를 받으면 바로 정상이 됩니다. 그런데 이와 같은 전문적인 치유를 일반 성도들이나 목회자는 잘 이해하지 못합니다. 그래서 영적치유를 받겠다고 일 년 이상 돌아다니면서 이 사람 저 사람에게 안수만 받으면서 돌아다니게 됩니다. 이러다가 치유의 시기를 놓쳐서 환자가 사람 노릇을 못할 정도로 심각해 질수가 있으니 주의 하지 않으면 안 됩니다.

이와 같은 초기 간질 증상은 나이에 상관없이 발생할 수가 있습니다. 어떤 사람은 17세에 발생합니다. 어떤 사람은 20세에 발생합니다. 어떤 분은 26세에 발생하기도 합니다. 어떤 분은 34세에 발생할 수도 있습니다. 대략 이런 증상이 발생하는 사람의 유형을 보니 집안에 우상의 숭배가 심한 집안의 내력이 있는 가문에서 발생을 합니다. 유아 시절에 경기가 있던 분들이 잘 발생합니다.

그리고 태중에서나 유아시절에 상처를 많이 발생한 분들이 많이 발생이 됩니다. 대개 심장이 약하여 잘 발생합니다. 그러므로 제가 강조하는 것과 같이 불같은 성령을 체험하고 내적치유를 미리 받아야 합니다. 그러면 성령의 임재로 사전에 상처가 드러나서 치유가 됩니다. 한 번 더 강조한다면 이렇게 초기에 간질 증상이 일어난다고 큰일이 나는 것이 아닙니다. 당황하지 말고 환자를 안정시키고 체력을 보강하면서 전문 사역자의 영적치유와 내적치유를 받으면 완치 됩니다.

전문적인 성령 내적치유를 하는 사역자가 있는 곳에 찾아가서 지속적으로 전문적인 치유를 받으면 완치가 가능합니다. 주의해야 할 것은 절대로 이곳저곳 돌아다니지 말라는 것입니다. 전문적인 사역자 한 사람의 보살핌을 받으면서 치유를 받아야 합니다. 왜냐하면 환자가 영육으로 약하니까, 영적인 손상을 당할 수가 있기 때문입니다. 한 곳에서 집중적인 치유를 받으면서 믿음생활을 하면 재발하지 않고 정상적인 생활을 할 수가 있습니다. 그런데 전문적인 사역자가 그리 흔하지 않다는 것입니다. 잘 수소문하여 전문가를 찾아서 집중적인 치유를 받아야 합니다.

16장 의부증 의처증을 예방하고 완전치유

(벧전3:7)"남편들아 이와 같이 지식을 따라 너희 아내와 동거하고 그를 더 연약한 그릇이요 또 생명의 은혜를 함께 이어받을 자로 알아 귀히 여기라 이는 너희 기도가 막히지 아니하게 하려 함이라 또는 그 아내를 더 연약한 그릇 같이 여겨 지식을 따라 동거하고"

배우자를 사랑한다는 이유로 의심하며 집착하는 병 의처증과 의부증. 의심받을 행동을 했으니 의심받는 것이라고 생각하기 쉽지만, 의처증과 의부증은 자신이 상상한 일이 실제로 일어났다고 믿는 망상장애로 정신적인 질병입니다. 심하면 상대 배우자가 숨도 못 쉬도록 구속하는 탓에 가정 파괴의 원인이 되기도 합니다.

한 집사님은 부인 권사 때문에 마음고생이 심합니다. 누구에게 전화만 와도 의심을 한다는 것입니다. 외출만 하면 누구를 만나는지 추궁하고 수시로 휴대전화 검사까지 한다는 것입니다. 게다가 얼마 전 친구 모임에 가는 자신을 미행까지 했다고. 자신은 잘못도 없는데 왜 이렇게 의심받아야 하는지 모르겠다고 고통을 호소합니다. 그래서 부인 권사를 데리고 오라고 하여 둘이 앉게 하고 상담을 했습니다. 부인 권사가 하는 말이 남편이 출장을 가면 며칠씩 있다가 온다는 것입니다. 자기도 성적인 욕구를 견디기 힘든데 남자가 견딜 수가 있느냐는 것입니다. 그러니 남편집사가 정말 저는 결백합니다. 그런데 출장을 한번 다녀오면 외도 흔적을 찾는다고 사람을 괴롭힙니다. 정말로 집에 들어오는 것이 죽으러 오는 것과 같습니다. 목사님 이것이 모두 장인어른 때문입니다. 장인어른이 여자가 서른 명도 넘었답니다. 그것을 보고 자라서 남자는 모두 자기 아버지 같은 사람인 줄 알고 저를 괴롭히는 것입니다. 이렇듯 의부증이나 의처증은 의심하는 사람도 힘들지만, 의심을 받는 배우자도 괴롭습니다.

1.상상한 것을 진실로 착각하는 망상장애. 부부는 어떤 경우에 배우자를 의심할까? 그 이야기를 들어봤습니다. '휴대전화에 비밀번호를 설정해놓을 때'나 '휴대전화 문자메시지를 지웠을 때' '다른 곳에서 전화를 받을 때' '전화를 잘 받지 않을 때' 등 전화에 관련된 이야기가 가장 많았습니다. '출장이 잦거나 야근을 자주 할 때' '뭔가 숨기고 거짓말하는 기색이 보일 때' 의심을 한다는 의견도 있었습니다. 반면 '부부라면 믿고 살아야 한다고 생각 한다' '한 번도 의심해본 적이 없다'는 의견도 많았습니다. 한두 번 '혹시' 하는 마음을 가졌다고 해서 모두 의부증, 의처증이라고 말할 수는 없습니다. 그렇다면 의부증과 의처증은 어느 정도의 심리 상태일 때 진단할 수 있을까?

의처증과 의부증은 일종의 망상장애인 정신병의 일종으로 전체 인구의 1~4% 정도에서 발병합니다. 한국심리상담센터에서는 "없는 사실을 일어난 일로 상상해 착각하는 것으로, 어떤 작은 사건

하나가 터지면 그것을 확대해석해 꼬리에 꼬리를 물고 상상의 날 개를 펴는 것입니다"라고 말합니다.

남편에게 바람을 피운다는 의심을 받고 있는 아내가 자신의 휴대전화 발신번호 목록을 통신회사로부터 받아 남편에게 보여줬더니 '통신회사와 짜고 조작한 것'이라며 믿지 않으려 했다고. 이렇듯 자신이 의심한 것이 진실이 아니라는 증거가 나와도 그것을 믿지 않는 경우 의처증이나 의부증을 의심할 수 있습니다.

2.왜 배우자를 의심할까?

1) 성격적 원인: 편집증적 성격인 경우 나타나기 쉽습니다. 어릴 때부터 까다롭고 무슨 일이든 그냥 넘기지 못하는 성격, 아주 작은 것도 의심하고 남과 비교하며 잘 참지 못하고 남이 한 작은 실수도 절대 잊지 못하는 사람에게 잘 나타납니다. 여자의 경우 의존적이고 미숙해 배우자가 옆에 있어야 안심을 하거나, 샘이나 독점력이 많으면 의부증이 될 확률이 높습니다.

2) 심리적 원인: 배우자에 대한 열등감이 높을 때, 샘이 많은 성격으로 자존심이 상했을 때 상대방에 대한 질투의 형태로 의부(처)증이 나타납니다. 자신이 바람을 피우고 싶거나 동성애적 성향이 있거나 배우자가 마음에 들지 않을 때도 나타날 수 있습니다. 필자가 지금까지 의부(처)증을 치유하다가 종합한 결과 "부모가 외도를 했거나 자신이 외도를 한 경우 다른 사람도 외도를 했다고 생각해 발병하기도 합니다. 최근에는 불륜이나 외도에 대한 이야기

를 많이 접하는 사회적인 영향으로 자신의 아내나 남편을 의심하는 경우도 종종 있습니다." 부모의 지배적이고 강압적인 양육 방식으로 성장 과정에서 두려움이나 불안감을 느끼며 자랐거나 부모가 알콜 의존증이나 편집증이 있었던 경우도 심리적 원인이 될 수 있습니다.

3) 정신분석적 원인: 의처(부)증이 나타나는 사람이 정신분열증, 조울증, 우울증 등 다른 정신질환이 있다면 우선은 해당 질환을 이 증상의 원인으로 생각해봐야 합니다. 성장기에 부모와의 애착 관계가 제대로 형성되지 못했거나 신뢰 관계가 건강하게 형성되지 않은 경우도 그 원인이 됩니다.

4) 처음 의심이 생기는 순간의 대처가 중요해: 의부증이나 의처증이 나타날 원인이나 기질을 가지고 있더라도 촉발 사건의 여부에 따라 증상의 발현 여부가 결정됩니다. 예를 들어 헬스클럽에 다니는 아내가 같이 운동을 하는 남자 회원의 차를 타고 집에 온 것을 남편이 보았다면? 남편은 그 후부터 아내를 의심합니다. 이 경우 처음 촉발된 사건에 잘 대처하지 못하면 의심은 눈덩이처럼 불어납니다.

의심의 시작을 제공하는 촉발 사건이 있을 때는 "나 안 그랬어, 도대체 왜 이러는 거야?"라고 거칠게 항변만 해서는 안 됩니다. "당신이 그것 때문에 힘들었겠구나. 그런데 이건 이렇게 된 일이야"라며 그 상황에 대해 이성적이고 합리적으로 증거를 보여주면서 자세히 설명해야 합니다. 필자는 이렇게 말 합니다. "무엇보다 배우자에게 칭찬을 많이 하고 이야기를 잘 들어주면서 자신이 늘 관심과 애정을 가지고 있다는 것을 알게 해야 합니다. 그 후에 취미 생활을 같이하면서 함께 시간을 많이 보내면 배우자는 안심을 하게 되어 의심이 더 커지지 않지요"라고 조언을 합니다.

이처럼 첫 대처를 잘하면 대부분은 문제가 생기지 않지만 증상이 지속적으로 나타나는 경우에는 근본적인 원인을 해결할 필요가 있습니다. 예를 들어 어린 시절 아버지의 외도로 곤란을 겪은 경험으로 인해 의부증이 생긴 아내라면 남자에 대한 부정적인 상을 바꿔야 하는 것입니다. 성격적인 부분에 원인이 있다면 왜 의심하지 말아야 하는지 스스로 생각하고 인지하게 만드는 것으로 치료할 수 있습니다. 그리고 배우자에게만 신경을 집중하기보다 자신의 취미 활동을 개발해 정신적인 부분이 분산되도록 하면 증상이 많이 나아집니다.

필자가 그동안 치유를 하면서 체험한 바로는 자신이 의부증이나 의처증인 것을 인정하지 않는 경우가 많습니다. 의부증이나 의처증은 자신이 질병을 인정하고 치료할 의지만 가진다면 충분히 빠른 효과를 볼 수 있습니다. 무엇보다 배우자와 힘을 합해야 치료가 가능합니다. 본인에게 문제가 있다고 인정하는 것이 무엇보다도 치유에 중요합니다. 본인이 인정하지 않으면 치유는 불가능하다고 보는 것이 좋습니다.

3.의처증 의부증의 문제. "사랑과 질투의 분출인가"아니면 "배

우자 불륜에 대한 끊임없는 망상인가? 부부 사이의 집안 일로 치부되던 의처증 의부증" 이 가정폭력과 맞물리면서 사회문제로 떠오르고 있습니다. 최근 의처증 증상을 보이던 40대 가장이 부인과 동반자살을 시도하거나, 부인을 때려 숨지게 하는 일이 잇따라 벌어졌습니다. 몇 년 전 설 연휴 동안에도 의처증 남편이 처가 식구들에게 엽총을 난사, 2명이 사망하기도 했습니다. 위험 수위에 이른 의처, 의부증의 증상과 치료법 등을 생각해 보겠습니다.

1) 의처 의부증은 불륜에 대한 망상, 오델로 증후군: 의처, 의부증은 망상장애의 일종입니다. 망상이란 논리적인 설득이 전혀 통하지 않는 잘못된 믿음이 머리속에 뿌리박혀 영상화 되어있는 상태를 말합니다. 그 중 의처, 의부증은 일종의 질투 형 망상장애로, 셰익스피어 작품 오델로의 주인공 증상과 유사하다고 해서 "오델로 증후군" 혹은 "결혼 편집증후군"으로도 불립니다. 일단 남편이나 부인의 귀가가 늦어지면 불안해 하다가 환상이 떠오르게 됩니다. 남녀가 좋지 못한 행동을 하는 것을 자신이 상상한다는 것입니다. 그래서 분노를 유발하다가 일반적인 질투를 뛰어넘어 상습적으로 배우자의 가상 불륜 사실에 대한 증거를 찾아 상대를 압박하거나, 지독한 의심과 폭력 행동을 표출합니다. 배우자가 외출을 못하게 하거나, 일거수일투족을 추적 조사하기도 합니다. 한 정신병원 과장은 "의처, 의부증은 서서히 나타나기도 하지만, 어느 날 갑자기 배우자의 행동 하나를 의심하게 되면서 발병하는 일이 많다."며, "대부분 스스로에 대한 자신감을 상실한 데 기인한다."고 말했

습니다. 자신에 대한 열등감이 문제가 된다는 것입니다. 예를 들어 자신의 몸매에 열등감을 갖는 다면 자신보다 몸매가 잘생긴 여자를 만나면 의심하기 시작한다는 것입니다. 의처, 의부증은 남, 녀 모든 연령층에서 발생하지만, 35~55세 사이 남성에게 특히 많습니다. 환자는 주로 고학력, 상류층인 경우가 많습니다.

또 나름대로 논리가 정연하고, 배우자의 부정에 대해 그럴 듯한 증거들을 가지고 있는 경향이 있습니다. 폭력 등으로 분풀이를 마친 후에는 성행위를 요구하거나, 선물 공세를 하는 등 애정표현을 하는 것도 특징적인 증상 중의 하나입니다. 이혼하면 증상이 없어지게 됩니다. 그러나 재혼하면 대개 다시 발병합니다. 그래서 의처, 의부증은 무덤에 가야 치유가 된다고 하는 것입니다.

한 신경정신과 전문인은 "정상적인 사람은 일시적으로 배우자를 의심하다가도 아니라는 증거를 들이대면 이를 받아들이지만 의처, 의부증 환자는 이를 믿지 않고, 오히려 배우자가 바람을 피운다는 증거를 찾기 위해 혈안이 된다"며, "구체적인 증거가 없음에도 배우자 부정에 대한 확고한 신념과 생각, 감정 등을 가진 상태가 3-6개월 이상 지속될 때 진단을 내린다." 고 말했습니다. 망상적 질투의 내용과 폭언, 폭력 행동여부도 중요한 진단 기준이 됩니다.

2) 의처 의부증의 치료는 가능한가? 일부 정신과 의사는 "의처, 의부증은 배우자와 이혼하거나 사망해야 낫는다."는 극단적인 표현을 쓰기도 합니다. 그만큼 치료가 어렵다는 뜻입니다. 이유는 환

자가 자신에게 문제가 있다는 사실을 인정하지 않기 때문입니다. 정신치료는 환자가 불신과 열등감이 많다는 점을 감안, 비판이나 설득 또는 비위를 맞추는 일보다는 단호한 태도로 "당신 남편 부인이 절대 당신이 생각하는 것같이 그러하지 않다." "남편 부인에 대해 잘못알고 있다." "당신 이렇게 의심하며 살다가 지옥에 갈 것인가? 남편 의심한 죄로 지옥에 들어가서 하나님에게 심판을 면치 못한다." 는 강력한 메시지를 전달하는 데 주력해야 합니다. 충격 요법을 사용하라는 말입니다. 왜 그런 망상(영상)을 머리에 갖게 됐는지 환자가 깨닫게 하는 것입니다. 그러나 말이 통하지 않는 것이 보통입니다. 자신에게 문제가 있다는 것을 인정하고 예수를 영접하고 성령으로 세례를 받고, 말씀을 듣고 성령이 만져야 치유가 되기 시작합니다. 한편 의처, 의부증은 우울증, 알콜중독, 정신분열증 등 다른 정신과 질환으로도 유발될 수도 있기 때문에 정신과 전문의의 정확한 진단이 반드시 필요합니다.

3) 의처증, 의부증에 잘 걸리는 유형. ① 상류층, 고학력자, 경제적 여유계층. ② 논쟁적이고 잘 타협하지 않고, 작은 실수를 잊지 않는 성격의 소유자. ③ 부모가 서로 이성의 문제로 적대적인 가정에서 상처를 많이 받고 자란 사람. 쉽게 예를 들자면 부모가 이성 문제로 많은 고통을 겪는 것을 보고 자란 사람의 경우에 많이 걸립니다.

4) 의처증, 의부증 진단위한 체크 리스트. 배우자의 외도 증거가 확실히 있는 경우는 점수가 마이너스로, 의처(부)증에서 멀어짐

니다. 하지만 구체적 정황 없이 의심에 따른 행동의 강도가 높아지면 의처(부)증 증세가 뚜렷해집니다. 총점이 4~6점이면 의심단계. 7~12점일 경우 의처(부)증 증상을 의심할 수 있는 단계. 13점 이상이면 의처(부)증이 있다고 추정됩니다.

① 과거 배우자의 외도를 발각해 시인 받은 적이 있다.(-4)

② 현재 배우자가 외도를 한 구체적인 증거를 가지고 있다.(-4)

③ 하루 중 많은 시간을 배우자에 대한 생각으로 보낸다.(+1)

④ 결혼생활에서 가장 중요한 것은 신의를 지키는 것이다.(+1)

⑤ 외도를 한 사람은 꼭 그 만큼의 대가를 반드시 받아야 한다.(+1)

⑥ 배우자가 눈에 보이지 않으면 불안해서 견딜 수 없다.(+1)

⑦ 배우자가 바람피우고 있다는 사실을 주변에 공개한 적이 있다.(+2)

⑧ 배우자의 휴대전화, 소지품 혹은 차안을 가끔 점검한다.(+2)

⑨ 배우자가 외도를 하고 있다는 생각에서 벗어날 수 없다.(+2)

⑩ 배우자의 외도는 직감으로 알 수 있다.(+2)

⑪ 부부는 서로의 행적에 대해 알고 살아가야 한다.(+2)

⑫ 밝혀지지 않은 외도문제로 부부가 2주 이상 냉전 상태에 있었던 적이 있다.(+2)

⑬ 외도를 확인하느라고 이틀 이상 잠을 안 재운 적이 있다.(+2)

⑭ 외도한 증거를 주변 사람에게 상세하게 말한다.(+3)

⑮ 배우자에게 의심한 것이 잘못되었다고 사과를 한 적이 있

다.(+3)

무엇보다도 중요한 것은 예방입니다. 미리알고 치유 받는 것입니다. 그래서 우리 결혼을 앞둔 젊은 사람들이 사전 내적치유가 중요합니다. 결혼 전에 치유가 되어야 합니다. 그래서 필자는 항상 이렇게 강조합니다. 말씀과 성령으로 치유를 받아야 한다고 말입니다. 그래서 내면세계에 대하여 알아야 합니다. 성령을 체험하여 영안을 열어야 합니다.

그래야 사람의 심령을 보는 눈이 열려 바르게 보고 판단 할 수가 있습니다. 그런데 안타까운 것은 지금 교회에 다니는 청년들의 대다수가 성령체험을 하지 못했습니다. 우리 교회에 와서 처음 성령을 체험하는 분들이 많습니다. 아니 교회에 40년을 다니시어 장로가 되시고 권사가 되신 분들이 성령을 체험하지 못한 분들이 있다는 것입니다. 그렇기 때문에 예수를 믿으면서도 자신도 모르는 문제의 영향으로 고통을 당하면서 살아가는 것입니다.

성령을 체험해야 사람이 변하기 시작하는 것입니다. 무엇보다도 성령의 체험이 중요합니다. 이 책을 읽는 당신도 성령을 체험하지 못했다면 성령을 체험하려고 하기를 바랍니다. 성령을 체험하면 사람을 보는 눈이 달라지기 때문입니다. 부디 영안을 여시어 바른 만남과 연애로 성공적인 결혼과 부부 생활을 하기를 바랍니다. 그리하여 세상에서 제일 행복한 가정을 이루기를 바랍니다.

4.의처증 의부증 치유하기

1) 본인에게 문제가 있다고 인정하게 하라. 제가 지금까지 의처증 의부증 환자를 치유하다보니 무엇보다도 본인에게 문제가 있다는 것을 인정하게 하는 것이 중요했습니다. 원인이 상대방에게 있다고 인정하는 한 치유는 되지 않습니다.

2) 자신의 배우자는 부모와 다르다는 것을 인정해야 한다. 보편적으로 의처증 의부증 환자는 어려서 부모들의 부정행위를 보고 자란 사람들입니다. 고로 자신의 배우자를 과거 부모와 같은 사람으로 보면 절대로 치유 되지 않습니다.

3) 성령으로 세례를 체험하게 해야 합니다. 성령으로 세례를 받아야 치유되기 시작하는 것입니다. 절대로 말로 설득하여 치유될 수 없습니다. 반드시 성령으로 세례를 받고 내적치유를 하고 잘못된 사고를 하게하는 악한 영을 축귀해야 합니다.

4) 지속적인 성령 충만입니다. 성령이 충만하면 마음이 넓어집니다. 마음이 넓어짐으로 상대방에 대한 의심이 줄어드는 것입니다. 그리고 본인이 꼭 치유 받고 말겠다는 의지가 중요합니다. 의지만 있으면 치유는 된 것이나 다름 없습니다. 하나님의 말씀에는 불치병이 없습니다. 본인에게 강력하게 말을 해야 합니다. "당신이 당하는 이 문제는 빨리 인정하고 치유 받는 것이 좋다. 지금 치유 받지 못하면 죽을 때까지 치유 받지 못한다." 하루라도 빨리 인정하고 치유 받아야 한다. 그래야 모두 편안하게 살수가 있다. 조언을 잘해서 환자 스스로가 인정하고 치유 받으려고 하면 치유는 쉽

습니다.

　의처증과 의부증은 반드시 자신에게 문제가 있다는 것을 스스로 인정할 때 치유가 됩니다. 그런데 많은 환자들이 자신에게 문제가 있다는 것을 인정하지 않고, 상대방이 문제가 있다고 책임을 전가합니다. 이렇게 상대방에게 문제가 있다고 책임을 전가하면 절대로 치유가 되지 않습니다. 본인에게 문제가 있다고 인정하기만 하면 비교적 쉽게 치유가 됩니다. 좀 더 빨리 치유를 받으려면 월-화-금-토요일 날 실시하는 집중 치유를 받으면서 주일 예배에 참석하여 말씀 듣고 기도하면 쉽게 치유가 됩니다. 성령으로 잠재의식이 치유되어 바뀌면 완전치유가 됩니다. 의처증 의부증은 본인의 의지가 중요합니다. 자신에게 문제가 있다는 것을 인정하지 않으면 무덤에 들어갈 때까지 치유되지 못합니다. 대상자와 이혼을 한다고 의처증 의부증이 없어지지 않습니다. 재혼하여 상대방이 조금만 이상하게 행동하면 증세가 들어나 상대방을 괴롭게 합니다. 본인이 여러 가지 전문서적이나 전문가의 상담을 통하여 자신에게 문제가 있다는 것을 깨달아야 합니다.

17장 열등의식을 예방하고 완전치유하려면

(삼상 16:11-13)"또 사무엘이 이새에게 이르되 네 아들들이 다 여기 있느냐 이새가 이르되 아직 막내가 남았는데 그는 양을 지키나이다 사무엘이 이새에게 이르되 사람을 보내어 그를 데려오라 그가 여기 오기까지는 우리가 식사 자리에 앉지 아니하겠노라. 이에 사람을 보내어 그를 데려오매 그의 빛이 붉고 눈이 빼어나고 얼굴이 아름답더라. 여호와께서 이르시되 이가 그니 일어나 기름을 부으라 하시는지라. 사무엘이 기름 뿔병을 가져다가 그의 형제 중에서 그에게 부었더니 이 날 이후로 다윗이 여호와의 영에게 크게 감동되니라 사무엘이 떠나서 라마로 가니라"

하나님은 예수를 믿고 하나님의 자녀가 된 우리에게 열등감을 치유하라고 말씀하십니다. 이 장에서는 열등감 치유라는 제목으로 말씀을 나누려고 합니다. 말씀을 통하여 우리가 가지고 있는 열등감들이 말끔하게 치유되어 지기를 주님의 이름으로 소원합니다. 열등감의 단어를 처음 창안한 사람이 Alfred Adler(엘프레드 애들러)입니다. 애들러가 말하기를 "인간은 계속적으로 열등감을 소유한다"고 했습니다. 이 말은 한 번의 열등감이 자리를 잡고 있기도 하겠지만 상황에 따라 열등감을 가지게 된다는 말이기도 합니다. 또 어떤 학자들이 말하기를 "열등감 치유는 무덤에서나 가능하다"

고 했습니다.

이것은 열등감 치유가 그만큼 어렵다는 말입니다. 다 맞는 말입니다. 그러나 열등감에 사로 잡혀 사는 것하고, 그 열등감을 해소하고 치유하면서 사는 것 하고는 다르다는 것입니다. 그러므로 우리가 가지고 있는 열등감을 해소하고 치유하며 살아야 합니다.

1. 만약 열등감을 해소하지 못하고 살 경우에는

1) 우리는 열등감에 평생 눌린 자가 됩니다. 자신감이 없이 우울하게 지나게 됩니다. 다른 사람이 자신을 그렇게 생각하지 않는데 괜히 혼자 우울하게 지냅니다.

2) 평생 문젯거리가 됩니다. 이것으로 사단의 종노릇하는 경우도 있습니다. 하나님의 자녀의 권세를 사용하지 못합니다. 그냥 끌려 다닙니다.

3) 우울증에 걸려서 고생하시는 분들의 배경을 잘 보면 열등감으로 인하여 우울증에 빠져있는 경우도 있습니다. 이런 분들의 배경을 살펴보면 자신이 가진 열등감을 해소하지 못했기 때문에 그렇습니다.

4) 열등감에 빠져있는 사람들은 어려운 환경을 극복할 수 있는 능력이 없습니다. 그래서 열등감을 해소해야 한다는 것입니다.

2. 열등감이 생기는 원인이 무엇인가?

1) 학자들이 말하기를 환경 때문이라고 말합니다. 부모가 계시

지 않은 환경에서 성장하면 부모를 가진 친구들에게 열등의식을 느끼게 됩니다. 어릴 때 가정형편이 좋지 못하여 가난하게 성장한 경우에도 부하게 성장한 친구들을 만나면 열등감을 가지게 된다는 것입니다.

2) 사람의 성장과정 속에서 생기는 것이 열등감이라고 합니다. 사랑을 많이 받지 못하고 성장했을 경우에 열등감이 강하게 나타납니다. 요셉의 형들이 요셉보다 열등감이 강했습니다. 왜 아버지의 사랑을 많이 받지 못했기 때문입니다. 그래서 요셉을 구덩이에 빠뜨렸다가 끄집어내어 노예로 팔게 되는데 그 원인이 바로 열등감 때문이었습니다. 그러므로 부모들은 자녀들을 동일하게 사랑해야 합니다. 요셉의 형들이 아버지 사랑에 대한 열등감을 이기지 못했기 때문에 눌리는 자가 되었고, 이것 때문에 마음에 응어리진 문제를 가진 자가 되어서 결국 동생을 팔고 마는 문제를 일으킨 것입니다. 학교 다닐 때 공부를 잘하지 못한 경우에도 열등감을 가집니다.

다른 형제보다 공부를 못하면 열등감이 생깁니다. MBC에서 하는 '느낌표' 라는 프로에서 아버지가 형 좀 닮으라고 하도 하니까, 아이가 집을 나와 버렸다고 했습니다. 노숙을 하면서도 이곳이 좋다고 합니다. 왜냐하면 아버지의 편파적인 소리를 듣지 않으니까 너무도 편안하고 좋다는 것입니다.

미국의 유명한 인물 중에 링컨 대통령은 집안이 가난해서 초등학교도 졸업을 하지 못했습니다. 학교에 다닐 수가 없었습니다. 그러나 그는 공부를 많이 한 사람보다도 더 존경받는 인물이 되었고, 미국의 대통령까지 되었습니다. 링컨 대통령은 "나는 독서를 시작할 때면 반드시 성경을 먼저 펼쳐 들었습니다. 성경을 읽은 후에야 다른 책을 읽었습니다." 라고 말했습니다. 그는 성경을 읽음으로 지혜로운 사람이 된 것입니다. 성경 읽은 사람치고 성공하지 않은 사람이 한 사람도 없습니다.

3) 신체적인 조건 때문에 열등감이 생기기도 합니다. 장애자들이 정상인보다 열등감이 많은 이유가 이것 때문입니다. 지금 책을 읽는 분 중에 장애인이 계신다면 오늘 당신이 가지고 있는 열등의식을 버리시기 바라고 하나님의 평안을 소유하시기 바랍니다. 하나님은 한 영혼을 천하보다 귀하게 여기십니다. 그리고 정상인들은 장애인들을 편애하거나 상처주지 말고 장애인들을 도울 줄 아는 정신이 있어야 합니다.

우리가 언제 장애인이 될지 모르니 겸손히 섬기고 돕는 정신이 필요합니다. 그리고 키가 작아서 열등감에 빠져있는 분들도 많이 있습니다. 특별히 사춘기 때에 키 때문에 열등감에 사로잡혀서 고민하는 경우가 많이 있습니다. 그리고 결혼을 앞둔 사람들이나 직장을 구해야 하는 사람들에게도 키 때문에 열등감에 빠지는 경우가 있습니다. 뚱뚱한 몸을 가지고 있는 분들 중에서도 열등감을 많이 느낍니다. 제가 젊었을 때는 그렇지 않았는데 지금 몸이 비대해지니 날씬한 몸매를 가진 사람을 보면 부럽기도 하고, 또 어디선가 몸에 대한 이야기를 하면 괜히 열등감이 사로잡히는 경향이 있습니다. 요즈음 무리하게 다이어트를 하다가 건강을 해치는 분들이 많다고 합니다. 자기 몸에 맞는 체중이 있으니 그것을 유지하는 것이 중요합니다. 외모 콤플렉스에 걸려 열등감에 빠지기도 합니다. 거울을 볼 때마다 자신의 얼굴이 싫어지고 또 누군가가 자신이 가지고 있는 얼굴의 약점을 말하면 신경이 날카로워지기도 하고 혈기를 내기도 합니다. 미스 코리아도 자신의 얼굴에 대하여 100% 만족하지 못한다는 것을 아시기를 바랍니다.

4) 다른 사람에게 인정받고 싶어 하는 욕구가 강한 사람일수록 열등감이 강합니다. 인정은 받고 싶은데 인정을 해주지 않고 다른 사람이 인정을 받으니 열등감이 생기는 것입니다. 그러므로 욕심을 버리는 것도 열등감을 치유하는데 조금의 도움은 됩니다. 능력 있는 척하는 성도가 있습니다. 성도가 목사보다 능력 있다고 은연 중 과시하는 분들이 있습니다. 말만 앞서서 하는 것은 하지 말아야 합니다. 말로 무엇을 못합니까? 실제로 보여주면서 말을 하는 모두가 되시기를 바랍니다. 하나님은 말씀하시고 보여주시는 하나님이십니다.

3. 모든 사람에게 있는 것이 열등감이다. 이것은 특별한 사람에게만 있는 것이 아닙니다. 모자라고 부족한 사람에게만 있는 것이 아니라 사람이면 누구나 가지고 있는 것이 열등감입니다. 대통령도 열등감이 있고, 교수도 열등감이 있습니다. 아무리 잘 난 사람이라 할지라도 열등감이 없는 사람은 없습니다.

1) 직분별로도 열등감이 다르게 나타납니다. ① 목사님들도 열등감이 있습니다. 특별히 교회의 규모에 따라 열등감이 생깁니다. 자신보다 더 큰 교회를 섬기는 목회자를 보면 열등감이 생깁니다. 그리고 자기보다 성령의 권능이 강한 목사를 보면 열등감이 생깁니다. 그리고 자기보다 더 높은 지위나 자리에 있는 동료 목사를 볼 때 자신도 모르게 열등감에 빠지는 경우가 많습니다. 그래서 잘 협력하지 못하고 도와주지 못하는 이유가 이 열등감 때문입니다. 이런 문제를 성도들이 알고 도와주어야 할 것입니다.

② 사모님들도 열등감이 많습니다. 목사인 남편의 능력에 따라 열등감이 다르게 나타납니다. 성령의 은사가 많이 하나님에게 귀하게 쓰임 받는 사모를 볼 때 열등감이 생깁니다. 그리고 경제능력이 따라주지 않음으로 가족들과 친지들의 모임에서 열등감으로 눌릴 때가 많습니다.

③ 교회 직분 자들도 여러 가지 열등감을 가지고 있습니다. 경쟁대상이 되는 다른 직분 자에 비해 자신에게 약한 것이 있으면 그것으로 열등감이 생깁니다. 성령의 은사가 많이 하나님에게 귀하게 쓰임 받는 직분 자를 볼 때 열등감이 생깁니다. 다른 직분 자에 비하여 경제나 학력, 그리고 교회를 섬기는 힘이 약할 때 열등감이 생긴다고 고백하는 분들도 많습니다.

그러므로 직분 자들은 경쟁하지 말고, 다른 지체들을 도와주는 일꾼이 되어야 하고, 자신이 할 수 있는 일에 대해서는 최선을 다한다는 자세를 가져야 합니다. 직분 자들이 치유되지 않음으로 교회 안에 문제가 발생하는 경우가 많습니다. 교인들끼리 서로 시기하고 질투하고 다투는 그 배경을 잘 보면 개인이 가지고 있는 열등감 때문입니다. 그래서 하나님은 성령으로 봉사하라고 하시는 것입니다.

④ 평신도들도 가지고 있는 열등감이 있습니다. 성령의 은사가 많이 하나님에게 귀하게 쓰임 받는 성도를 볼 때 열등감이 생깁니다. 괜히 소외감을 느끼고 목사의 사랑을 받지 못해 먼저 온 분들에게 열등감을 느낀다고 말하는 분들도 많습니다. 그러나 이것은 잘못된 생각입니다. 어느 목사가 새신자를 소외시키겠습니까? 그러므로 생각으로 자꾸 자신을 가두지 말고 조금씩 넓혀나가는 것이 중요합니다.

2) 열등감을 가진 자들의 특징이 있습니다. ① 열등감을 가지고 있으나 성격 자체가 적극적인 사람은 표시가 나게 설치고 나서기를 좋아합니다. 그래야 자신의 열등감을 숨길 뿐 아니라 채울 수 있기 때문입니다.

② 열등감을 가지고 있으나 성격 자체가 소극적인 사람은 우울증에 빠질 가능성이 많습니다. 차라리 설치고 나서기를 좋아하면 다행입니다. 문제는 설칠 힘도 없고 나설 힘도 없을 때입니다. 그러니 자신 안으로 갇히게 되고 눌리게 되고, 우울증으로 빠지고, 그 무거운 생각에서 빠져 나오지를 못하는 것입니다.

③ 열등감이 강한 사람은 다른 사람을 지나치게 의식하는 경향이 강합니다. 물론 사람이 사람을 의식하지 않을 수는 없겠지만 지

나치면 그것도 병이 되는 것입니다. 성도는 하나님만을 의식하며 살아야 합니다. 하나님은 사람을 의식하는 성도하고 상관을 하지 않습니다.

④ 불평과 원망을 많이 하는 사람은 열등감이 있는 사람입니다. 그런데 그 불평과 원망이 객관적이고 타당하다 할지라도 열등감에서 나온 것이면 문제가 될 수 있습니다. 그래서 학자들은 말이 많은 사람일수록 열등감이 강한 사람이라고 말을 합니다. 그러므로 김 집사가 말을 많이 한다고 생각하면 "저 사람 열등감이 많구나!"라고 생각하면 70%는 맞는 것입니다.

3) 열등감이 있는 사람은 어딘가 표시가 나게 마련입니다. 얼굴에 열등감이 있는 사람은 화장을 진하게 합니다. 얼굴에 신경을 쓰기 때문입니다. 신체적인 열등감이 있으면 옷을 화려하게 입고 옷을 자주 갈아입습니다. 자신의 부족한 신체부분을 옷으로 감추려고 하는 무의식적인 행동입니다. 학력에 열등감이 있는 사람은 어디를 가면 고개를 잘 끄덕이면서 아는 척을 잘합니다. 그리고 의기소침해 있는 사람들 중에서도 열등감에 사로잡혀있는 경우가 많습니다.

4. 열등감의 완전치유

1) 심리학자들은 "성숙한 인격"이 요청된다고 합니다. 그래서 자존감을 높이라고 합니다. 개인의 차이를 인정하는 사람이 되라고 합니다. 자기를 용납하고 공유하는 마음을 가지라고 말합니다.

다 맞는 말입니다. 열등감은 낮은 자존감에서 나오니 자존감을 높이면 치유에 도움이 됩니다.

　개인의 차이를 인정할 줄 모르고 지나친 욕심으로 열등감에 빠질 수 있으니 개인의 차이를 인정하고 자신을 용납하며 공유하는 마음을 가지면 도움이 될 것입니다. 그러나 심리적인 방법보다 하나님의 말씀으로 돌아가 보아야 합니다. 이 말씀을 믿는 믿음이 있다면 열등감은 반드시 치유가 됩니다.

　2) 성경적인 답. 사람은 하나님의 형상대로 창조되어진 최고의 존재입니다(창1:27-28). 이것을 믿어야 합니다. 하나님은 우리를 열등한 존재로 만드시지 않았습니다. 완벽한 하나님의 창조물로 만드신 것입니다. 그리고 우리에게 세상을 정복하고 다스리는 권세를 주었기 때문에 그 권세를 활용해야지 열등감에 사로잡혀 있으면 안 되는 것입니다. 하나님은 모든 사람에게 맞는 최고의 달란트를 다 주셨습니다. 그러므로 하나님이 주신 달란트를 전문화하여 그 분야에 최고의 사람이 되면 열등감은 사라집니다. 많은 것을 하지 못하기 때문에 열등감이 생기는 것이 아닙니다. 한 가지를 제대로 못하기 때문에 열등감이 생깁니다. 더 중요한 것은 우리의 신분과 권세를 알아야 합니다. 우리는 하나님의 자녀입니다. 하나님의 자녀인 우리가 어찌 열등감에 빠져있으면 되겠습니까? 우리가 하나님의 자녀이기 때문에 성령님이 우리를 인도하십니다. 성령님이 우리를 인도하시면 완벽한데 우리가 열등감에 빠져있을 이유가 없습니다. 우리가 예수 이름으로 기도하면 하나님이 응답하여 주

시는데 왜 우리가 열등감에 빠져있어야 합니까? 가장 좋은 것으로 응답하시는 하나님인데 우리가 어찌 열등한 존재입니까? 그러므로 믿음이 우리의 열등감을 치유합니다.

우리가 가진 권세를 한번 생각해 보세요. 성경 여러 곳에서 하나님은 하나님의 일을 위하여 천군 천사까지도 동원하셨습니다. 우리에게도 하나님의 일을 위하여 이러한 일을 행하실 것인데 우리가 열등감에 빠져있으면 되겠습니까? 조금 더 사실적으로 말하면 예수 이름으로 사단을 결박하고 추방할 수 있는 권세가 우리에게 있는데 우리가 왜 열등한 존재입니까? 그리고 우리는 세계를 정복할 수 있는 비밀이 있는 자입니다. 그러므로 오늘 열등감에서 자유함을 얻어야 합니다. 하나님이 역사하시니 우리는 열등한 존재가 아닙니다. 60억 인구 중에 유일한 존재가 바로 나라는 사실을 알아야 합니다. 내가 얼마나 가치가 있는 존재인데 열등감에서 빠져 나오지 못하고 있습니까? 이것은 믿음의 문제입니다. 성령이 충만하지 않다는 증거입니다.

5.열등감이 치유되어져야 할 이유

1) 사단에게 자꾸 속기 때문입니다. 우리가 열등감에서 치유 받지 못하면 사단에게 자꾸 속게 됩니다. 그래서 치유되어야 합니다. 그래서 하나님에게 받은 것에 대하여 감사해야 합니다. 우리는 하나님께 받은 것이 많습니다. 그런데 열등감이 있는 사람은 받은 것에 대해서 감사하지 못합니다. 그러니 자꾸 마귀에게 속는 것입니

다. 그리고 없는 것을 불평하지 말아야 합니다. 열등감은 있는 것에 대하여 감사하지 못하게 만들고 없는 것에 대해서 불평하고 원망하게 만드니 우리에게 문제가 되는 것입니다. 그래서 저는 열등감이 많은 사람은 하나님의 축복을 제대로 누릴 수 없다고 생각합니다. "범사에 감사하라"고 했는데 열등감이 많은 사람은 절대로 범사에 감사하지 못합니다. 오히려 범사에 불평을 합니다. 우리가 공통적으로 가지고 있는 병이 "만족할 줄 모르는 병"입니다. 받은 것에 대하여 만족할 줄 모릅니다. 있는 것에 만족할 줄 모르고 늘 없는 것에 대하여 불평만 합니다. 그러니 감사가 없고 하나님의 은혜를 제대로 누리지 못하는 것입니다.

제가 질문을 하나 해 보겠습니다. "사단에게는 열등감이 있겠는가? 없겠는가?" 있습니다. 그 열등감 때문에 하나님을 반역했다가 하늘나라에서 쫓겨난 것입니다. 자기의 열등의식을 강하게 느낀 사단이 하나님의 보좌를 넘보다가 쫓겨난 것입니다. 하나님을 찬양하는 천사장의 자리를 감사할 줄 모르고 불평하다가 그렇게 된 것입니다. 그런데 쫓겨나서 내려와 보니 아담과 하와가 하나님만 바라보고 하나님 안에서 사는 것입니다. 이걸 보고만 있을 수 없었던 사단이 인간을 공격했는데 인간이 그만 넘어지고 만 것입니다. 이때 사용했던 사단의 말을 한 번 들어 보세요.

"너희가 그것을 먹는 날에는 너희 눈이 밝아 하나님과 같이 되어 선악을 알 줄을 하나님이 아심이니라." 이것 얼마나 기가 찬 말인가? "하나님과 같이 되어" 이것은 바로 열등감을 가진 사단이 인간을 공격하는 무기였고 열등감을 채우기 위해 신분을 잃어버린 하와가 선악과를 따먹은 것입니다.

사단이 지금 온 세상에 우상의 씨앗을 다 뿌려 놓았습니다. 그 이유가 무엇인지 아는가? 하나님을 섬기지 말고 자신을 섬기라고 그렇게 한 것입니다. 아직까지 사단은 자신의 열등감을 인간을 공격하고 무너뜨리는데 사용하고 있습니다. 이것은 곧 하나님에 대한 반항이기도 합니다. 그러므로 우리가 열등감에 계속 빠져있다면 이것은 사단을 영화롭게 하는 일입니다. 그래서 빨리 열등감의 원인을 찾아서 치유하고 열등감에서 자유 함을 얻어야 합니다. 그래서 하나님에게 날마다 영광을 돌리는 자가 되어야 합니다.

2) 오늘 말씀의 결론 중의 결론은 "자신이 가지고 있는 열등감을 축복의 통로로 바꿔라"는 것입니다. 모든 사람은 열등감이 있는데 이것에 눌리지 말고 축복으로 바꾸어야 합니다. 열등감을 축복으로 바꾸어 성공적인 삶을 살고 있는 사람들이 많습니다. 오히려 자신의 연약함을 알고 하나님에게 매어 달리며 기도하여 하나님의 권능을 힘입어 강하게 만드는 사람들이 성공하는 것입니다.

3) 하나님의 계획을 한번 쳐다보아라. 하나님은 아흔 아홉 마리의 양보다 열등한 한 마리의 양에 관심을 가지십니다(눅15:3-7). 이것은 하나님의 관심은 열등한 사람에게 있다는 것입니다. 그러므로 열등한 의식 속에 갇혀있지 말고 하나님의 관심 안으로 들어가야 합니다. 하나님의 계획은 지혜로운 자에게 있는 것이 아니라 미련한 자에게 있고, 강한 자에게 있는 것이 아니라 약한 자에게

있습니다. 그러므로 기죽지 말고 일어서야 합니다.

　더 이상 열등한 자리에서 헤매지 말고 자리를 털고 일어나서 새로운 길을 가야 합니다. 열등감을 성령으로 치유하여 승리하는 삶을 살아갑시다. 열등의식은 대인관계에 지대한 영향을 줍니다. 상대방은 절대로 그렇게 생각하지 않는데 자신이 스스로 자신을 열등하게 생각을 하는 질병입니다. 하나님의 자녀는 열등하지 않습니다. 왜냐하면 옛사람은 죽고 하나님의 자녀로 태어났기 때문입니다. 예수를 믿으면서도 자신을 열등하게 생각하는 사람은 아직 하늘의 사람으로 바뀌지 않는 증거가 됩니다. 빠른 시간에 자신의 바른 위치를 깨달아야 합니다. 그래야 성령의 인도를 받으며, 지금 살아서 천국을 누리며 삶에서 아브라함의 축복을 받으면서 살아갈 수가 있는 것입니다. 열등감의 치유는 성령 안에서 온몸으로 기도를 오래하여 무의식에 잠재하여 있는 열등의식을 의식위로 올라오게 하여 밖으로 배출해야 합니다. 그러기 위해서 성령 안에서 온몸으로 하는 기도를 숙달해야 합니다.

18장 분노 혈기를 예방하고 완전치유하려면

(엡4:26-27)"분을 내어도 죄를 짓지 말며 해가 지도록 분을 품지 말고 마귀로 틈을 타지 못하게 하라"

하나님은 이 시간에 우리에게 있는 분을 풀어내라고 말씀하십니다. 모든 사람은 분노를 가지고 삽니다. 특정인만 있는 것이 아니라 사람이라면 다 있는 것이 분노입니다. 어린 아이로부터 노년에 이르기까지 분노는 다 있습니다. 저는 당신에게 질문을 하고 싶습니다. 혹시 당신 안에 숨어있는 분노는 없는가? 어딘가에 눌려있고, 걸려있는 분노가 없는가? 누군가가 건드리기만 하면 터질 것만 같은 시한폭탄 그 무엇인가가 당신에게 없는가? 이 분노를 가진 채 당신이 가정과 삶의 현장에서 승리할 수 있다고 생각하시는가?

이 분노를 숨긴 채 흑암의 권세와 싸워 이길 수 있다고 생각하시는가? 저는 절대 분노를 가지고 흑암의 권세와 싸워 이길 수 없다고 생각합니다. 내 안에 분노가 있는 이상 사단의 통로는 내게 늘 열려져 있는 것입니다. 아니 이미 사단이 내 안에 자기의 집을 지어놓고는 왔다 갔다 하면서 나를 가지고 놀기도 할 것입니다. 그러므로 분노를 처리하는 것은 내 안에 숨어있는 사단의 집을 무너뜨리는 것과 같은 것입니다.

저는 오늘 이 작업을 하려고 합니다. 하나님의 말씀과 그 능력으로 그 동안 내 안에 있었던 분노의 집을 무너뜨리기를 원합니다.

당신도 이 축복을 받게 되기를 주님의 이름으로 축원 드립니다.

1. 모든 분노에는 원인이 있다. 이유가 없는 분노는 없습니다. 분명한 이유가 있기 때문에 분노가 내게 들어온 것입니다. 우리는 분노의 뿌리를 찾아 치유해야 합니다.

1) 개인이 가지고 있는 분노가 있습니다. 한마디로 말하면 개인의 욕구 충족이 되지 않을 때 분노가 생깁니다. 자기 마음대로 되지 않을 때 분노가 생깁니다. 다른 사람이 자기의 의견에 따라주지 않을 때도 분노가 생깁니다. 무엇을 계획했는데 계획대로 되지 않을 때 분노가 생기기도 합니다.

2) 가족관계에서 오는 분노가 있습니다. 부모로부터 사랑을 받지 못하고 성장한 사람, 부당한 대우를 받으며 성장한 자녀들이 부모를 향한 분노를 가지고 있습니다. 부모에게 체벌을 받은 경험이 있는 자녀들이 분노를 가지고 있습니다. 부모가 무능하여 잘 배우지 못했을 때도 부모를 향한 분노가 있습니다.

그런가하면 배우자로부터 받은 상처로 인하여 마음속 깊은 곳에 분노로 남아있는 사람들도 있을 것입니다. 도저히 용서가 안 되는 남편, 도저히 이해가 안 되는 아내의 행위 때문에 평안을 잃어버린 분들도 있을 것입니다. 배우자의 외도로 인하여 분노가 자리하고 있는 사람도 있을 것입니다.

그리고 자녀로부터 푸대접을 받았거나 무시를 당했다고 생각하는 부모들의 마음속에도 분노가 자리 잡고 있습니다. 대부분의 어머니가 제일 분노할 때가 "자식들에게 무시를 당할 때"라고 합니다. 이때 떠오르는 생각이 "내가 고생 고생하면서 키워놓았더니 이제 와서 나를 무시해"라는 생각이 들어오면 잠을 잘 수가 없다는 것입니다. 그래서 밤잠을 설치다가 울화병에 걸리기도 하고 불면증에 걸려서 고생하기도 합니다. 이런 것은 전부 가족들을 통해서 오는 분노들입니다.

3) 환경적으로 오는 분노도 있습니다. 억울한 일을 당하였을 때 끓어 오르는 분노를 참을 수 없게 됩니다. 남에게 억울하게 잘못의 누명을 썼을 때도 분노가 생깁니다. 어떤 문제를 통해 손해 보았다고 생각되어질 때 분노가 들어오기도 합니다. 이때 자기 자신을 비하시키기도 하고, 때로는 폭력적으로 나가기도 합니다. 주먹으로 벽을 치기도 합니다. 얼마 전에 프로야구 선수가 자신은 공을 잘 던져서 다 이겨놓은 게임을 다른 선수가 나가서 망치니까, 순간 분노를 참지 못하고 손으로 물건을 때려서 손가락이 부러져서 한동안 선수 생활을 못하고 치료를 받은 일도 있는 것입니다. 이것이 환경적으로 오는 분노입니다. 그러나 분노를 발하면 자기만 손해가 나는 것입니다.

4) 사회적인 배경 속에서 가지게 되는 분노도 있습니다. 법이 평등하지 못할 때 사회를 향한 분노가 생기게 됩니다. 힘이 있는 자와 힘이 없는 자간 법이 공정하지 못할 때 분노가 끓어 오릅니다. 불의가 정의를 짓밟을 때도 국민의 가슴속에는 분노가 들어옵니다. 그래서 데모를 하기도 하고, 온 몸으로 분노를 표출하다가 자

살하기도 하는 것입니다. 소리를 지르며 농성을 하기도 하고 촛불 집회도 하는 것입니다.

2. 그럼 분노가 죄인가? 아닌가?

1) 성경적으로 말하면 죄는 아닙니다. 왜냐하면 성경 엡4:26 "분을 내어도 죄를 짓지 말며"라고 했습니다. 이것은 분을 내는 것과 죄를 짓는 것은 별개라는 것입니다. 다시 말하면 분을 낸다고 꼭 죄를 범하게 되는 것은 아니라는 말입니다. 분을 마음에 품고만 있다고 죄가 되는 것이 아니다, 라는 뜻도 됩니다. 시7:11 "하나님은 매일 분노하시는 하나님"이시라고 했습니다. 만약 분노 그 자체가 죄라고 한다면 하나님은 매일 죄를 범하신다는 결론이 나옵니다. 그러므로 분노 그 자체는 죄가 되지 않습니다.

2) 그러나 분노를 통하여 죄를 범할 수는 있다. 내가 가진 분노로 다른 사람에게 상처를 주거나 조절되지 않고 폭발할 때 그것은 분명히 죄가 됩니다. 하나님이 모세에게 반석을 명하여 물을 내라했으나 분노를 발하여 하나님의 진노를 사게 되었습니다(민20:7-12).

반대로 절제된 분노로 자신을 파괴하거나 원망과 고통 속에서 자신의 몸을 해한다면 그것도 분명히 죄가 됩니다. 제가 지금까지 내면치유 사역을 하다 보면 분노를 풀지 못하고 억제하며 살아가던 여성분들이 울화병에 많이 걸려서 고통당하는 것을 종종 보게 됩니다. 이런 분들이 성령의 임재가 되면 악을 그렇게 많이 씁니다. 속에 있는 분노를 성령께서 풀어주시기 때문입니다. 우리가 꼭 기억해야 할 것이 있습니다.

분노는 반드시 상처를 남긴다는 것입니다. 분노가 폭발하든, 하지 않던지, 그곳에는 상처가 남게 됩니다. 그리고 폭발하지 않는 분노는 없습니다. 언젠가는 밖으로 표출되게 되어있습니다. 사람의 마음은 상처를 받아들일 수 있는 일정한 분량이 있습니다. 마치 축구공이 공기를 받아들일 수 있는 분량이 있는 경우와 같이 말입니다. 상처를 마음에 받아들일 수 있는 한계를 초월하면 폭발합니다. 축구공이 터지는 것 같이 말입니다. 그래서 몸살이 나거나 화병이 생겨서 드러눕게 됩니다.

신혼 초에는 누구나 다 행복합니다. 남편은 아내를 사랑하고 아내는 남편을 존경합니다. 사랑의 향기에 묻혀 문제를 문제 삼지 않고 이해하고 넘어갑니다. 그러다가 조금씩 성격적으로 맞지 않는 것을 통하여 갈등을 느낍니다. 시간이 지날수록 섭섭함이 쌓여가고 그러다가 어느 날 화산이 폭발하는 날이 옵니다. 이때 하는 말이 "참을 만큼 참았다"는 것입니다. "나만 손해 볼 수 없다"는 것입니다. 그런데 두 사람 다 똑같은 말을 합니다. 그러니 6,25전쟁이 터지고, 더 심한 경우에는 3차 대전까지 갑니다. 여러 부부들이 그렇습니다. 한 3년 동안은 남편이 시키는 대로 잘합니다. 그런데 아이 둘 낳고, 고생할 만큼하고 나서는 태도가 100% 달라는 지는 것입니다. 그때부터는 남편의 말을 듣지 않습니다. 참으라고 하면 "내가 바보인줄 아나!" 하면서 덤벼드는 것입니다. 그래서 감정이 동물이라고 하는 가봅니다. 마음에 분노가 포화 상태가 되었다는 것입니다. 그래서 참지 못하고 발설하게 되는 것입니다.

3) 우리는 분노를 다스리는 방법을 알아야 한다. 그래야 죄를 범하지 않습니다. 분노가 일어날 때 사람을 공격하면 죄를 범하게 됩니다. 특별히 특정인을 공격하는 것은 성경적이지 못한 것입니다. 그러므로 우리는 사람을 공격하지 말고 문제를 공격해야 합니다. 문제를 공격한다는 말은 문제가 있음을 발견하고, 가능한 빨리 성경적으로 문제를 해결하려고 노력하는 것입니다. 이때 제일 중요한 것은 빨리 영으로 기도하여 성령으로 충만해야 합니다. 그리고 말씀, 복음으로 들어가야 합니다. 저는 이 부분을 굉장히 중요하게 여깁니다. 어떠한 분노도 복음 안에서는 해결 됩니다. 성령이 충만하면 분노는 아무것도 아닌 것입니다. 분노는 폭발하는 순간은 어떤 쾌감을 느끼나 그 후에 반드시 분노는 대가를 지불해야 합니다. 다윗을 죽이려고 쫓아다니던 사울은 광야에서 싸우다가 창에 엎드려져 죽었습니다(삼상18:5-9).

사울이 분노하니 악신이 임합니다. 이는 이렇게 설명하면 이해가 될 것입니다. 우리는 영적이면서 육적인 사람들입니다. 그러므로 우리가 기뻐하며 마음이 평안하면 성령이 충만하게 됩니다. 그러나 반대로 분노를 발하면 육으로 돌아가기 때문에 우리의 옛 주인이던 마귀가 찾아오는 것입니다. 우리 육체의 주인은 마귀입니다. 왜요 아담이 마귀에게 속아서 마귀 말을 듣고 선악과를 따 먹었기 때문입니다. 그래서 사울이 분노하니 악신이 들어온 것입니다(삼상18:10-12).

그래서 사울이 악귀에 눌려서 다윗을 죽이려고 따라다니다가 결국은 자기가 멸망을 당합니다. 성도라도 분노를 발하여 악귀가 들어오도록 하면 종국은 망합니다. 귀신은 죽이고 멸망시키려고 들어왔기 때문입니다(삼상 31:3-6).

우리는 모세를 교훈으로 삼아야 합니다. 모세는 하나님이 반석을 명하여 물을 내라 했으나 분노를 발하여 반석을 쳐서 물을 내므로 가나안에 들어가지 못했습니다(민20:12). 분노를 발하다가 이마에 문둥병이 발하여 망한 웃시야 왕의 저주를 교훈으로 삼아야 합니다(대하 26:18-21).

분노는 이렇게 처리해야 합니다. 분노, 화는 절대로 하나님의 의를 이루지 못합니다. 격한 감정은 행동의 가장 **빠**른 표현인 분노의 말로 표현됩니다. 분노는 감정을 격발 시킵니다. 분노는 다른 사람에게도 상처를 입히게 됩니다. 그래서 우리는 분노를 억제해야 합니다. 분노를 억제하기 위하여 성령으로 충만해야 합니다. 우리의 마음을 말씀과 성령으로 충만하게 하여 안정한 심령을 만들어야 합니다. (잠29:11)"어리석은 자는 그 노를 다 드러내어도 지혜로운 자는 그 노를 억제하느니라." (잠12:16)"미련한 자는 분노를 당장에 나타내거니와 슬기로운 자는 수욕을 참느니라."

당신이 만약에 속에서 분노가 올라오거든 이렇게 하시기를 바랍니다. 먼저 분노의 원인을 찾아봅니다. 정당한 분노인가? 왜 내가 분노를 내려고 하는가? 그리고 분노 후에 상대방에게 일어날 일을 생각해 보아야 합니다. 분노를 발한 후에 자신이나 타인에게 생길 일을 생각해 봅니다. 분명히 분노는 하나님, 상대방, 본인에게 피해를 주게 됩니다. 분노는 영적, 심리적, 육체적, 인간관계에 큰 피해를 줍니다. 분노로 인하여 치러야 할 대가를 생각해보아야 합니다. 사울이나, 모세의 교훈을 생각해 보아야 합니다. 그리고 인내하며 참아야 합니다. 분노는 이렇게 처리해야 합니다. 분노는 생선회와 같습니다. 회는 싱싱할 때 먹어야하며 시간이 지나면 부패해집니다. 분노도 빨리 처리해야합니다.

주여! 주여! 하면서 영으로 기도하여 분노를 성령의 능력으로 몰아내야 합니다. 이렇게 하는 것이 성경적으로 대응하는 것입니다. 성경적인 대응을 하지 못하면 사단에게 속는 것입니다. 분노가 일어날 때 성경적으로 대응하면 그 때 흑 암의 권세는 꺾이는 것입니다. 성령의 역사가 일어나기 때문입니다.

3. 분노로 말미암아 오는 문제들이 있다.

1) 분노로 말미암아 가장 큰 타격을 입는 곳은 마음입니다. 마음에서부터 화가 일어납니다. 그러니 불안합니다. 반대로 굉장히 의기소침해 지기도 합니다. 정도가 심하면 복수심까지도 생기게 됩니다. 그래서 잠25:28절에 "자기의 마음을 제어하지 아니하는 자는 성읍이 무너지고 성벽이 없는 것 같으니라"고 했습니다. 그러다가 우울증으로 발전하기도 합니다.

2) 신체적 문제로 발전되는 것이 분노입니다. 분노심 때문에 두

통과 위궤양으로 고생을 하는 분들이 있습니다. 순환기 계통에도 영향을 미칩니다. 그래서 분노를 발하면 혈관에 염증이 생긴다고 합니다. 고혈압과 심장마비도 분노 때문에 일어나기도 합니다. 그런가하면 다른 사람을 살인할 수도 있는 것이 분노입니다. 그래서 잠29:22절에 "노하는 자는 다툼을 일으키고 분하여 하는 자는 범죄함이 많으니라"고 하셨습니다.

3) 분노가 심하면 생활에도 문제가 옵니다. 비협조적인 자세로 일관하는 사람을 보면 그 속에 분노가 있기 때문입니다. 무관심(반응)으로 일관하는 사람도 그 속에 숨겨진 분노가 있기 때문입니다. 그런가하면 사소한 일에 신경질과 짜증을 많이 부립니다. 그래서 잠15:18절에 "분을 쉽게 내는 자는 다툼을 일으켜도 노하기를 더디하는 자는 시비를 그치게 하느니라."고 하셨습니다. 자신의 건강을 위해서라도 분노를 성경적으로 풀어야 합니다.

4) 이러니 결국은 영적인 문제로 발전합니다. 밤에 잠을 자지 못합니다. 시간이 경과되면 불면증으로 발전합니다. 더 나아가 울화병으로 발전합니다. 우울증에 걸리기도 합니다. 제가 지금까지 전인치유 사역을 하면서 체험적으로 느낀 것은 우울증이나 울화병에 걸린 사람들의 무의식에 분노가 많았다는 것입니다. 시간이 경과하면 육체의 질병으로 발전합니다. 그렇기 때문에 육체에 질병이 생겼다는 것은 이미 영적인 질병이 깊어진 것입니다. 마음에 평안이 없으므로 쉽게 흥분을 잘합니다. 흥분하면 통제 불가능한 상태로 흘러갑니다. 그래서 잠22:24-25절에 "노를 품는 자와 사귀지

말며 울분한 자와 동행하지 말지니 그 행위를 본받아서 네 영혼을 올무에 빠질까 두려움이니라"고 하셨습니다.

4. 분노가 일어날 때 조심해야 할 것이 있다.

1) 생각을 통해 일어나는 감정을 조심해야 합니다. 섭섭했던 것을 생각하면 안 됩니다. 그러나 마귀는 어찌하든지 과거 섭섭해 했던 것을 생각나게 합니다. 이때에는 마귀가 주는 생각을 따라가지 말고 예수이름으로 대적해야합니다. 그리고 반대로 그 사람이 당신에게 잘해 주었던 것을 생각해야 합니다. 무시당했던 것이 생각납니다. 무시당했던 생각을 따라가면 속에서 분이 나오게 됩니다. 분이 나오면 이성을 잃을 수도 있습니다.

또 억울한 것을 생각하면 감정이 조절이 안됨으로 실패합니다. 실패하면 자신만 손해가 나는 것입니다. 분노를 발하면 상대방도 마음에 상처를 입을 수 있지만, 자신이 더 큰 상처를 입게 됩니다. 그러므로 분노는 억제하거나 기도로써 토설하며 풀어야 합니다.

2) 문제와 사건 자체에 묶이면 분노는 끊어지지 않습니다. 마귀가 알려주는 과거의 사건에 묶이면 안 됩니다. 절대로 마귀가 주는 생각을 따라가면 실패합니다. 마귀가 주는 생각을 예수 이름으로 대적하여 몰아내야 합니다.

마귀는 어찌하든지 당신을 분노하게 합니다. 그리하여 당신을 장악하려고 합니다. 더 나아가서 당신을 종으로 삼으려고 합니다. 그러니 영으로 기도하여 안정된 마음을 유지해야 합니다. 그러면 승리할 수 있습니다.

3) 최고로 절제해야 할 것은 '말조심'입니다. 하나님은 엡4장 29절에서 "무릇 더러운 말은 너희 입 밖에도 내지 말고 오직 덕을 세우는 데 소용되는 대로 선한 말을 하여 듣는 자들에게 은혜를 끼치게 하라"고 하십니다. 말을 조심해야 합니다. 될 수 있는 대로 참아야 합니다. 하고 싶은 말을 다하면 분명하게 문제는 터지게 됩니다.

서로 조심해야 합니다. 그래서 잠언 15장 1절에 "유순한 대답은 분노를 쉽게 하여도 과격한 말은 노를 격동하느니라." 말씀하시는 것입니다. 하나님은 우리를 위하여 말씀을 주셨다는 것을 잊지 말아야 합니다. 그래서 말씀을 듣고 지키는 자는 복이 있다고 하는 것입니다(계22:7).

잠15장 28절에 "의인의 마음은 대답할 말을 깊이 생각하여도 악인의 입은 악을 쏟느니라." 우리는 예수를 믿고 성령으로 거듭난 하나님의 자녀입니다. 그리고 의인입니다. 의인답게 말을 할 때는 깊이 생각하여 말을 하시기를 바랍니다. 그리하여 상대방에게 덕을 끼치시기를 바랍니다. 잠29장 22절에 "언어에 조급한 자에게는 바랄 것이 없다"고 하셨습니다. 믿음의 사람답게 말을 조심해야 합니다. 말을 하기 전에 한번 생각하는 습관을 들여야 합니다. 세상 말에도 참을 인자 셋이면 살인을 면한다고 했습니다.

5. 분노를 해결하는 최고의 약은 "이해"이다.

1) 이해부족은 사랑부족이 아닌가? 예수님은 우리를 사랑하셨기 때문에 이 땅에 오셨습니다(요3:16). 예수님은 우리를 사랑하셨기 때문에 십자가를 지셨습니다(마27:35). 우리 예수님과 같이 상대방을 사랑하는 성도가 됩시다.

2) 그 사람을 진정으로 사랑하면 그 사람의 환경을 이해할 수 있고, 그 사람의 입장을 이해할 수 있습니다. 그러면 분노는 가라앉게 됩니다. 이해가 안 된다는 말은 내가 가지고 있는 영적인 문제와 연결되어 있기 때문입니다.

이해가 안 된다는 말은 내가 그 만큼 치유 받아야 할 부분이 많다는 증거이기도 합니다. 다 나에게 문제가 있는 것입니다. 주로 이런 사람들이 문제를 일으킵니다.

3) 이해하면 용서가 되어 집니다. 하나님은 이렇게 말씀하십니다. (잠19:11) "노하기를 더디하는 것이 사람의 슬기요 허물을 용서하는 것이 자기의 영광이니라." 우리 용서하십시다. 예수님은 용서하라고 하셨습니다. 일흔 번씩 일곱 번이라도 용서하라고 했습니다. (마18:21-22)"그 때에 베드로가 나아와 이르되 주여 형제가 내게 죄를 범하면 몇 번이나 용서하여 주리이까 일곱 번까지 하오리이까? 예수께서 이르시되 네게 이르노니 일곱 번뿐 아니라 일곱 번을 일흔 번까지라도 할지니라."

사람의 과실을 용서해 주어야 할 이유가 마태복음 6장 14절에 보면 "너희가 사람의 과실을 용서하면 너희 천부께서도 너희 과실을 용서하신다."고 하셨기 때문입니다. 용서할 때 중심으로 용서하라고 하셨고(마18:35), 비판할 일이 있음에도 정죄할 일이 있음에도 불구하고 용서하라고 하셨습니다(눅6:37). 우리가 하는 용서는 그리스도 앞에서 한 것이라고 바울이 말했습니다(고후2:10). 용서합시다. 형제를 용서하면 하늘의 상급이 큽니다.

3) 용서하면 화목할 수 있다. 마태복음 5장 24절에서 예수님은 "형제와 화목하라"고 하셨습니다. 또 마가복음 9장 50절에서는 "서로 화목하라."고 하셨고, 로마서 3장 25절에서는 예수님이 우리의 "화목제물이 되셨다"고 하셨고, 고린도후서 5장 18절에서는 우리에게 "화목하게 하는 직책을 주셨다"고 하셨습니다. 예수님은 믿는 자들이 화목하지 않은 상태로 있는 것을 허락지 않으십니다. 이것은 아군끼리 싸우는 것입니다. 그러므로 상대방이 찾아오도록 기다리지 말고 찾아가야 합니다. 제일 아름다운 만남은 서로 찾아가다가 중간에서 만나는 것입니다.

이렇게 멋진 모습으로 살아가는 우리가 되시기를 바랍니다. 우리의 기준은 말씀입니다. 그러므로 성경의 가르침을 받아야 합니다. 우리가 정말 말씀중심이면 분노를 다스릴 수 있습니다. 성령으로 충만하면 분노를 이겨낼 수 있습니다. 사단은 분노를 통하여 우리들을 틈탑니다. 내 안에 오랫동안 숨어있는 분노를 해결하지 못하면 내 마음은 사단의 집이 되는 것입니다. 그러면 끝없는 분쟁과 다툼이 나를 떠나지 아니합니다. 왜 정신신경의 질병에 걸립니까? 많은 원인이 있겠지만 그 중에 한 가지가 분노를 치유 받지 못했기 때문입니다. 오늘 당신 안에 숨어있는 분노를 치유 받으시기 바랍니다.

그래서 하나님의 평안을 소유하는 성도가 되기를 소원합니다. 항상 마음을 넓고 깊게 생각하도록 안정한 심령을 유지 하시기를 바랍니다. 분노 혈기는 깊은 영성을 유지하는데 커다란 장애가 됩니다. 성도는 마음이 안정되어 외적침묵과 내적침묵이 잘 되어야 하나님과 친밀하게 지낼 수가 있습니다. 하나님의 권능이 있어야 세상을 이길 수가 있습니다. 순간순간 분노를 유발하면 육체가 되어 영이신 하나님과 교통할 수가 없습니다. 하나님과 교통이 안 되니 하나님의 음성을 들을 수가 없고, 성령의 권능이 나타나지 않습니다. 자연스럽게 세상에 눌리게 됩니다. 세상에 눌리니 마음이 갑갑해지고 시간이 경과됨에 따라 마음이 병이나 심혈관질환이 생길 수가 있습니다.

자꾸 분노를 발하다가 정신과 육체의 질병이 나타났다면 영적으로 상당히 깊은 문제가 발생한 것입니다. 치유는 말씀과 성령으로 충만 받아야 합니다. 먼저 성령으로 세례를 받아야 합니다. 성령으로 세례를 받아 마음의 상처와 자아를 치유해야 합니다. 분노의 근본을 성령안에서 배출해야 합니다. 그러면서 성령의 역사로 혈통에 역사하는 귀신을 축사해야 합니다. 그러면서 하나님과의 관계를 열어 하나님의 권능으로 자신의 분노와 혈기를 치유해야 합니다. 하나님과 관계가 열려야 분노와 혈기가 치유됩니다.

19장 자녀 왕따를 예방하고 완전치유하려면

(고전15:33)"속지 말라. 악한 동무들은 선한 행실을 더
럽히나니"

하나님은 예수를 믿는 자녀들이 영적으로 정신적으로 건강하기
를 원하십니다. 필자가 지난 25년이란 세월동안 성령치유 사역을
하다가 보니 학교에서 왕따를 당하는 학생에게 문제가 있다는 것
입니다. 많은 분들이 왕따를 시키는 학생이 문제라고 하는데 이는
잘못 생각한 결과입니다. 왕따를 당하는 학생이 문제가 있다고 인
정해야 빨리 치유가 됩니다.

한 연구기관에서 왕따 당하는 원인을 이렇게 분석했습니다. "저
소득층 자녀, 거칠게 양육된 아이, 공격적 성향을 가진 아이일수록
왕따를 당할 위험이 높다는 연구 결과가 나왔다. "아동 10명 중 한
명 이상은 사회화가 시작되는 나이가 되자마자 또래들로부터 학대
를 받고 따돌림을 당한다."며 "이른 시기에 따돌림의 대상이 된 아
이들은 이후로도 이 같은 일이 반복되는 경우가 많았다"고 밝혔다.
생후 17개월 때 공격적 성향을 보였던 아이들은 취학 연령이 되었
을 때 왕따의 대상이 될 확률이 높게 나타났다. 공격적 성향은 성
장환경에서 기인하는 부분이 큰 것으로 보인다. 부모에게 학대를
받은 아이, 부모가 자주 싸우는 집 아이, 저소득층 가정의 아이일
수록 상습적 따돌림을 당하는 비율이 높았다.

또한, 왕따를 당하는 아이들은 정신적 충격에서 비롯된 우울증, 외로움, 자신감 상실, 허약한 신체, 알코올이나 약물 중독, 잦은 결석, 낮은 성적, 자해 성향 등의 증세를 겪게 되는 경우도 많았다. 취학 아동 또래에서 나타나는 왕따 현상은 신체적 공격과 언어적 모욕, 사교 관계 단절 등으로 나타났다. 왕따 현상을 막기 위해서는 아이들과 부모 모두를 대상으로 한 "조기 예방 교육이 필요하다는 사실이 드러났다"고 설명했다."

워릭대학 연구팀이 발표한 연구결과를 보면 "어릴 적 다른 아이들에 의해 놀림과 괴롭힘을 당했던 사람들이 망상과 환각 증상 및 기타, 다른 정신장애를 보일 위험이 2배 높은 것으로 나타났다. 5일 워릭대학 연구팀이 밝힌 연구결과에 의하면 괴롭힘과 따돌림을 받는 것이 심하거나, 만성적일 경우에는 일부 아이들에서 심각한 후유증을 유발할 수 있고, 심지어는 정신분열증을 앓을 유전적 소인이 있는 아이들에서 실제로 정신분열증을 시작하게 하는 것으로 나타났다.

과거 연구결과 어릴 적 신체적 학대나 성적학대 등 외상적 사고가 성인기 정신질환 발병과 연관된 것으로 나타난 바 있으며 어릴 적 정신장애 증상을 보인 사람들이 성인기 정신분열증이 발병할 위험이 높은 것으로 나타난 바 있다.

12세 아동 6,437명을 대상으로 한 이번 연구결과 46.2%가 8~10세경 왕따등 괴롭힘을 당한 가운데 이 같은 아이들이 정신질환 유무나 가정환경 및 지능과 무관하게 정신장애 발병 위험이 2

배 높은 것으로 나타났다. 또한 이 같은 증상은 괴롭힘 등이 심하고 만성적일 때 더 심한 것으로 나타났다.

연구팀은 괴롭힘 등을 당하는 것이 청소년에서 정신장애 발병 위험을 어떻게 높이는지는 불확실하지만 정신분열증이 발병할 위험이 높은 유전적 소인을 가진 사람에서 이 같은 증상을 유발함은 분명하다고 밝혔다. 또한 반복된 괴롭힘이 스트레스에 반응하는 능력을 변형시킬 수도 있다고 밝히며 이에 대한 추가 연구가 필요하다고 강조했다."

한 학생이 왕따 문제에 대해서 제시한 의견입니다. "우리 반에 '간질'이라는 병을 앓고 있어서 추하다며 왕따를 당하는 여자 아이가 있다. 그래서 왕따를 당하는 원인을 알아보고 썼다. 아이들이 왕따를 당하지 않게 하기 위해서 썼다. 왕따를 당하는 아이들을 중심으로 조사해 보고 썼다.

첫째, 아이들은 뚱뚱한 아이들을 싫어한다. 다른 반에 뚱뚱하다는 이유로 왕따를 당하는 아이가 있다. 그 아이가 살을 좀 빼던지. 아이들이 그 아이를 이해해 줘야겠다.

둘째, 아이들은 몸이 안 좋고 병이 걸린 아이들을 싫어한다. 우리 반에 '간질'이라는 병을 앓고 있는 아이가 있는데 아이들은 그 애만 보면 마구 욕을 하고 피한다. 회장이나 부회장이 아이들에게 인기가 많으니 그렇게 하지 못하게 말리거나 그 아이를 달래준다. 그리고 꼭 회장단이 아니더라도 된다.

셋째, 말투가 나쁜 아이 성격이 나쁜 아이를 아이들은 싫어한다.

요즘에는 여자애들이 그런 아이를 보고 '싸가지'없다는 둥. 여러 가지 이유로 싫어하고 왕따를 시키려고 한다. 그 아이는 말투와 성격을 좀 고치거나, 여자아이들이 왕따를 시키는 것만은 자제한다. 넷째, 집이 가난한 아이들을 싫어한다. 집이 가난한 아이들이 거지라고 아이들에게 놀림을 많이 받는다.

그래서 그 아이들은 학교도 잘 안 나오고, 아이들에게 왕따의 대상이 된다. 누구나 거지나, 왕따가 될 수 있으므로 그 아이를 놀리거나 왕따를 시키지 않는다. 입장을 바꾸어 생각해 본다. 지금까지 왕따를 당하지 말자에 대한 원인과 증명, 해결방법을 썼다. 해결방법으로는 뚱뚱한 아이는 살을 좀 빼고, 성격이 나쁜 아이는 좀 고치고, 집이 가난하다고 놀리는 아이는 자신도 그렇게 될 수가 있으므로 놀리지 않으며, 몸이 아프거나, 병을 알고 있는 아이를 놀리는 아이를 다른 아이들이 말리거나, 선생님께서 주의를 좀 준다. 그렇게 해서라도 왕따를 조금이라도 당하지 않아야겠다. 친구 간에 왕따를 시키는 일이 없어서 친구사이에 사랑하고 친하게 지냈으면 좋겠다."

왕따를 당하는 학생은 분명하게 잠재의식과 무의식에 상처가 있습니다. 분명하게 태중에서나 유아시절에 상처가 있던 아이들입니다. 무의식과 잠재의식에 숨어있던 상처들이 왕따를 당하면서 이렇게 스트레스를 받게 되면 악한 영적인 요소들이 밖으로 나타나 아이를 장악하게 됩니다. 그래서 영적으로 정신적으로 고통을 당하게 됩니다. 드러나는 시기는 다르겠지만 필자가 체험한 바로는 고등학교 1학 때 제일 많이 드러납니다.

이렇게 영적이고 정신적인 문제로 고통을 당하는 분들은 이미 자신의 내면에 잠재하여 있던 요소들이 드러난 것입니다. 이런 유형의 사람들의 가계력을 조사해 보면 조상 중에 무당이 있다든지, 남묘호랭객교를 믿었든지, 절에 스님이 있다든지, 우상을 지독하게 섬겼다든지, 절에 재물을 많이 시주 했다든지, 영적이고 정신적인 질병으로 고생하다가 돌아간 사람이 있다든지, 등등의 원인이 반드시 있었습니다. 이런 사람들은 태아시절에 귀신이 침입을 하기도 합니다.

유아시기에도 침입을 합니다. 그러니까, 영적정신적인 문제 보균자들입니다. 이렇게 잠재하여 있던 영적정신적인 문제들이 사업 파산, 결혼실패, 직장해고, 학교공부 스트레스, 충격적인 상처, 결혼 생활 간의 충격, 놀람 등 자신이 감당할 수없는 충격을 받거나 장기간 스트레스를 받아 체력이 급속이 저하되었을 때 밖으로 나타납니다. 그래서 저는 균형 잡힌 영성이 되어야 한다는 말을 많이 합니다. 영-혼-육이 균형이 잡혀야 정상적인 생활을 할 수가 있다는 말입니다.

우리가 스트레스를 받으면 체력의 소모가 많이 됩니다. 체력이 떨어지니 자신 속에 잠재하여 있던 영육의 문제가 드러나는 것입니다. 정상적으로 지내던 사람이 갑자기 불안하고, 초조하고, 두려워서 잠을 자지 못하고, 가위눌림을 당하고, 헛것이 보이기도 하고, 간질을 하고 발작을 하면서 괴성을 지릅니다. 머리가 깨질 것과 같이 아프기도 합니다. 정상적인 생활을 할 수 없는 지경에 이르게 됩니다. 그래서 영적인 문제라고 단정하고 축사만 받으려고 합니다. 유명하다는 목사를 찾아가 안수를 받습니다. 한 번에 쉽게 해결을 받기 위해서 돌아다닙니다. 이렇게 이리저리 돌아다니다가 치유의 시기를 놓치는 경우가 허다합니다.

정신적인 문제를 바르게 전문으로 치유하는 사역자에게 가서 말씀과 성령으로 치유를 받으면 바로 정상이 됩니다. 치유는 무조건 축귀만 한다고 치유가 절대로 되지 않습니다. 비전문가의 축귀는 오히려 더 악화될 수가 있습니다. 주의해야 합니다. 영적, 정신적인 문제 치유가 그렇게 쉽고, 단순하지 않습니다. 환자 스스로 말씀 듣고 기도를 하도록 해야 합니다. 본인의 영의 힘으로 일어서게 해야 합니다. 환자가 영적 자립을 해야 하므로 시간이 걸립니다. 급하게 생각한다고 빨리 치유되는 것이 절대로 아닙니다. 축사만 하면 당시에는 치유가 된 것 같은데 시간이 지나면 재발을 합니다. 영적 자립능력이 없기 때문입니다.

그런데 이와 같은 전문적인 치유를 일반 성도들이나 목회자는 잘 이해하지 못합니다. 그래서 영적치유를 받겠다고 1년 이상 돌아다니면서 이 사람 저 사람에게 안수와 축귀만 받으면서 돌아다니게 됩니다. 이러다가 치유의 시기를 놓쳐서 환자가 사람 노릇을 못할 정도로 심각해 질수가 있으니 주의 하지 않으면 안 됩니다.

제일 좋은 것은 사전에 예방하는 것입니다. 이런 가계력이 있다면 미리 성령이 충만한 교회에 가셔서 전문적인 치유사역자의 도움을 받아가며, 성령의 역사로 문제의 잠복된 요소들을 배출하는 것입니다. 아무 교회나 다닌다고 예방되는 것은 절대로 아닙니다. 살아계신 성령의 역사가 있고, 생명의 말씀이 증거 되는 교회라야 사전에 영적인 진단을 하여 치유될 수가 있습니다.

침입한 귀신은 나이에 상관없이 정체를 드러냅니다. 초등학교 1-2학년 17살(고1)에 제일 많이 드러냅니다. 학업에 스트레스가 심하기 때문입니다. 20살에 드러냅니다. 24살에 드러냅니다. 결혼하여 잦은 부부불화가 있을 때 드러냅니다. 27살, 32살, 36살, 38살 43상 등등 한번 침입한 귀신은 인내하며 기다리다가 취약한 시기가 되면 반드시 정체를 드러냅니다. 말씀과 성령의 역사로 정기적인 영적 진단과 내적치유와 축귀하는 예방 신앙이 중요합니다.

상처가 있고 영적으로 깔끔하지 못한 가계력을 가진 분들은 교회를 잘 정해야 합니다. 성령의 역사가 강한 교회에서 신앙생활을 하면서 미리 영적 진단하여 치유해야 하기 때문입니다. 예방신앙이 중요합니다. 숨어있던 귀신은 자신들이 원하는 시기가 되면 반드시 정체를 드러내기 때문입니다.

그럼 영적, 정신적인 문제로 고생하는 분들이 어떻게 치유를 받느냐 입니다. 1년 이상 15년까지 영적, 정신적인 문제로 고생을 했다면 이미 귀신이 전인격을 장악한 상태입니다. 그러므로 능력이 있다는 사람에게 찾아가서 안수한번 받아서 해결하려는 생각을 아예 버리는 것이 좋습니다. 절대로 안수 한번 받아서 치유되지 않습니다.

저희 충만한 교회에서 치유하는 비결을 소개하면 이렇습니다. 먼저 환자가 치유 받고자하는 의지가 있어야 합니다. 보호자가 적극적이어야 합니다. 정기적인 집회(화-수-목)와 예배(주일)에 참석을 하여 말씀 듣고 기도를 하면서 안수를 받습니다. 이렇게 집중적인 치유를 하지 않으면 치유가 되지를 않습니다. 기도 시에는 제가 하라는 대로 순종(따라야)해야 합니다. 따라서 하지 못하면 자연스럽게 치유 기간이 길어집니다.

초기에는 모두 잘 따라하지 못합니다. 왜냐하면 귀신이 의지를 잡고 있어서 환자가 의지를 제대로 할 수 없기 때문입니다. 그러나 시간이 흐르면 따라하게 되어 있습니다. 필자가 직접 기도 시간마다 지속적으로 안수를 하면서 귀신의 묶임이 풀어지게 합니다. 그러면 제가 하라는 대로 환자가 따라합니다. 그러면서 서서히 성령께서 장악을 하십니다. 성령께서 장악을 하기 시작하면 치유가 되기 시작하는 것입니다.

치유는 전적으로 성령께서 하시는 것입니다. 어찌하든지 필자는 환자를 성령께서 장악을 하실 수 있도록 합니다. 전문적인 기술이 필요합니다. 저는 이런 유형의 환자를 많이 치유해 보았기 때문에 제가 하라는 대로 순종만 하면 모두 100% 치유 받을 수 있습니다. 문제는 순종하지 않기 때문에 치유되지 않습니다. 치유하는데 시간이 많이 소요가 됩니다. 환자의 유형에 따라 3개월-6개월-1년-2년이 걸립니다. 3년 이상이 걸리는 경우도 있습니다.

마음을 느긋하게 먹어야 환자를 살릴 수가 있습니다. 절대로 순간 치유는 불가능합니다. 어떤 경우는 4-5년이 걸리기도 합니다. 이렇게 치유가 되더라도 치유 후에 관리가 중요합니다. 지속적으로 매 주일 마다 관리해야 합니다. 어쩌면 치유보다도 관리가 더 중요하다고 보아야 합니다. 성령하나님의 은혜가운데 머물러 있어야 하기 때문입니다. 이유는 환자가 정신과 육을 가지고 있기 때문입니다.

영적, 정신적인 문제로 고통당하는 환자와 보호자는 단번에 치유 받으려는 생각을 접어야 합니다. 전문적인 사역자를 만나 지속적이고 장기적인 치유를 받아야 합니다. 이유는 살아계신 성령님이 환자의 전인격을 지배하셔야 온전한 치유가 되기 때문입니다. 환자와 보호자가 의지가 있어야 합니다. 이런 마음 상태만 되면 영적, 정신적인 문제로 15년을 고생했더라도 치유는 됩니다. 환자나 보호자는 사전에 전문적인 사역자하고 대화를 한 후에 치유를 시작하시기를 바랍니다. 자녀들을 성공시키기를 원하시는 분은 "자녀들을 성공시키는 하나님"책을 읽어보시기를 바랍니다.

20장 대인공포증를 예방하고 완전치유하려면

(수1:1-9)"여호와의 종 모세가 죽은 후에 여호와께서 모세의 수종자 눈의 아들 여호수아에게 말씀하여 이르시되 내 종 모세가 죽었으니 이제 너는 이 모든 백성과 더불어 일어나 이 요단을 건너 내가 그들 곧 이스라엘 자손에게 주는 그 땅으로 가라. 내가 모세에게 말한 바와 같이 너희 발바닥으로 밟는 곳은 모두 내가 너희에게 주었노니, 곧 광야와 이 레바논에서부터 큰 강 곧 유브라데 강까지 헷 족속의 온 땅과 또 해 지는 쪽 대해까지 너희의 영토가 되리라. 네 평생에 너를 능히 대적할 자가 없으리니 내가 모세와 함께 있었던 것 같이 너와 함께 있을 것임이니라 내가 너를 떠나지 아니하며 버리지 아니하리니 강하고 담대하라. 너는 내가 그들의 조상에게 맹세하여 그들에게 주리라 한 땅을 이 백성에게 차지하게 하리라. 오직 강하고 극히 담대하여 나의 종 모세가 네게 명령한 그 율법을 다 지켜 행하고 우로나 좌로나 치우치지 말라. 그리하면 어디로 가든지 형통하리니, 이 율법책을 네 입에서 떠나지 말게 하며, 주야로 그것을 묵상하여 그 안에 기록된 대로 다 지켜 행하라. 그리하면 네 길이 평탄하게 될 것이며 네가 형통하리라. 내가 네게 명령한 것이 아니냐, 강하고 담대하라. 두려워하지 말며 놀라지 말라. 네가 어디로 가든지 네 하나님 여호와가 너와 함께 하느니라 하시니라"

대인공포증이 무엇인가? 사람 대하기를 두려워하는 증상입니다. 이 증상을 미국에서는 「사회 공포증」이라고도 합니다. 대인공포증은 사람이면 누구나 있는 것입니다. 특정인물만 가지고 있는 것이 아니라, 사람이라면 누구나 조금씩 나타나는 증상입니다. 특히 우리나라 사람들은 엘리베이터를 타면 그 증상이 나타납니다. 친구와는 얘기를 잘합니다.

친구와 이야기를 잘하다가도 낯설은 사람이 타면 말을 하지 않습니다. 이런 것들도 대인공포증의 하나입니다. 대인공포증은 혼자 있을 때나 가까운 사람들과 있을 때에는 그 증상이 나타나지 않습니다. 얼굴은 알지만 가까운 사이가 아닌 어정쩡한 관계 속에서 이러한 현상이 나타납니다.

1. 대인공포증의 여러 가지 종류가 있다.

1) 적면공포: 제일 많은 증상으로서 사람을 대할 때 얼굴이 붉어지는 증상입니다. 이러한 사람은 부끄러움이 많습니다.

2) 시선공포: 적면공포 다음으로 시선공포가 많습니다.

① 정시공포 - 사람을 제대로 쳐다보지 못하고 눈 둘 곳을 모르는 사람입니다.

② 자기시선공포 - 내가 다른 사람의 눈을 오랫동안 바라보면 그 사람에게 피해가 생기기 때문에 저 사람을 쳐다보면 안 된다고 생각하는 사람입니다. 심한 사람은 자기 눈을 찌르는 사람도 있습니다. 이런 사람은 잘못된 망상을 가진 사람이라고 할 수 있

습니다.

　3) 자기 취 공포: 이것은 자기 몸에서 좋지못한 냄새가 난다는 공포입니다. 다른 사람은 냄새가 나지 않는다고 말하는데도 자기는 냄새가 난다고 주장을 합니다. 심한 사람의 경우 집에 가서 이태리타월로 몸을 문지르다가 몸이 상하는 경우도 있습니다.

　4) 추모공포: 이것은 자기 얼굴이 너무 못 생겼다고 생각하는 것입니다. 이런 사람들이 주로 성형수술을 많이 합니다.

　5) 표정공포: 이런 사람 표정관리를 어떻게 해야 할지를 모릅니다. 그러다 보니 표정이 더 굳어지고 딱딱해지는 경우가 많습니다. 더군다나 어려운 사람이나 윗사람을 만나면 더욱 더 표정이 굳어집니다.

2. 대인공포증의 발생 원인이 무엇인가?

　1) 사회적, 문화적 충격을 받았을 경우에 생길 가능성이 많다.

　2) 자신에게 결점이 있을 경우에 생긴다. ① 언어적 결점. ② 신체적 결점이 있는 사람일수록 대인공포증을 많이 가진다.

　3) 창피한 일을 당했거나 상처를 받은 경험이 있는 사람들도 대인공포증의 원인이 된다.

　4) 가정환경도 하나의 원인이 된다. 율법적인 가정, 억압적인 교육의 가정, 부모님 중 완벽주의 성향을 가지신 분의 밑에서 자란 사람들 이런 사람이 대인공포증에 잘 걸립니다. 전문가들에 의하면 장남, 막내, 독자들이 대인공포증에 걸릴 확률이 높다고

합니다.

5) 발생하는 시기는 사춘기 때가 제일 많다. 그 이유는 ① 이 시기가 환경에 민감하게 반응합니다. ② 사람들의 반응에 굉장히 민감합니다. ③ 불안심리가 많을 때입니다.

3. 치유의 방법이 무엇인가?

1) 가족들의 이해가 필요하다. 이 문제를 놀려서는 해결할 수 없습니다. 부족한 점이 있더라도 이해하고 수용해 주어야 합니다. 다른 아이들과 비교하거나 정죄를 해서는 안 됩니다. 또 호통과 폭력을 사용해서는 치유할 수가 없습니다. 가족들은 그 사람의 입장에 서서 이해하며 용기와 자신감을 북돋아 인내로써 함께 가야합니다. 영혼을 사랑하는 마음으로 눈높이를 맞추어야 치유가 가능합니다. 정상인으로 대한다면 치유는 할 수가 없습니다. 상대의 심령을 읽어야 합니다.

2) 대인공포증의 증세를 가지고 있는 환자 자신이 해야 할 세 가지. ① 자신의 문제를 인정해야합니다. 그리고 자신의 문제를 피해서는 안 됩니다. 피해서는 문제 해결이 안 됩니다. ② 자신이 스스로 독립심을 가지고 교정하도록 노력해야 합니다. 이 문제를 극복하기 위해 스스로 노력하고 연구해야 합니다. ③ 대인관계의 폭을 넓혀야 합니다. 보통 대인공포증의 걸린 사람은 한 두 명의 사람들과만 어울리는 것이 특징입니다. 갇혀있는 대인관계를 하는 것입니다. 많은 사람들과 관계를 가짐으로써 자신의 문제를 인식하고

교정하도록 노력해야 합니다.

3) "나도 할 수 있다"는 자신감과 확신을 가져야 합니다.

4. 대인공포증이 치유되어져야 할 이유가 무엇인가?

1) 복음 전도를 못하기 때문에 치유되어져야 한다. 아무리 은혜를 많이 받고 훈련과 준비가 되어 있다할지라도 대인공포증이 치유되어지지 않으면 참된 전도는 되지 않습니다. 사람들을 두려워하고 사람들에게 말을 걸지 못하니 어찌 전도 할 수 있겠습니까? 그래서 대인공포증이 치유되어져야 전도 할 수 있습니다. 성령세례를 받으면 대인공포증은 치유되기 시작합니다.

2) 개인의 능력을 발휘할 수 있다. 대인공포증이 치유되어져야 개인의 능력을 발휘할 수 있습니다. 개인이 아무리 큰 능력을 가지고 있다 할지라도 대인관계가 되지 않으면 그 능력은 사장되는 것입니다. 그러므로 대인공포증을 치유 받음으로 개인의 능력을 마음껏 발휘할 수 있습니다.

3) 사회활동을 왕성하게 할 수 있다. 대인공포증은 반드시 사람을 기피하게 되어 있습니다. 그러므로 사회활동을 왕성하게 할 수 없습니다. 이런 이유 때문에 대인공포증은 치유되어져야 합니다.

성령으로 충만해야 합니다. 먼저 성령으로 세례를 받고 성령으로 충만하여 깊은 영의기도를 해야 합니다. 성령 안에서 온몸으로 영의 기도를 하면 성령이 충만해지므로 마음이 평안해 집니다. 상처를 내적치유 하는 것도 필수입니다. 무엇보다도 성령으로 세례를 받고 성령의 인도를 받는 기도가 되어야 합니다.

우리가 영적인 생활만 정상적으로 하면 대인 공포증은 치유될 수가 있습니다. 문제는 깊은 차원의 신앙생활을 체질화하지 못하는 것입니다. 많은 분들이 머리로 신앙생활을 하려고 합니다. 기독교 신앙은 체험신앙이라고 합니다. 몸으로 느끼는 믿음 생활을 하라는 것입니다. 하나님은 영이시지만 살아계신 하나님이십니다. 고로 내 안에 계신 하나님을 몸으로 느끼는 신앙생활이 정상적인 신앙생활입니다. 몸으로 느끼는 신앙생활을 하려면 체험해야 합니다. 먼저 성령으로 세례를 받아야 합니다.

성령으로 세례를 받은 다음에 성령의 인도로 자신이 살아오면서 받은 상처를 치유하는 것입니다. 말씀과 성령으로 자아를 부수어 뜨리는 것입니다. 그리고 혈통으로 흐르면서 역사하는 영적인 문제를 해결하는 것입니다. 많은 분들이 말씀과 성령으로 상처와 자아와 혈통의 문제를 치유 받을 때, 뜨거운 성령의 불세례를 체험하는 것이 보통입니다. 성령의 불세례가 자신의 심령을 정화하기 때문에 나타나는 현상입니다.

성령의 불세례로 자신의 심령을 정화한 후에도 성령으로 기도하며 성령의 충만을 유지해야 합니다. 성령으로 충만하면 담대해지므로 대인 공포증은 자연스럽게 치유되는 것입니다.

오늘 본문에 보면 훌륭한 지도자 모세가 죽고 난 후 그의 제자였던 여호수아가 지도자가 되었습니다. 여호수아의 마음속에는 위대한 지도자 모세가 죽었기 때문에 이 백성을 이끌고 가나안 땅으로 들어가야 하는 것에 대해서 부담을 느꼈을 것입니다.

또 다른 의미에서는 가나안 땅을 앞에 두고 가나안 공포증이 걸린 것입니다. "저 어마어마한 성에 어마어마한 군대가 있고 너무나 견고한 성이 있는 저곳을 어떻게 정복할 수 있을까? 그리고 이스라엘 백성들을 이끌고 어떻게 저곳으로 들어갈 것인가?" 여호수아의 고민은 굉장했을 것입니다. 그때에 하나님이 여호수아에게 "마음을 강하게 하고 담대히 하라. 두려워 말라. 내가 너와 함께 함이니라"고 하셨습니다. 대인공포증의 정의를 내리기를 "사람 대하기를 두려워하는 마음"이라고 했습니다. 사람을 두려워하는 것이 마음에 있다는 말입니다. 그래서 우리의 마음을 강하게 하고 담대히 해야 대인공포증이 치유가 됩니다. 어떻게 하면 마음을 강하게 하고 담대히 할 수 있는가? 담력훈련을 한다고 해서 되는 것일까? 아닙니다. "전능자 하나님이 나와 함께 계시므로 나는 기죽을 필요 없습니다. 하나님은 지금도 살아 계셔서 나에게 주인으로 역사하고 계시기 때문에 두려워 할 필요가 없다." 이러한 마음으로 강하게 나가는 것입니다. 그러면서 자신의 문제를 정확히 인식하고 교정해 나가며 대인관계의 폭을 넓혀갈 때 또 말씀의 힘을 얻는다면 대인공포증은 치유됩니다. 우리가 말씀의 힘을 얻으면 용기도 생기고 어떤 문제가 와도 승리할 수 있습니다.

치유에서 가장 중요한 것이 말씀입니다. 인간적인 프로그램은 우리에게 도움을 주며 유익하겠지만, 우리의 근본문제를 치유할 수 없습니다. 그러므로 성령으로 말씀의 능력이 우리에게 임해야

만 우리의 문제가 치유될 수 있는 것입니다. 아직까지 대인공포증을 가지고 있다면 말씀의 능력으로 치유 받으시기 바랍니다.

대인공포증이 있는 사람은 누구인가, 심장이 약한 사람입니다. 마음의 상처가 있는 사람입니다. 보편적으로 태중의 상처가 있는 사람이 대인공포증에 많이 걸립니다. 태중의 상처가 있는 사람이 어떤 상황으로 사람에게 놀라거나 놀림을 당한 경우에 발생하기 쉽습니다. 심장이 약해서 자주 놀라고 두려움을 느끼는 사람이 대인 공포증에 사로잡히기 쉬운 사람입니다. 치유는 성령으로 세례를 받고 성령으로 기도하여 잠재의식의 상처를 의식위로 드러나게 해서 밖으로 배출해야 합니다. 이렇게 치유하기 위해서는 무엇보다도 성령의 깊은 지배가 중요합니다. 성령치유 사역의 전문인을 만나야 합니다. 성령이 충만한 교회에 적을 두고 신앙생활을 하면서 집중적인 관리를 받아야 합니다. 우리 교회에서 매주월-화-금-토요일 예약하여 실시하는 개별집중치유가 효과적입니다. 성령님만이 대인공포증을 완전하게 치유하실 수가 있습니다. 좌우지간 잠재의식의 대인 공포증을 일으키는 상처를 치유해야 합니다.

21장 죄책감을 예방하고 완전치유하려면

(롬8:1-2)"그러므로 이제 그리스도 예수 안에 있는 자에게는 결코 정죄함이 없나니 이는 그리스도 예수 안에 있는 생명의 성령의 법이 죄와 사망의 법에서 너를 해방하였음이라"

하나님은 죄책감을 말씀과 성령으로 치유하여 자유함을 가지라고 강조 하십니다. 모든 사람은 죄책감을 느끼며 살아갑니다. 왜 모든 사람들이 죄책감을 느끼느냐? 롬3:10에 "의인이 한 명도 없다"고 했기 때문입니다. 모두 죄인인 아담의 혈통을 타고 출생했기 때문입니다. 인간은 의인이 아니기 때문에 죄책감을 느낄 수밖에 없습니다.

아담의 혈통을 가지고 태어난 사람이 도덕적으로 윤리적으로 완전한 사람이 어디에 있습니까? 우리가 어렸을 때부터 도덕과 윤리를 배웠지만, 그것 다 지키고 사는 사람이 어디에 있습니까? 오히려 어릴 때 배운 도덕과 윤리를 다 지키지 못함으로 더 죄책감에 시달리기도 합니다.

인간은 모두 아담의 원죄 가운데 태어납니다. 사람들은 특별히 원죄 가운데 태어났기 때문에 죄책감을 느낄 수밖에 없습니다. 어떤 의미에서는 죄를 지었기 때문에 죄책감을 느끼기보다는 원래 죄인이었기 때문에 죄책감을 느낀다고 할 수 있습니다.

사람은 세 가지 문제로 항상 죄책감을 느낍니다. 의외로 물질로 인해 죄책감을 느끼는 사람이 많습니다. 부모나 형제, 그리고 사업 상의 어떤 문제로 금전적인 것이 깨끗하지 못했을 때 그것이 괴로워 죄책감으로 자리 잡은 경우도 있습니다. 그리고 감정적으로 죄책감을 느끼는 사람도 있습니다. 어떤 사건이나 일로 인하여 미안한 마음을 가지고 있다거나 아니면 어떤 실수로 인하여 혼자만이 가지고 있는 감정적으로 죄책감을 느끼는 경우도 있습니다. 성적인 것으로 인해 죄책감을 느끼고 있는 사람도 많습니다. 어떤 청년이 상담을 요청하기를 3년 전에 사귀던 여자와 성적인 관계를 가졌다고 했습니다. 그 후에 그 자매와 헤어지게 되었고, 지금은 다른 자매와 교제 중에 있으며, 곧 결혼 할 것 같은데, 한 가지 고민은 3년 전에 그 자매와 있었던 성적인 관계를 말해야 하느냐? 하지 말아야 하느냐? 이것 때문에 고민이 되어서 상담을 요청하게 되었는데 성경적인 답을 달라는 것이었습니다. 당신은 어떻게 생각합니까? 3년 전의 그 실수를 말해야 한다고 생각합니까? 아니면 말하지 않아도 된다고 생각합니까? 저는 답하기를 말하지 말라고 했습니다. 죄책감을 가지지 말라고 했습니다. 기도하라고 했습니다.

　첫 번째는 "형제의 잘못은 하나님 앞에서 행한 것이니 하나님 앞에서 그 죄를 사함 받으면 된다."는 것입니다. 사실 이 형제는 그 자매에게 죄를 범한 것이 아닙니다. 하나님 앞에 죄를 범한 것입니다. 그러므로 회개해야 합니다. 그리고 다시는 그러한 죄를 범하지 않도록 자신을 관리해야 하기 때문입니다.

두 번째는 그 자매에게 그 사실을 밝혀서 좋은 것이 하나도 없기 때문에 밝히지 말라고 했습니다. 중요한 것은 결혼 이후에 다시는 그러한 죄를 범하지 않는 것이며 아내에게 충실 하는 것이 곧 아내를 위한 최선의 길이라고 권면 했습니다.

그런데 이 죄책감은 우리를 평생 따라 다닙니다. 왜 사람은 죄를 짓지 않고 살 수 없기 때문입니다. 사람은 살면서 늘 새로운 죄를 짓게 되어 있습니다. 저는 오늘 이 시간 이후로 죄를 짓지 않을 자신이 없습니다. 무슨 죄를 지었든 지간에 짓게 되어있습니다. 그러므로 그 죄로 말미암아 저는 또 죄책감을 느끼게 되어 있는 것입니다.

왜 죄책감이 우리에게 큰 짐이 됩니까? 그것은 폭로에 대한 두려움이 있기 때문입니다. 즉 자신의 죄가 폭로 될 것에 대한 두려움입니다. 자신만이 알고 있어야 할 죄인데 다른 사람이 아는 것에 대한 두려움이 모든 사람에게 다 있습니다. 부모에게, 또는 배우자나 자녀들에게 자신의 허물이 드러날 것에 대한 두려움 때문에 죄책감에 더 시달리는 것입니다.

그 다음에 따라 들어오는 것이 사람들이 나를 거부할 것에 대한 두려움이 있기 때문에 죄책감이 짐이 되는 것입니다. 모든 사람은 환영받기를 원합니다. 그런데 자신의 죄가 드러남으로 사람들의 거부가 두려운 것입니다. 그래서 죄책감이 짐이 되는 것입니다. 죄책감은 하나님과 관계를 막는 것이 됨으로 성령 안에서 온몸으로 기도하며 떠나보내야 합니다. 그래야 성령충만하게 됩니다.

1. 죄책감에 대한 평가. 질문을 하나 하겠습니다. 죄책감은 나쁜 것인가? 좋은 것인가? 다시 말하면 죄책감을 느끼는 것이 좋은가? 느끼지 않는 것이 좋은가? 죄책감은 우리에게 유익한 면이 있습니다. 죄책감을 느낀다고 꼭 나쁜 것만은 아닙니다.

만약 한 나라의 대통령이 죄책감이 없다고 한다면 굉장한 폭군이 될 것입니다. 국민을 무차별하게 학살을 하고도 죄책감을 못 느끼니까 더 많은 생명들을 죽이기도 할 것입니다. 그러나 죄책감을 느끼면 그것으로 인해 생명에 대한 존엄성과 두려움을 가지고 조심하게 됩니다. 죄책감이 전혀 없다고 한다면 그 사람은 정신병자와 수준이 똑같은 사람입니다. 정상적인 사람이라면 죄책감을 느껴야 됩니다. 왜? 원죄가운데 태어났기 때문입니다.

또 우리의 죄책감 때문에 행동을 스스로 제한 할 때가 많습니다. 그렇기 때문에 죄책감이 나를 유익하게 만드는 면이 있는 것입니다. 내가 죄를 짓고 타락 하고 싶어도 죄책감이 있기에 쉽게 행동을 못한다는 것입니다.

이미 죄를 범해서 죄책감을 가지고 있는 사람들은 자신을 갱신할 수 있는 기회이기도 합니다. 그러므로 죄책감을 느끼는 것이 꼭 나쁜 것만은 아닌 것입니다. 그럼에도 불구하고 죄책감이 우리에게 해로운 면도 많이 있습니다.

정신과 육체에 영향을 주기 때문입니다. 왜 그러느냐? 죄책감을 잘 다스리지 못할 경우에는 우리의 육신과 정신에 굉장한 영향을 주기 때문입니다. 그래서 죄책감에 시달려서 정신병원에 입원하는 사람, 죄책감으로 인해 육신적인 문제가 오는 사람, 심지어 죄책감으로 인해 자기를 자해하는 사람도 있습니다. 그것뿐만이 아니라 이 죄책감은 파괴하는 힘도 있습니다. 죄책감으로 스스로 목숨을 끊는 경우도 많이 있습니다.

자신을 고립시키고 영적으로 무기력하게 합니다. 개인적으로는 자신을 고립시키고 영적으로는 무기력하게 만들기도 합니다. 여기에서 빨리 해방되고 영적으로 힘을 얻어야 되는데 죄책감 때문에 눌려서 기도도 못하고 말씀도 못 듣는 그런 사람들도 많습니다. 죄책감을 상상력을 가지고 키우지 말라는 것입니다. 우리가 굉장히 조심해야 할 부분이 있는데 그것은 과거에 지었던 죄를 죄책감으로 인해 상상력을 동원하여 키우지 말라는 것입니다.

어떤 사람이 어느 자매에게 죄책감을 가지고 있었습니다. 그는 학창시절에 그 자매에게 죄를 하나 뒤집어씌운 경험이 있었기 때문입니다. 그런데 그 자매는 그 모든 것을 잊고 있었으며 기억도 하지 않았습니다.

그런데 그 형제는 그 자매를 제대로 볼 수가 없었으며 미안한 마음을 늘 가지고 있었습니다. 그러다가 세월이 지나 그 자매의 소개로 중매를 보게 되었는데 그 때 그 자매가 소개해 준 자매와 결혼을 하게 된 것입니다

그런데 여기까지는 좋았는데 문제는 결혼한 이후였습니다. 결혼생활이 평탄했으면 그럴 리가 없었을 것인데 어려움이 닥쳐오고 결혼생활의 위기가 오자, 그 형제는 지금의 아내를 소개해준 자매

를 생각하게 된 것입니다.

그리고는 속으로 "그 때 내가 잘못한 것에 대한 앙갚음으로 자기 친구를 내게 소개해줘 평생 나를 괴롭히고 있다"는 생각이었습니다. 이것이 바로 지나친 상상력으로 죄책감을 키워나가는 것입니다. 이것은 굉장히 위험한 생각이며 꼭 치유되어져야 할 생각들입니다. 혹시 여러분 중에 죄책감을 키워나감으로 분노에 차있는 분이 있다면 오늘 그리스도 예수 이름으로 치유되시기를 주님의 이름으로 축원 합니다.

2. 성경에 나타난 인물들 중에서 죄책감을 느낀 사람.

1) 아담과 하와(창3:8-12)가 죄책감을 느꼈습니다. 창3장에 보면 하나님이 아담을 부르셨습니다. 그런데 아담이 하나님의 부르심에 응답하지 못하고 피해 숨어버립니다. 그럼 왜 아담이 하나님을 피했으며 숨었을까요? 여기에 대한 대답은 아담에게 죄책감이 있었기 때문입니다. 즉 하나님이 금하신 실과를 따먹은 것입니다. 분명히 하나님이 따먹지 말라는 실과였습니다. 그런데 아담이 따먹은 것입니다. 그러니 아담에게는 따먹지 말라고 한 실과를 따먹은 죄책감이 있었던 것입니다. 그래서 숨었던 것입니다.

2)다윗(시38:13)도 죄책감이 있었습니다. 밧세바를 취한 것에 대한 죄책감이 다윗에게 있었습니다. 그래서 회개하는 시를 지었던 것입니다. 그래서 사람은 죄를 짓고 살지 못합니다.

3) 베드로(마26:75)의 죄책감으로 고통스러워했습니다. 예수

님께서 최후의 만찬 때 "너희가 다 나를 버리리라"고 하셨습니다. 이때 베드로는 "다른 사람이 다 주님을 버릴지라도 자기는 주님을 따를 것"이라고 말을 합니다. 그런데 베드로는 자신이 한 말대로 주님을 따른 것이 아니라 연약한 소녀 앞에서도 예수님을 모른다고 부인하고 말았습니다. 이때 닭이 울므로 주님의 말씀이 생각나서 통곡하며 울었던 것입니다. 이게 바로 베드로가 가진 죄책감입니다.

4) 그럼 오늘 여러분이 가지고 있는 죄책감은 무엇이며, 어떻게 치유 받아야 겠습니까? 만약 우리들이 이 죄책감에서 자유함을 얻지 못한다면 우리는 마음속에 사단의 집을 세워두고 있는 꼴이 됩니다. 그래서 사단은 그 죄책감이라는 집을 통해서 우리를 공격하고 괴롭히게 됩니다.

그러므로 오늘 우리는 우리가 가지고 있는 죄책감이 무엇이든지 간에 치유 받아야 합니다. 하나님이 우리를 치유하시기를 원하십니다. 그래서 오늘 죄책감 치유라는 제목으로 글을 써서 전하게 하시는 것입니다. 사단의 집을 허무는 가장 좋은 방법은 하나님의 말씀을 통하여 나 자신을 무너뜨리는 것입니다. 음란의 집을 무너뜨리고, 열등감의 집을 무너뜨려야 합니다.

치유의 말씀을 통하여 내 안에 역사하는 온갖 더러운 사단의 그림자들을 물리쳐야 합니다. 오늘 이 응답을 받게 되기를 주님의 이름으로 기원합니다.

3. 죄책감에서 치유될 수 있는 방법.

1) 성령의 지배하에 자기의 죄를 시인하는 것입니다. ① 요일 1:9 : 우리의 죄를 자백하면 됩니다. 즉 우리의 죄를 회개하라는 말입니다. ② 시103:12 : 우리가 우리의 죄를 자백하면 또 죄사함을 위해 기도하면 "동에서 서가 먼 것 같이 우리의 죄를 옮겨버리겠다"고 하셨습니다. ③ 히10:17-18 : 저희 죄와 불법을 기억하지 않겠다고 하시면서 다시는 우리의 죄를 위해 드릴 제사가 없다고 하셨습니다. 이미 우리의 모든 죄는 주 예수 그리스도를 믿는 순간 다 사함 받은 것입니다.

2) 하나님의 말씀을 언약으로 붙잡는 믿음이 있어야 치유가 됩니다. 저는 약 20년 전에 죄책감으로 굉장히 시달린 적이 있습니다. 하루는 과거에 지었던 죄가 나를 파고 들어오기 시작했습니다. 이상할 정도로 죄가 나를 괴롭혔습니다. 지난 날 지었던 죄 때문에 구원의 확신이 흔들렸습니다. 그 죄 때문에 내가 눌려죽는 줄 알았습니다.

그래서 밥맛도 없었고 사람들 만나기도 싫었고 밤에 잠을 잘 수가 없었습니다. 너무 잠이 오지 않아서 하루는 그동안 내가 지었던 죄와 내가 착한 일을 하였던 모든 것을 생각해 내었습니다. 그래가지고는 착한 일 하나 빼고 죄 하나 빼고, 또 착한 일 하나 빼고 죄 하나 빼고 하기를 밤새도록 했는데, 결국 남는 것은 죄밖에 없었습니다. 그 죄의 짐으로 너무 눌려 기도원으로 금식기도 하러 갔습니다.

금식으로 기도하면서 말씀을 묵상하기 시작했는데 골1:14에 "그 아들 안에서 우리가 곧 구속 죄사함을 얻었다"고 하셨다는 말씀을 읽는 순간 그렇게 나를 누르던 죄책감이 한 순간에 도망가고 말았습니다. 너무나 잘 아는 말씀이었지만 그때만큼 이 말씀이 분명히 내게 들린 적은 없었습니다. 그리고는 다시 골로새서 1장을 읽기 시작했는데 분명히 조금 전에 읽고 지나갔는데 다시 읽을 때 골1:13이 나를 완전한 확신가운데로 인도했습니다. "그가 우리를 흑암의 권세에서 건져 내사 그의 사랑의 아들의 나라로 옮기셨다"고 하셨습니다.

이때 너무나 기쁜 나머지 추운 겨울날 밖으로 나가 양손을 벌리고 하나님께 "감사합니다."라 소리를 지르며 죄책감에 얻은 자유함을 감사함으로 찬양을 했습니다. 한 두 시간 정도 찬양했을 때 손이 어는 것 같아서 그 손을 양호주머니에 넣고는 발로 뛰면서 "하나님 감사합니다."라고 했습니다. 한참 뛰다보니 숨이 차서 산에 드러 누운채로 "하나님, 정말 감사합니다."라고 하는 순간 내 눈에서 눈물이 쏟아져 나왔습니다. 이때 저의 생애에 최고의 영적 축복을 누렸던 것 같습니다.

3) 죄책감은 하나님과의 관계 속에서만 해결될 수 있습니다. 이 말씀은 꼭 명심해야 합니다. 사람에게 잘한다고 해서 죄책감에서 해결되는 것은 아니다는 것입니다. 하나님과 나와의 관계가 올바를 때 치유가 되는 것입니다. 우리가 완전히 죄책감에서 자유함을 얻고 해방 받았다고 할지라도 성격에 따라 죄책감이 다르게 옵니

다. 율법적인 성격의 소유자는 죄책감을 오래 가지고 가기 쉽습니다. 복음적인 성격의 소유자는 방종에 빠지기가 쉽습니다.

그러므로 가능하면 자신을 잘 알고 다시는 죄책감에 빠지거나 방종으로 세월을 낭비하지 않도록 해야 합니다. 이 죄책감에서 지속적으로 자유함을 누리기 위해서는 그 때 그 때 증거 되어지는 하나님의 말씀을 붙잡고 누려야 합니다. 그렇지 않으면 또 시달리게 됩니다.

그래서 강단에서 전하는 말씀이 중요한 것입니다. 로마서 8장 1절로 2절을 오늘 꼭 기억합시다. "그러므로 이제 그리스도 예수 안에 있는 자에게는 결코 정죄함이 없나니 이는 그리스도 예수 안에 있는 생명의 성령의 법이 죄와 사망의 법에서 너를 해방하였음이라" 우리는 하나님의 자녀입니다.

하나님의 자녀는 하나님이 모든 것을 책임지십니다. 그러므로 지난날의 죄로 인하여 눌릴 필요가 없습니다. 오늘 자유 함을 얻으시기를 주님의 이름으로 소원합니다.

22장 어린이의 정신질환 예방과 완전치유

(엡 6:4)"또 아비들아 너희 자녀를 노엽게 하지 말고 오
직 주의 교훈과 훈계로 양육하라"

먼저 예수를 믿는 우리의 자녀들의 문제가 예수 이름으로 치유
되어져야 합니다. 성인 정신 질환자의 50%가 만 14세 이전에 정신
건강 문제를 겪는다고 합니다. 한국인 4명 중 1명은 평생 한 번 이
상 정신 질환을 경험한다는 것입니다. 정신 질환을 조기에 발견해
적절한 치료를 해나간다면 심각한 문제로 번지는 것을 막을 수 있
습니다. 하지만 아직 우리 사회는 아이들의 정신 건강 문제를 일종
의 성장 통 혹은 사춘기 문제 정도로 가볍게 생각하거나 제대로 인
식하지 못하는 경향이 있습니다. 문제를 알아차리더라도 사회적
낙인이 두려워 드러내지 못하고 제대로 대처하지 못하게 됩니다.
결국 정신 건강 치료에 대한 선입견 혹은 부정적인 견해로 치료 적
기(適期)를 놓치는 경우가 흔하다는 것입니다.

불신자들은 성도들의 생활을 지켜봅니다. 그들은 영적인 비밀을
모르기 때문에 보이는 생활을 보고 그리스도인들을 평가합니다.
그러므로 그리스도인들이 생활에서 성공하지 않으면 전도에 문제
가 온다는 것을 알아야 합니다. 자녀들의 문제치유가 필요한 이유
는 나 자신을 위해서도 유익하고 불신자들을 능력전도 하기 위해
서도 필요하기 때문입니다. 그런데 문제는 오늘날 많은 기독교인

들이 생활에 실패하고 있습니다. 그래서 하나님과 하나님의 교회를 욕되게 하는 경우들이 많은 것입니다. 세상 사람들은 보이는 면을 보고 평가합니다.

1. 자녀들의 문제는 어떤 것들이 있는가.

1) 자녀의 정신문제로 부모가 고통을 당합니다. 모태에서나 유아시절의 상처는 정신문제에 치명적입니다. 이 상처로 인하여 늘 마음 한 구석이 늘 아픕니다. 그 아픈 마음이 자신을 가해하지만, 그 자신은 벗어나지를 못합니다. 마음의 병으로 고통을 받습니다. 필자는 치유사역을 하면서 나아가 들어서도 정신적인 문제로 고통을 당하는 청년들을 많이 봅니다. 모두 모태에서나 유아시절의 상처로 인하여 발생하는 것들입니다. 그리고 조상의 우상숭배로 인하여 발생하는 경우도 있습니다. 과거의 상처가 쉽게 지워지지 않습니다. 모두 무의식에 잠재하여 있습니다. 상황만 되면 드러나서 전인격을 사로잡습니다. 그래서 마치 시한폭탄 같은 모습으로 살아가는 자녀들도 많습니다.

그래서 필자는 세상에는 시한폭탄이 많이 돌아다니니 조심해야 한다고 경고를 자주합니다. 과거의 아픈 경험 때문에 응어리진 가슴을 안고 살아가는 자녀들도 많습니다. 그러다 보니 정상적인 생활을 못합니다. 정신적으로도 병들었습니다(마11:28-29). 마음의 안식이 없습니다. 다른 말로 하면 평안이 없습니다. 늘 염려하고 불안에 떱니다. 조그만 일에도 적응하지 못하고 불안해합니다.

그래서 가슴이 답답해서 미치겠다고 말하는 청소년들이 많습니다. 마음에 평안이 없으니 모든 것을 믿지를 못합니다. 보통 큰 병이 아닙니다.

그러다가 조울증으로 우울증으로 공황장애로 정신병으로 진전이 되어 고통을 당합니다. 생활적으로도 병든 자녀들도 많습니다. 일어나야 할 시간과 누워 자야 할 시간을 모릅니다. 한 마디로 늘 누워있는 것입니다. 다른 사람들은 다 일어났는데 혼자 누워있습니다. 다른 사람들은 다 학교가고 출근하는데 혼자 출근도 못하고 누워있습니다. 다른 사람들은 하루 종일 움직이는데 혼자 이불을 깔고 있습니다.

그러다가 밤이 되면 활동을 합니다. 다른 사람 잠을 자지 못하게 합니다. 그런가하면 생활이 너무 무질서하여 일을 제대로 못하는 자녀들도 있습니다. 무엇이 중요한지를 모릅니다. 이것도 했다가 저것도 했다가 하는데 되는 일이 하나도 없습니다. 무엇이든지 지속하지 못하고 변덕을 부리기도 합니다. 그래서 그 자녀 뒤를 따라가는 것도 피곤하고 힘이 드는 경우도 많습니다.

2) 자녀의 영적인 문제로 부모가 고통을 당합니다. 어떤 자녀들은 밤에 악몽을 꿉니다. 똑같은 꿈을 반복하여 꾸기도 하고, 무섭고 공포스러운 꿈으로 시달리는 자녀들이 있습니다. 초저녁부터 계속 악몽에 시달리다가 새벽에 되어야 겨우 잠을 제대로 잘 수 있다고 하는 자녀들도 있습니다. 그러니 오전에는 일어나지를 못하는 것입니다. 그런가하면 환영(악 영이 보여주는)이나 환청에 시달

리는 자녀들도 있습니다. 귀에 소리가 들리는가하면 무엇인가가 보이기도 합니다.

심지어 책이나 어떤 사상에 영향을 받은 자녀들 중에서는 그 책의 실제인물이 나타나기도 합니다. 그런가하면 사단의 영향으로 정상적인 생활을 하지 못하는 자녀들도 있습니다. 정신이 혼미해지고 두려움이 오고, 의지대로 움직여지지 않으니 "나는 안 됩니다." 하고 포기하기도 합니다. 이렇게 되니 생활에 문제가 옵니다. 낮에는 자고 밤에는 돌아다니면서 방황을 합니다. 밤에 자다가 가위눌림을 당하기도 합니다. 이게 전부다 상처에 숨어있는 귀신의 역사입니다. 귀신은 인간에게 구원을 줄 수 없습니다. 귀신은 인간에게 축복을 주지도 못합니다. 그리고 귀신은 인간의 생명을 다스릴 수도 없습니다. 다음은 외국에 거주는 성도님이 아들의 문제로 고통을 당하고 있는 내용입니다.

안녕하세요. 저는 외국에서 살고 있는데 아들 때문에 마음고생하다가 어디에 물어볼 곳도 없고 우연히 목사님의 책 "영안을 밝게 여는 비결" 과 "꿈 환상을 말씀으로 해석하기"를 읽고서 이렇게 문의 드리게 되었습니다. 우리아들은 지금 고등학교 1학년 인데 순하고 조용한 아이입니다. 1년 반전쯤 제가 밤에 꿈을 꾸었는데 아이가 머리부터 등 뒤로 뱀처럼 우둘투둘한 것으로 덮여있고, 가느다란 혀를 날름거리는 그런 모습이었습니다. 며칠 후 또 꿈을 꾸었는데 이번에는 아이가 누워있고 가슴뼈가 이상하게 튀어나와서 내가 그것을 붙들고 막 아이를 흔들며 야단치는 꿈이었습니다. 평소에 제가 영적인 꿈을 자주 꾸는 편이어서 3년 전부터 꿈을 기록해 놓는 편입니다. 그런 꿈을 꾸고 나서 걱정은 되었지만 특별한 증상도 없고 저의 경험도 짧아서 어쩌지 못하다가 작년 여름부터 아이가 친구들을 잘 사귀지 못하는 것을 알게 되어 상담도 3개월가량 받고 했습니다. 상담사는 큰 문제는 없고 아이가 내성적이어서 그런 것 같다고 하고 끝을 맺었습니다.

그러다가 올해 2월 어느 날 새벽기도에서 오랜만에 성령으로 충만하게 기도하고 집으로 돌아와 평소대로 아이 방에 들어가 손을 얹고 기도해주는데 속에서 '리워야단'이라는 단어가 올라왔습니다. 그날부터 갑자기 아이가 아프기 시작하면서(두통, 복통) 학교에 가지 못하기 시작하였는데 3주 정도는 정말 의식을 잃은 것처럼 열이 나면서 하루 종일 깊은 잠에서 헤어 나오지 못했습니다. 그 이후에는 아픈 것은 사라졌는데 지금까지 4달간 학교에 가지 않고 있습니다.

매일 11시까지 잠을 자며 깨우면 난폭해집니다. 오후에는 예전과 같은 착한 아이입니다. 저도 한인교회에 다니기 때문에 목사님께 말씀드리고 기도해 주십사고 했는데, 목사님은 아이가 어려서 안수기도는 하지 않으시겠다고 하시고, 제 이야기가 사실이라고 해도 아이가 신앙을 가지는 것 외에는 방법이 없다고 하십니다.

아이가 모태신앙이기는 하지만 몇 년 전에 성령체험도 했지만 아직 자신 만에 신앙은 없는 것 같습니다. 저도 방법이 없어서 아이를 달래며 또 아이가 힘들어하는 부분들을 찾아 도와주려 하면서 기도하고 기다리고 있는데 너무 답답하고 애가 탑니다. 저도 힘이 없어서 어떻게 이 영적전쟁을 해 나가야 할지 모르겠습니다. 목사님, 제가 어떻게 해야 할까요? 도와주세요.

필자의 답변입니다. 할렐루야! 걱정이 되시겠습니다. 먼저 어머니가 영적으로 다듬에야 하겠습니다. 영적인 꿈을 자주 꾼다는 것은 영적으로 좋지 않은 것입니다. 성도님의 상태를 성령께서 치유하라고 알려주시는 것입니다. 어머니가 먼지 치유를 받아야 합니다. 아이의 상태는 이렇습니다. 원래부터 상처가 있던 아이입니다. 안수기도를 하니까. 깊은 곳에 숨어있던 상처가 드러난 것입니다. 그때 열이 나고 일어나지 못할 때 영적치유를 받았으면 아무런 문제가 없이 치유가 되었을 것입니다. 자녀가 안수 받고 열이 나고 하는 것은 성령의 역사로 그런 현상이 일어나 것입니다. 성령의 역사와 악한 영의 역사가 대립할 때 그런 일이 일어납니다. 그때 완전하게 성령으로 치유를 했어야 하는데 경험이 없어서 그렇게 된 것입니다. 지금은 상처에 역사하던 악한 영이 아이에게 강하게 영향을 끼치고 있는 것입니다.

담임 목사님이 안수를 하지 않겠다고 하는 것은 자신이 없어서 그러는 것입니다. 안수한번 받아서 치유될 일이 아니라는 것을 알기 때문입니다. 집중적인 치유를 받아야 합니다. 안수만 받는 것이 아니고 본인이 뜨겁게 기도하며 말씀을 듣고 성령으로 충만하여 일어서려는 의지를 발동시켜야 합니다. 절대로 안수만 받아서는 해결이 되지 않습니다. 시간이 자꾸 흐르면 흐를수록 나쁜 역사는 강해집니다. 점점 더 나빠진다는 것입니다.

방법은 말씀과 성령에 의한 영적치유 밖에 없습니다. 주변에 전문적인 영적치유를 하는 분을 찾아보세요. 아무나 치유할 수 없습니다. 전문성이 있어야 해결할 수가 있습니다. 하루 이틀에 치유된다고 생각하면 안 됩니다. 시간이 걸릴 것입니다. 도움이 되질 못해서 죄송합니다. 워낙 멀어서 말입니다. 빠른 시간 내 치유되기를 바랍니다.

두 번째 질문입니다. 바쁘신 중에도 빨리 답장해 주셔서 너무 감사드립니다. 아이가 항상 집에 같이 있어서 조심스러워 답장이 늦어졌습니다. 죄송하지만 한번만 더 질문 하겠습니다. 목사님 답장을 받고서 걱정이 많이 됩니다. 전문사역자를 이곳에서는 찾기가 어렵습니다.

또 아이가 잘 알지 못하는 곳에서 잘못 안수 받다가 상처 받을까 두렵습니다. 지금 우리 가정에서는 아이가 상처가 되었을 만한 것들을 찾아서 그 문제들을 일차적으로 해결하는데 초점을 맞추고 있고 계속해서 사랑으로 아이를 감싸주고 있습니다. 계속 아이를 사랑으로 보듬어주어도 악한 영의 세력이 점점 강하여질까요? 악한 영의 세력을 약화시킬 수 있는 방법은 전문 사역자 외에는 방법이 없을까요 목사님? 죄송하고 감사합니다.

두 번째 답변입니다. 영적인 문제가 달랜다고 해소되면 얼마나 좋겠습니까? 그리고 안수를 받는 다고 하시는데 안수만 받아서는 안 됩니다. 본인이 자신의 상태를 왜 그러는지 알게 해야 합니다.

잘못하면 아이에게 역사하는 영에게 농락을 당할 수가 있습니다. 아무튼 책을 상세하게 읽어보시면 어떻게 해야 하는지 알게 되실 것입니다. 지금 잘못하면 아이가 다시 일어설 수가 없을 수도 있습니다. 저는 전문으로 치유사역을 하기 때문에 귀하의 자녀같이 지내다가 또 이곳저곳 안수만 받으러 다니다가 사람 노릇을 못할 정도로 악한 된 사람들이 많습니다. 잘 판단하셔서 아이가 자신의 심각성을 알도록 하여 의지가 발동되도록 해야 합니다. 그래서 자신 안에 계신 하나님께 매달리도록 해야 합니다. 성령의 역사가 아이의 심령 안에서 일어나야 치유가 됩니다. 나이로 보아서 부계의 영적인 아이에게 영향으로 올수도 있으니 참고하세요. 승리하세요.

2. 자녀문제를 해결하기 위한 적극적인 활동.

1) 부모가 먼저 예수를 믿고 자신들의 문제를 찾아 치유하라. 문제가 부모에게 있다는 것을 인정해야 합니다. 보이는 상황과 보이지 않는 여러 가지 문제를 찾아보아야 할 것입니다. 그리하여 회개하고 용서하고 끊어내고 축사해야 합니다. 많은 기간을 영적으로 싸워야합니다. 자녀들에게 변화된 모습을 보여야 합니다. 그러면서 지속적으로 자녀들과 대화를 해야 합니다. 자녀들과 같이 치유를 받는 것도 효과가 좋습니다.

2) 내면의 상처를 치유하라. 아이들이 정신적인 문제나 영적인 문제를 일으키는 요소들은 모두 아이의 잠재의식이나 무의식에 숨어있는 요소들입니다. 어려서 받은 모든 무의식에 숨겨진 상처

들을 말씀과 성령으로 찾아내어 치유해야 합니다. 어려서 치유하는 것이 좋습니다. 앞에 외국에 거주하는 아이와 같이 겉으로 드러나면 치유하는데 시간이 많이 걸립니다. 분명하게 혈통에 우상숭배를 많이 했거나, 부모 중에 한분이 정신적인 문제가 영적인 문제 우울증 등으로 고생을 했다면 자녀에게 70%이상 대물림이 됩니다.

미리 말씀과 성령으로 치유하면 예방이 가능합니다. 어린 아이들도 안수하면서 치유할 수 있습니다. 반드시 담임목사님이 일주일에 1-2회 정도 안수하며 치유하고 관리를 해야 합니다. 아이는 영적인 방어능력이 없기 때문에 말씀과 성령의 역사로 관리하지 않으면 재발할 수가 있습니다. 말씀과 성령으로 무의식과 잠재의식에 숨어있는 ①부모로부터 받은 상처, ②주변 사람들에게 당한 상처, ③잘못된 부부 관을 말씀과 성령으로 치유해야 합니다. 하나 하나 성령의 임재 가운데 말씀으로 찾아보아야 합니다. 자신도 잘 모르는 상처가 있을 수 있습니다.

아이들은 분명하게 성령의 역사를 체험하면 무의식과 잠재의식에 숨어있는 부정적인 요소들이 정체를 폭로합니다. 어려서 치유하면 쉽게 정상으로 회복이 될 수 있습니다.

3) 자녀의 친구들을 유형을 살펴보라. 친구로 인하여 영육의 문제가 많이 발생 합니다. 자녀들의 주변에 좋은 친구들이 있기를 기도하여야 합니다. 그런데 내 자녀가 영육으로 정상적인 생활을 하면 그런 유형의 친구들이 붙게 됩니다. 영은 영끼리 통합니다. 문

제는 내 자녀에게 있는 것입니다. 내 자녀가 문제가 있으니 그런 유형의 친구가 붙게 되는 것입니다. 그러므로 유유상종이라고 하는 것입니다. 참새는 참새끼리, 학은 학끼리 노는 것입니다. 그러므로 자녀들의 친구들의 유형을 살펴볼 필요가 있는 것입니다.

4) 조상의 대물림의 죄악을 찾아라. 선조들의 특정한 문제와 죄악을 찾아내야합니다. 질병과 관련된 유전은 없었는지 찾아내야 합니다. 많은 경우 유전에 의하여 난, 불치의 질병이 발생하는 경우가 많습니다. 영적인 문제를 일으킨 조상은 없었는지 찾아내야 합니다. 본인의 임상적인 경험에 의하면 육적인 음란은 영적인 음란을 타고 들어오는 경우가 많습니다.

정신적인 문제가 유전되고 있지는 않는지 찾아내야 합니다. 대부분의 우울이나 조울증 정신질환은 혈통을 타고 유전이 됩니다. 부모나 친척이 우울증이나 조울증, 치매에 걸려서 고생했다면 미리 예방활동을 하는 것이 좋습니다. 예방 활동이란 성령 충만한 영적 생활을 말하는 것입니다. 나는 예수를 믿었으니 찾아오지 않는다는 안일한 생각은 금물입니다.

대부분의 정신질환 환자는 태중에서의 상처와 유아시절의 상처가 있는 사람들이 많이 발생합니다. 정신문제가 있는 자녀의 부모나 선조를 거슬러 올라가 보면 무당이나 무당을 많이 찾았거나 굿을 많이 한 자녀들이 많이 생깁니다. 그리고 남묘호랭객교나 이방종교 하수인을 했을 경우에 많이 발생합니다. 이런 우상숭배가 심했던 자녀들은 예방신앙을 철저하게 해야 합니다. 예방신앙이란 성령으로 충만한 믿음생활을 하면서 치유를 받는 것을 말합니다. 미리 말씀과 성령으로 찾아서 예방하지 않으면 자녀에게 문제가 오는 경우가 많습니다.

자녀를 임신했을 때 시부모나 친척 식구, 남편이나 다른 사람을 통하여 고통을 당한 경우는 없었는지 찾아내야 합니다. 태중에서나 유아시절에 정상적인 보살핌을 받지 못한 사람들이 자라면서 자신의 사랑 받지 못한 빈 공간을 채우기 위해서 이성에게 관심을 많이 갖게 됩니다. 아버지나 어머니로부터 받지 못한 사랑을 이성에게 채우려는 욕구가 강하여 어려서부터 이성을 찾는 것입니다.

그래서 상처는 일찍 찾아서 치유하는 것이 좋습니다. 교회는 예방 활동을 잘해야 합니다. 신앙은 예방 신앙이어야 합니다. 왜냐, 지옥 가기 전에 예수 믿어서 천국 가는 것이 기독교 신앙입니다. 그래서 교회는 예방 신앙이어야 합니다. 정상적인 가정에서 사랑을 받고 정상적으로 자란 사람은 이성의 문제를 일으키는 경우가 별로 없습니다.

그래서 어린 시절부터 이성문제를 일으키는 사람은 그 사람뿐만 아니라 부모에게도 책임이 있다는 것을 인정해야합니다. 그래서 미리 알고 어려서부터 말씀과 성령으로 치유해야합니다. 지금 건강하고 잘 지내는데 무슨 문제가 있겠는가. 필자가 앞에서 누누하게 강조했지만 방심을 금물입니다. 귀신은 아주 끈질기고 인내력이 강합니다. 끝까지 버티면서 취약한 시기를 노리는 것이 귀신입니다. 언젠가 나타난다는 말입니다. 예방해야 합니다

23장 생각의 문제 예방하고 완전치유

(요14:26)"보혜사 곧 아버지께서 내 이름으로 보내실 성
령 그가 너희에게 모든 것을 가르치고 내가 너희에게 말한
모든 것을 생각나게 하리라."

사람에게 육신 건강만큼 중요한 것이 있다면 그것은 생각입니
다. 생각이 어떠냐에 따라서 정신건강이 좌우되기 때문입니다. 어
떤 생각을 가지고 있느냐에 따라서, 그 사람의 미래와 행복과 불
행이 결정되어 지기 때문입니다. 그래서 사람에게는 중요한 것이
"생각"입니다. 왜 생각이 중요한가? 영의 입구가 되기 때문입니다.
(요13:2)"마귀가 벌써 시몬의 아들 가룟 유다의 마음에 예수를 팔
려는 생각을 넣었더라."

생각이 잘못되면 영의 출구로 말이 잘못 나가게 됩니다. (요
13:27)"조각을 받은 후 곧 사탄이 그 속에 들어간지라 이에 예수께
서 유다에게 이르시되 네가 하는 일을 속히 하라 하시니." 생각에
따라 영적 정신적인 질환이 발생하기도 하는 것입니다. 그래서 생
각관리를 잘해야 하는 것입니다.

1. 생각에는 두 가지가 있다. 믿음의 생각과 불신의 생각이 있
습니다. 우리는 의지적으로 믿음의 생각을 해야 합니다. (롬8:5-8)
"육신을 따르는 자는 육신의 일을, 영을 따르는 자는 영의 일을 생

각하나니 육신의 생각은 사망이요 영의 생각은 생명과 평안이니라. 육신의 생각은 하나님과 원수가 되나니 이는 하나님의 법에 굴복하지 아니할 뿐 아니라 할 수도 없음이라. 육신에 있는 자들은 하나님을 기쁘시게 할 수 없느니라."

1)믿음의 생각: 가나안 땅을 탐지한 여호수아 갈렙 같이 하나님이 함께 하심을 믿는 믿음입니다. 모든 사물을 바라볼 때 하나님의 눈으로 바라보는 사람입니다. 이는 하나님의 영으로 충만한 사람입니다. 일은 내가 하는 것이 아니고 하나님이 하신다는 것을 믿는 사람입니다. 하나님의 말씀을 믿음으로 받고 행하는 사람입니다. 그래서 하나님의 생각을 하는 사람입니다. 한마디로 하나님과 영의 통로가 열린 사람입니다. 그래서 모든 생각이 하나님 중심인 사람입니다. (민13:30)"갈렙이 모세 앞에서 백성을 조용하게 하고 이르되 우리가 곧 올라가서 그 땅을 취하자 능히 이기리라." (민14:6-10)"그 땅을 정탐한 자 중 눈의 아들 여호수아와 여분네의 아들 갈렙이 자기들의 옷을 찢고 이스라엘 자손의 온 회중에게 말하여 이르되 우리가 두루 다니며 정탐한 땅은 심히 아름다운 땅이라. 여호와께서 우리를 기뻐하시면 우리를 그 땅으로 인도하여 들이시고 그 땅을 우리에게 주시리라 이는 과연 젖과 꿀이 흐르는 땅이니라. 다만 여호와를 거역하지는 말라 또 그 땅 백성을 두려워하지 말라 그들은 우리의 먹이라 그들의 보호자는 그들에게서 떠났고 여호와는 우리와 함께 하시느니라 그들을 두려워하지 말라 하나 온 회중이 그들을 돌로 치려 하는데 그 때에 여호와의 영광이

회막에서 이스라엘 모든 자손에게 나타나시니라." 이와 같이 믿음의 사람은 어떠한 어려움이 있더라도 하나님의 편에 서서 생각하고 말하는 사람입니다.

2) 불신의 생각: 마음에 하나님이 없는 사람들을 말합니다. 그러므로 매사를 자신이 해야 한다는 계산적이고 합리적인 사람입니다. 자신의 눈으로 세상을 바라보고 된다. 안된다를 결정하는 인간중심의 사람입니다. 생각이 부정적인 사람들입니다. 하나님을 믿기는 믿되 마음에 하나님은 안중에도 없는 사람들입니다. 그러니 생각이 바르지 못하고 항상 부정적인 사람입니다. 생각이 부정적이니 나오는 말이 모두 부정적인 말만 나오는 것입니다. 즉 하나님을 사랑하지 않는 사람입니다. 하나님은 이렇게 말씀하십니다. (요14:21)"나의 계명을 지키는 자라야 나를 사랑하는 자니 나를 사랑하는 자는 내 아버지께 사랑을 받을 것이요 나도 그를 사랑하여 그에게 나를 나타내리라." 하나님을 사랑하지 않으니 항상 하나님의 말씀을 믿지 못하는 것입니다. 그래서 하는 말이 부정적입니다. 그래서 하나님의 복을 받지 못합니다. (민13:31-33)"그와 함께 올라갔던 사람들은 이르되 우리는 능히 올라가서 그 백성을 치지 못하리라 그들은 우리보다 강하니라 하고 이스라엘 자손 앞에서 그 정탐한 땅을 악평하여 이르되 우리가 두루 다니며 정탐한 땅은 그 거주민을 삼키는 땅이요 거기서 본 모든 백성은 신장이 장대한 자들이며 거기서 네피림 후손인 아낙 자손의 거인들을 보았나니 우리는 스스로 보기에도 메뚜기 같으니 그들이 보기에도 그와

같았을 것이니라." 이는 마음에 하나님 두기를 싫어하니 매사를 자신이 해야 한다는 생각으로 사물을 바라보기 때문입니다.

3)불신의 생각, 사람의 생각에는 "사단의 역사"가 따라온다. 가룟 유다의 경우를 보시기를 바랍니다. (요13:27)"조각을 받은 후 곧 사탄이 그 속에 들어간지라 이에 예수께서 유다에게 이르시되 네가 하는 일을 속히 하라 하시니." 믿음의 생각에는 하나님이 역사하시고, 불신의 생각에는 사단이 역사합니다. 그래서 사람은 약한 것입니다. 무엇을 생각하느냐에 따라 대상이 침입하는 극히 나약한 존재입니다. 그러므로 우리는 의지를 다해서 하나님을 생각해야 합니다. 하나님의 생각으로 우리의 마음을 채워서 하나님이 주시는 축복을 받아야 합니다.

저는 당신에게 부탁드리고 싶습니다. 모든 불신앙을 버리고 믿음의 생각을 가지시기 바랍니다. 믿음의 생각을 가져야 하나님과의 관계가 회복되고, 믿음의 생각을 가져야 사람과의 관계도 회복되는 것입니다. 모든 실패는 불신앙에서 옵니다. 누구 때문에 실패했다라고 말하지 마시기를 바랍니다. (민14:1-4)"온 회중이 소리를 높여 부르짖으며 백성이 밤새도록 통곡하였더라. 이스라엘 자손이 다 모세와 아론을 원망하며 온 회중이 그들에게 이르되 우리가 애굽 땅에서 죽었거나 이 광야에서 죽었으면 좋았을 것을 어찌하여 여호와가 우리를 그 땅으로 인도하여 칼에 쓰러지게 하려 하는가 우리 처자가 사로잡히리니 애굽으로 돌아가는 것이 낫지 아니하랴 이에 서로 말하되 우리가 한 지휘관을 세우고 애굽으로 돌아가자 하매"

자신의 불신앙 때문에 실패한 것입니다. 환경 때문에 실패했다고 말하지 마세요. 자신 스스로가 실패할 수밖에 없는 생각들을 이미 가지고 있었던 것입니다. 그래서 실패하는 것입니다. 하나님은 강하고 담대한 자와 함께 하십니다. 하나님은 인간을 통해서 하나님의 일을 해야 하기 때문에 강하고 담대한 사람을 찾고 있습니다. 강하고 담대한 사람은 누구인가, 매사를 하나님의 눈으로 보는 사람을 말합니다. 모든 것을 하나님이 하신다는 믿음으로 하나님의 음성에 순종하는 사람을 말합니다.

4) 생각이 이상하면 모든 것이 이상해진다. 인간적인 생각을 하는 사람은 예수를 믿었어도 하나님의 나라를 유업으로 받지 못한다는 것입니다. 그래서 우리는 성령의 생각을 해야 하는 것입니다. 생각이 틀리면 방향이 틀리는 것입니다. 하나님은 분명하게 이스라엘 모든 사람들을 가나안에 데리고 들어가려고 했습니다. 그러므로 그냥 믿음으로 따라만 가면 되는 것입니다. 그러나 하나님은 우리의 믿음을 시험하십니다. 모든 사람을 가나안에 데리고 들어가지 않습니다. 하나님의 말씀을 믿고 순종하고 따라오는 사람만 데리고 가나안에 들어가십니다. 가나안에는 하나님의 말씀에 순종하는 자만이 들어가는 것입니다. 그래서 열 지파 사람들은 하나님과 생각이 다르기 때문에 가나안에 들어 갈 수가 없습니다. 그러니까, 부정적인 말을 하는 것입니다. 왜 그렇습니까? 그 마음에 하나님을 사랑하는 마음이 없기 때문입니다. 사람은 사랑하는 사람을

닮아가게 되어 있습니다. 그래서 열 지파 사람들은 이렇게 말합니다. (민13:31-33)"그와 함께 올라갔던 사람들은 이르되 우리는 능히 올라가서 그 백성을 치지 못하리라 그들은 우리보다 강하니라 하고 이스라엘 자손 앞에서 그 정탐한 땅을 악평하여 이르되 우리가 두루 다니며 정탐한 땅은 그 거주민을 삼키는 땅이요 거기서 본 모든 백성은 신장이 장대한 자들이며 거기서 네피림 후손인 아낙 자손의 거인들을 보았나니 우리는 스스로 보기에도 메뚜기 같으니 그들이 보기에도 그와 같았을 것이니라."

이 사람들은 마음에 하나님을 사랑하는 마음이 없기 때문에 매사가 부정적인 것입니다. 그래서 사람은 말하는 것을 보면 그 사람을 알 수가 있는 것입니다. 생각이 이상하면 행동도 이상하게 되는 것입니다. 열 지파 사람들의 부정적인 보고를 들은 사람들은 모두 부정적으로 변해 버립니다. 이는 하나님이 파놓으신 함정에 빠진 것입니다. 그래서 성도는 자신의 영은 자신이 지킬 수 있어야 한다는 것입니다. 부정적인 보고에 미혹된 이스라엘 사람들의 하는 소리를 보십시오. (민14:1-4)"온 회중이 소리를 높여 부르짖으며 백성이 밤새도록 통곡하였더라. 이스라엘 자손이 다 모세와 아론을 원망하며 온 회중이 그들에게 이르되 우리가 애굽 땅에서 죽었거나 이 광야에서 죽었으면 좋았을 것을 어찌하여 여호와가 우리를 그 땅으로 인도하여 칼에 쓰러지게 하려 하는가 우리 처자가 사로잡히리니 애굽으로 돌아가는 것이 낫지 아니하랴 이에 서로 말하되 우리가 한 지휘관을 세우고 애굽으로 돌아가자 하매"

다시 애굽에 가서 종살이를 하자는 것입니다. 한마디로 꿈이 없는 백성입니다. 먹을 것에만 눈을 돌리는 땅에 속한 사람들입니다. 마음에 하나님이 없는 사람들입니다. 한마디로 믿음이 없는 사람들입니다. 하나님이 이런 사람들을 어떻게 가나안에 데리고 갈 수가 있겠습니까? 생각하는 것이 육을 만족하게 하는 사람들의 말입니다. 우리는 하나님만을 사랑하고 따라야 합니다. 하나님만 우리에게 있으면 모든 것을 이룰 수 있습니다. 우리 하늘에 속한 영의 사람이 다 되시기를 바랍니다. 생각이 부정하면 행동이 타락되어집니다. 악해진다는 것입니다. 사람의 본성이 나온다는 것입니다. 타락한 육의 사람은 악합니다. 그래서 가인이 아벨을 죽인 것입니다. (민14:10)"온 회중이 그들을 돌로 치려 하는데 그 때에 여호와의 영광이 회막에서 이스라엘 모든 자손에게 나타나시니라."

끝까지 하나님을 생각하고 하나님의 편에 서는 사람을 가나안에 데리고 가십니다. 하나님을 믿지 않는 사람은 죽는 것입니다. 그래서 나는 안 된다고 생각하면 안 됩니다. 하나님은 무엇이든지 하십니다. 우리는 생각관리를 잘해야 합니다. 술 생각을 많이 하면 알콜 중독자가 됩니다. 마약을 생각하면 마약 중독자가 됩니다. 음란에 빠지면 방탕하게 됩니다. 그래서 생각은 행동을 낳고 행동은 결과를 낳는 것입니다. 우리는 성령으로 충만하여 하나님을 향한 영의 생각을 해야 합니다. 그래야 하나님의 복을 받는 성도가 됩니다.

5) 성령께서 우리의 생각을 사용하실 때 마귀가 방해하는 기법.

하나님의 생각이나 감동이 옵니다. 그렇게 해야겠다는 생각이 들었으나 곧 현실적인 계산이 들게 됩니다. 인간적인 계산을 한다는 것입니다. 즉 내 힘으로 할 수 있느냐, 없느냐를 판단한다는 것입니다. 그래서 자신의 현실을 보고 자신을 합리화하고 안 된다고 생각하고 행동에 옮기지 않게 됩니다. 그리고 다시 할 생각을 하면 신경질이 나고 시험에 듭니다. 그래서 하나님의 복을 받지 못하는 것입니다. 이런 성도는 예수를 믿기는 믿었지만 마귀의 조종에 놀아나는 성도입니다. 마치 가나안을 정탐하고 돌아와 부정적인 보고를 하는 열 지파 사람들과 같이 말입니다.

그러므로 우리는 생각을 걸러내야 합니다. 자신을 위해서 마귀의 생각을 걸러내야 합니다. 생각은 세 가지 통로를 통하여 옵니다. 하나님과 마귀, 자기의 생각입니다. 우리모두 생각의 출처를 분별하고 마귀의 생각과 내 생각을 걸러내야 삽니다. 성도는 생각을 지키기 위해 기도해야 합니다. (빌4:6-7)"아무 것도 염려하지 말고 다만 모든 일에 기도와 간구로, 너희 구할 것을 감사함으로 하나님께 아뢰라. 그리하면 모든 지각에 뛰어난 하나님의 평강이 그리스도 예수 안에서 너희 마음과 생각을 지키시리라."

성령이 주는 감동의 흐름을 타야 합니다. 그래서 성령으로 충만하라는 것입니다. 성령의 감동(생각)은 즉각 시인하고 즉각 순종해야 합니다. 그럴 때 하나님의 역사가 일어납니다. 자신에게서 성령이 주는 생각이 늘 흐르게 해야 합니다. (갈5:16-17)"내가 이르노니 너희는 성령을 따라 행하라 그리하면 육체의 욕심을 이루지 아니하리라. 육체의 소욕은 성령을 거스르고 성령은 육체를 거스르나니 이 둘이 서로 대적함으로 너희가 원하는 것을 하지 못하게 하려 함이니라." 우리는 성령의 흐름을 잡아야 삽니다. 그리고 성령의 말을 해야 합니다. 그래야 성령의 인도를 받는 초자연적인 성도가 되는 것입니다.

분별하여 마귀의 생각을 차단하세요. 대적하라는 것입니다. 마귀의 생각을 받아들이면 마귀는 계속해서 역사합니다. 그러므로 자신에게서 마귀의 생각이 좌정하지 못하도록 생각관리를 잘해야 합니다.

2. 생각을 건전하게 하기 위해 어릴 때 환경이 중요하다.

1) 가정환경: 우상을 섬기는 가정에서 성장한 사람하고, 하나님을 섬기는 가정에서 성장한 사람은 다릅니다. 가정 분위기와 가족의 성격도 중요한 환경입니다. 가정환경에 따라 성령도 전이될 수 있고, 마귀도 전이 될 수 있습니다.

2) 교육환경: 교육환경에서 가장 중요한 곳은 가정입니다. 교육은 학교에서 시작되는 것이 아니고 가정에서 시작됩니다. 그래서 저는 가정치유를 중요하게 생각합니다. 부모가 영적으로 바로서면 자녀들이 잘못 가지 않습니다. 그러니 부모의 역할이 무엇보다도 중요한 것입니다. 정상적인 교육을 받은 사람이 건강합니다. 그래서 "교육은 사람을 만든다."는 말이 있는 것입니다.

3) 사회 환경이 중요하다. 가난한 사회와 부유한 사회에서 성장

한 사람은 차이가 많이 납니다. 그래서 사람은 나면 서울에 보내고, 말은 제주도로 보내라는 것입니다. 서울은 그 만큼 여러 문화의 혜택을 많이 받을 수 있기 때문입니다. 경직된 직장 문화에서 성장한 사람과, 자유문화에서 성장한 사람의 성격은 다릅니다.

3. 치유되어져야 할 생각들

1)부정적인 생각들: 내가 지금까지 내면치유사역을 하면서 체험적으로 느낀 것은 부정적인 생각을 많이 하는 사람들이 상처가 많다는 것입니다. 상처에 마귀가 역사하여 나타나는 현상인 것 같습니다. 우울증 환자는 상처가 있으니 부정적인 사람이 많습니다. 우리 자신을 보는 눈을 엽시다. 그리하여 자신이 어떤 생각을 많이 하는지 스스로 분별하기 바랍니다. 치유는 자신에게 문제가 있다고 느끼면서 치유 받으려고 해야 치유가 되는 것입니다.

2) 음란한 생각들: 성경은 뭐라고 말합니까? "너희 몸은 하나님의 성전이라. 하나님의 성령이 거하는 거룩한 전이니, 하나님의 성전을 더럽히면 하나님이 저를 멸하시리라"고 말한 것입니다. 오늘 이 시간에 우리는 예수 그리스도의 보혈로서 값주고 사고, 하나님의 거룩한 성령이 거하는 성전이 되어있는 것입니다. 이러므로 음란은 이 성전을 더럽히기 때문에 성령이 음란으로 더럽힌 그 몸속에 성전 삼고 거할 수가 없는 것입니다. 음란은 왜냐하면 막연한 것이 아니라 세 가지 죄가 있습니다. 음란은 처음, 간음죄입니다.

간음죄란 것은 결혼 한 부부가 아닌 다른 사람하고 서로 육체적인 교제가 있을 때, 이것은 간음죄입니다. 하나님께서 간음죄를 음란죄 중에서 가장 심히 다룹니다. 다윗을 하나님이 그렇게 사랑 했지만 다윗이 자기 남편이 있는 우리야의 아내를, 우리야가 일선에 나갔을 동안에 그를 손대어서 간음을 했습니다. 하나님께서 간음죄를 지은 다윗을 가만 내버려두지 않았습니다. 무섭게 심판해서 가정이 풍비박산 되도록 얻어맞은 것입니다. 우리 하나님께서는 간음죄를 내버려두지 않습니다. 간음죄란 결혼한 사람들이, 결혼한 사람들끼리 육체적인 죄를 범할 때 간음죄가 되는 것입니다.

3) 우울한 생각들. 우울증에 걸리신 분들은 미래에 대한 희망이 전혀 없습니다. 그러니 우울증 걸린 분이 웃는 분들이 전혀 없습니다. 제가 현장에서 치유사역하면서 우울증 걸린 분들을 몇 분 만나보면서 아 이분들은 이런 특징이 있구나. 제 나름대로 이 분들은 축 늘어져있고, 생각이 부정적입니다. 이 분들이 하는 말을 들으면 참 긍정적으로 밝은 면이 거의 없습니다. 또한 늘 염려스러운 생각만 골라서 합니다.

4) 탐심들: 마음속에 탐욕은 우상숭배인 것입니다. 자기의 마음속에 탐욕이 들어온 아나니아와 삽비라는 자기의 재산을 팔아 가지고도 그걸 일부는 감추고, 일부분만 가지고 와서 이것이 전부 다 가지고 왔다고 그랬었습니다.

하나님은 탐욕을 가지고 하나님을 섬기는, 우상을 섬기는, 전심으로 섬기지 않고 간음한 것과 같은, 이러한 아나니아와 삽비라를 그들 앞에서 죽여 버리고 마는 것입니다. 하나님께서는 탐욕을 미워하십니다. 자기의 분수를 넘어서 탐심을 갖고, 탐욕으로 사는 사람은 바로 우상을 섬기는 사람으로 하나님보다도 물질을 더 사랑하거나 자기의 환경을 더 사랑하는 사람인 것입니다. 이러한 사람은 영적으로 간음한 사람으로써 주님께서 내버려두지 않습니다. 우상숭배는 성령을 소멸해버리고 말고, 하나님의 성령이 떠나갑니다. 이렇기 때문에 우리의 생애 속에 눈에 보이는 우상이나, 눈에 보이지 않는 마음의 탐욕, 하나님보다 더 사랑하는 일이 있으면 이를 모두 다 제거해버리고 성령이 충만하게 되기를 바랍니다.

5) 생각 쪽에 과감하게 치유되어져야 할 것 11가지가 있다.

① 부정적인 생각: 어디서 붙었는지는 몰라도 이것이 나에게 붙어 가지고 떨어지지가 않습니다. 좋은 것이 보이기보다는 나쁜 것이 먼저 보이고 그러니 행동도 틀리게 하는 경우가 많이 있습니다.

② 음욕: 이것은 보통 문제가 아닙니다. 사단이 온 세상에 음욕의 씨앗을 뿌리고 인간을 타락의 길로 끌고 가고 있습니다.

③ 염려(불신앙): 하나님이 살아계시니 염려할 필요가 없는데 또 염려합니다.

④ 의심: 이것 때문에 의처증이 생기고 의부증이 생기는 것입니다.

⑤ 두려움(공포): 원인도 없고 이유도 없는데 두려워하는 사람들이 많습니다.

⑥ 교만: 교만은 패망의 선봉인데도 끝까지 교만한 마음을 버리지 못하는 사람이 많습니다.

⑦ 자기 증오: 괜히 자기 자신에게 "나 같은 게 살면 뭐하나, 나

는 죽어야 돼"라고 말합니다. 이런 사람일수록 더 오래 삽니다. 그리고 "나는 밥만 축 내는 사람이야"라고도 합니다. 밥이나 적게 먹으면서 그 말을 하면 밉지는 않을 것인데 실컷 배불리 먹어놓고는 "나는 밥만 축낸다."라고 합니다.

⑧ 열등의식: 다른 사람이 자기를 무시한 적도 없는데 자기가 괜히 무시를 당했다고 합니다. 이것 역시 열등감에서 나오는 것입니다.

⑨ 죄의식: 이미 죄는 예수 그리스도를 영접할 때 끝난 것입니다. 그런데 주님은 용서하셨는데 그 사람은 용서 못 받았다고 하면서 계속 죄를 짊어지고 있습니다.

⑩ 용서하지 못하는 것: 과거는 지나간 것입니다. 그런데 과거에 묶여 삽니다. 이유는 용서해야 할 것을 용서하지 못했기 때문입니다. 용서하면 손해보고 죽을 것 같지만 용서해야 살고 용서해야 축복을 받게 됩니다.

6) 과거의 상처 속에 잡혀있는 생각: 이것은 자신의 미래에 전혀 도움이 안 되는 것들입니다. 모두 말씀과 성령의 역사로 치유 받아야 합니다.

7) 미움과 분노로 살인까지 계획하는 것: 우발적인 살인도 있지만 계획적인 살인도 있습니다. 이런 것들은 오늘 과감히 치유되어야 합니다.

4. 치유에 있어서 중요한 것 중의 하나가 개인의 노력이다.

1) 복음을 들어야 구원을 받게 됩니다. (롬10:17)"그러므로 믿음은 들음에서 나며 들음은 그리스도의 말씀으로 말미암았느니라."

2)성령의 인도받는 기도를 해야 응답을 받습니다(마7:7-11). 구하라 그러면 너희에게 주실 것이요. 찾으라 그러면 찾을 것이요. 문을 두드리라 그러면 너희에게 열릴 것이니. 너희가 악한 자라도 좋은 것으로 자식에게 줄 줄 알거든 하물며 하늘에 계신 너희 아버지께서 구하는 자에게 좋은 것(성령)으로 주시지 않겠느냐. 우리가 기도해서 받는 것은 성령입니다. 성령이 모든 것을 이루시고 하십니다. 우리는 성령으로 충만하기 위하여 기도해야 합니다.

3) 성령의 음성 메시지를 들어야 치유된다. 제가 그동안 치유 사역을 하면서 임상적으로 경험한 바로는 우울증이나 정신 신경계통에 질병이 있는 분들이 찾아오면 말씀을 들으려고 하지를 않습니다. 그리고 안수만 받으려고 합니다. 그러나 아닙니다. 성령의 음성과 레마의 말씀을 들어야 치유가 되는 것입니다. 하나님은 살았고 운동력이 있습니다. 좌우에 날선 어떤 검보다도 예리합니다. 그래서 혼과 영과 및 관절과 골수를 찔러 쪼개기까지 합니다. 또 마음의 생각과 뜻을 판단하십니다(히4:12-13). 따라서 "말씀이 다입니다." 말씀 안에서 성령이 역사하여 치유하는 것입니다.

4)성령으로 충만하여 은혜를 받아야 성장한다. 우리가 하나님과 함께 일하는 자는 은혜를 받아야 합니다. 말씀과 성령으로 은혜를 받아야 합니다. 그래서 하나님은 보라! 지금은 은혜 받을 만한 때

요. 보라! 지금은 구원의 날이로다. 하시는 것입니다.

5) 성령의 인도를 받아야 치유된다. 생각이 치유가 되려면 성령이 역사하는 말씀을 들어야 합니다. 그리하여 성령으로 충만하여 성령의 인도를 받아야 치유가 되는 것입니다. 앞에 간증에서도 나왔지만 우리 교회가 우울증이나 정신 신경계통의 질병이 잘 치유되는 것은 말씀 안에서 성령의 역사가 일어나기 때문입니다. 성령의 역사가 자신을 장악해야 치유가 되기 시작합니다(고전 2:10-11).

6) 치유를 받아야 복음 전도가 가능하다. 전도는 내가 예수를 믿고 얼마나 달라졌는가를 자랑하는 것이 전도라고 생각합니다. 보아라! 내가 예수 믿기 전에는 우울증으로 정신 분열증으로 그렇게 고생을 했는데 예수 믿고 말씀과 성령으로 치유 받고 이렇게 변했다. 간증하는 것이 전도입니다. 그래서 전도는 치유를 받아야 가능한 것입니다.

4. 생각이 치유되어져야 한다.

1) 모든 이론을 파하며, 라고 했습니다. 그런데 이론을 따라가는 성도가 있습니다. (고후10:5)"하나님 아는 것을 대적하여 높아진 것을 다 무너뜨리고 모든 생각을 사로잡아 그리스도에게 복종하게 하니."

2) 하나님을 아는 것을 대적하여 높아진 것을 다 파해야 합니다. 이는 과학의 힘이나, 지식의 힘을 믿지 말라는 것입니다. 하나님

중심으로 돌아서라는 것입니다.

3) 모든 생각을 사로잡아 그리스도 예수께 복종케 해야 합니다. 그러면 사단이 틈타지를 못합니다. 우리 하나님만을 생각하는 우리가 됩시다. 기도는 하나님에게 집중하는 것입니다. 자신의 영적 성장을 위하여 기도로 생각을 하나님에게 집중하기 바랍니다.

5. 생각의 치유를 받으려면

1) 자신의 상처를 인정해야 합니다.

2) 자신의 상처에 대한 책임을 가져야합니다. 다른 사람 상처 주지 말고 교회 은혜 없다 말고 내가 문제가 있다고 인정해야 합니다.

3) 상처를 치유 받으려는 본인의 의지가 있어야합니다. 의지를 다하여 상처를 치유 받겠다는 마음의 각오가 있어야 합니다.

4) 성령으로 세례를 받고 성령 안에서 기도하며 성령으로 충만해야 합니다. 성령으로 충만해야 성령하나님께서 자신의 생각을 주장하시게 되기 때문입니다.

5) 성령으로 충만한 상태에서 상처를 예수님에게 가지고 가서 치유해 달라고 기도해야합니다. 모든 문제의 해결책은 성령하나님이 가지고 계십니다. 성령하나님에게 온몸으로 기도하여 상처를 치유하시기를 바랍니다. 하나님은 못하시는 것이 없는 초자연적으로 역사하시는 하나님이십니다.

불의한 생각이 불의한 인간을 만들고, 선한 생각이 선한 인간을 만듭니다(참조: 잠23:7). 부정한 생각이 불신을 조장하여 가정이나 사회, 곧 이웃관계를 파괴한다면, 긍정적인 생각이 신뢰감을 조성하여 가정과 사회, 곧 이웃관계를 행복하게 만드는 것입니다. 생각은 그 사람을 조종하는 핸들과 같은 것이며, 생각이 행동을 만들고, 그 행동이 인간의 육신을 지배하는 것이다. 그러나 인간의 생각은 완전할 수 없습니다. 마귀가 가룟 유다의 마음에 예수를 팔려는 생각을 넣은(요13:2) 결과로 유다가 예수님을 팔았다는 관점에서 보면, 인간이 자기 자신의 마음이나 생각을 믿고, 고집부릴 것이 아니라, 하나님의 생각을 따라야 형통의 복을 받을 수 있다는 것을 알 수 있습니다. 내 생각을 앞세우지 말고, 하나님의 생각을 따라 순종하는 삶을 살아갑시다. 그 때 우리의 모든 삶이 형통하게 될 것입니다.

생각을 치유하여 살아계신 하나님의 뜻대로 살아가면서 건강하고 행복하려면 성령으로 세례받고 성령 안에서 온몸으로 기도하며 성령이 충만한 생활을 해야 합니다. 성령의 세례와 충만에 대하여 깨닫고 싶은 분은 **"성령의 불 받을 때 느낌 체험"** 책을 참고하시기를 바랍니다.

24장 습관의 문제 교정과 완전치유

(렘22:21)"네가 평안할 때에 내가 네게 말하였으나 네
말이 나는 듣지 아니하리라 하였나니 네가 어려서부터 내
목소리를 청종하지 아니함이 네 습관이라"

하나님은 우리의 잘못된 습관을 치유하라고 하십니다. 사람은
습관을 따라 삽니다. 심지어 동물도 습관에 따라 삽니다. 그 대표
적인 예화가 김유신 장군이 술에 취했을 때 김장군의 말이 기생집
으로 갔습니다. 이것은 평소 때 김유신 장군이 술에 취하면 그곳으
로 갔기 때문에 말이 습관을 따라 그 집으로 간 것입니다. 이만큼
습관이 중요한 것입니다.

습관을 다른 말로 하면 "버릇"입니다. 버릇은 한 번에 이루어지
는 것이 아니라, "반복함으로 습득되는 것"입니다. 그런데 이것이
우리의 생활에 절대적인 영향을 미친다는 것을 아는 사람이 별로
없습니다.

1. 사람은 습관적인 존재다. 이 말은 "모든 사람은 다 습관을 가
지고 있다"는 말입니다. 어른들만 습관이 있는 것이 아니라 어린
아이들도 나름대로의 습관을 다 가지고 있습니다. 그런데 기도. 말
씀. 말씀 묵상 등 습관에는 좋은 습관이 있고, 나쁜 습관이 있습니
다. 좋은 습관은 그 개인이나 모든 사람을 이롭게 하는 습관이지만

나쁜 습관은 개인은 물론 타인에게까지 악한 영향을 미칠 수 있습니다. 우리에게 좋은 습관만 있으면 얼마나 좋겠습니까? 그러나 우리에게는 고쳐야 할 나쁜 습관들이 더 많이 있습니다. 그렇기 때문에 치유의 비밀을 알 때 우리가 온전케 되는 것입니다.

이상한 습관도 있습니다. 저는 이야기를 하다가 손가락질하는 습관이 있습니다. '조심해야 되겠다'라고 생각하는데 나도 모르게 또 손가락질을 하면서 합니다. 어떤 목사님은 말씀하시기전 저~ 어! 라는 말을 두 번 하시는 분이 있습니다. 고의적으로 그렇게 하시는 것이 아니라 습관적으로 그렇게 하시는 것입니다.

서울에서 어떤 전도사님과 대화를 나누게 되었는데 그분은 말을 하다가 코를 손으로 만지는 습관이 있었습니다. 한 마디 하고는 코를 만지고 또 두 마디 하고는 또 코를 만지고 이러다 보니 이야기를 듣는 저가 불안해 지는 것입니다. 언제 또 코를 만질지 의식이 되는 것입니다.

이런 습관에 절대적인 영향을 미치는 곳이 가정입니다. 그 가정이 늘 TV를 보는 분위기면 아이들이 자동적으로 TV를 즐기는 습관을 가지게 되고, 부모의 생활이 정상적이지 못하면 아이들도 정상적이지 못한 습관을 배우게 됩니다. 문제는 나쁜 습관을 어떻게 할 것인가? 입니다. 그것은 교육을 통하여 고쳐 나가야 합니다. 그래서 교육이 중요한 것입니다.

좋은 습관과 나쁜 습관의 차이는 어마 어마합니다. 좋은 습관을 가지면 자신을 발전시키지만 나쁜 습관은 방종하게 만듭니다. 좋은 습관을 가지면 사람들의 존경을 받지만 나쁜 습관을 가지면 사람으로부터 멸시를 당하기도 합니다. 좋은 습관을 가지면 성공하지만 나쁜 습관을 가지면 실패합니다. 그러니 습관이 매우 중요한 것입니다.

2. 우리가 점검해 보아야 할 습관이 있다. 먼저 가정생활의 습관을 점검해 보아야 합니다. 내 개인의 생활이 다른 가족들에게 피해가 된다면 고쳐야 합니다. 가족 공동체에 유익이 되는 습관을 가져야 합니다. 어떤 사람은 혼자 늦게 일어나고 혼자 밥 늦게 먹는 사람이 있습니다. 이것은 가족공동체를 위하여 고쳐져야 할 습관들입니다.

그리고 신앙생활의 습관도 점검해 보아야 합니다. 주일 낮 예배만 드리는 습관을 가진 성도들이 있습니다. 그런데 어떤 분들은 신앙생활을 처음 시작할 때부터 모든 예배시간에 참여하시는 분들이 있습니다. 이런 분들은 나중에 주일 낮 예배만 드리라고 하면 불안해합니다. 왜 처음부터 모든 예배에 참여하는 습관을 들였기 때문입니다. 주일 날 결석하고, 예배시간에 지각하는 습관을 가진 사람들도 있습니다. 이런 사람들은 습관적으로 한 달에 한번은 교회를 결석합니다.

그리고 지각하는 분들이 계속 지각하는 것을 보아서 이것도 습관이 되어버린 것입니다. 습관적으로 예배시간에 주무시는 분들도 있습니다. 이것은 육신적으로 피곤해서 그렇다고 이해도 되지만 영적으로 보면 하나님의 말씀을 소홀히 여기는 습관을 가지고 있기 때문입니다.

대인관계의 습관도 점검해 보아야 합니다. 자기중심의 대인관계가 습관적으로 되어있는 사람들이 있습니다. 친구들끼리 삐지는 것도 습관적인 사람들이 있습니다. 어떤 사람은 자신이 다른 사람들에게 피해를 주는 것도 모르고 피해를 줍니다. 습관이 잘못되어 있기 때문입니다.

사회, 직장생활의 습관도 점검해 보아야 합니다. 오늘 말씀을 읽고 느낀 것이 있다면 꼭 자신을 점검해 보시기 바랍니다. 내가 고쳐야 할 나쁜 습관이 무엇이 있는지, 어떤 나의 습관이 가정과 사회생활에 방해가 되고 있는지를 점검해 보아야 합니다. 여기서 메시지를 듣고 은혜를 받았다고 해서 치유가 되는 것이 아닙니다. 선포된 메시지를 붙잡고 나의 삶에 적용시켜 나가야 진정한 치유가 일어납니다.

3. 꼭 치유되어져야 할 습관들이 있다. 습관적으로 목사님의 말씀을 평가하는 사람이 있습니다. 습관적으로 도적질하는 사람이 있습니다. 도둑놈은 늘 도둑놈이 아닙니다. 도둑놈이라도 좋은 일을 할 때가 있습니다. 그럼 좋은 일을 한다고, 그 사람이 도둑놈이 아니냐? 도둑놈입니다. 그럼 언제 도둑놈이 안 되느냐? 도둑질하는 습관을 없애고 좋은 일을 해야 도둑놈이 안 되는 것입니다.

습관적으로 거짓말을 하는 사람도 있습니다. 특히 위기를 당할 때 습관적으로 거짓말을 합니다. 이 사람도 입만 벌리면 거짓말을 하는 것은 아닙니다.

참말을 할 때도 많이 있을 것입니다. 그러면 이 사람이 진실한 사람이냐? 그렇지는 않습니다. 그럼 언제 진실한 사람이 되는가? 거짓말하는 습관을 버리고 참말을 할 때 진실한 사람이 되는 것입니다.

습관적으로 타락된 행동을 하는 사람이 있습니다. 이 사람도 늘 타락된 삶을 사는 것이 아닙니다. 그런데 가끔씩 타락합니다. 그럼 이 사람이 착한 사람이냐? 그렇지 않습니다. 그럼 언제 착한 사람이 되는가? 타락된 행동을 버리고 착한 행실을 할 때 착한 사람이 되는 것입니다.

습관적으로 다른 사람을 비방하는 사람도 있습니다. 늘 사람을 비방하는 것은 아니다. 그런데 가끔씩 사람을 비방합니다. 왜 그렇겠는가? 습관이 그렇게 되어있기 때문입니다. 그럼 이 사람이 언제 좋은 사람이 되겠는가? 비방하는 습관을 고치고 좋은 말을 하기 시작할 때 좋은 사람이 되는 것입니다.

습관적으로 사람을 의심하는 사람이 있습니다. 평소 때는 잘 믿고 있다가 어떤 일을 당하면 의심합니다. 왜 그렇겠는가? 이미 그 사람이 그런 일을 통하여 손해를 보거나 억울한 일을 당한 경험 속에서 자신도 모르게 의심하는 습관을 가지게 된 것입니다. 이것을 고치지 않으면 그 사람은 평생 사람을 의심하며 살게 됩니다.

이 외에도 특별히 조심해야 할 습관들이 있습니다. 믿지 않는 불신앙하는 것이 습관화 되어있는 경우도 많습니다. 그러니 '믿으라'고 해도 믿지를 못합니다. 왜 불신앙하는 것이 습관화되어 있기 때문입니다. 염려하는 것이 습관화되어 있습니다. 그래서 늘 염려와 동행하는 분들도 있습니다. 불평과 원망하는 것이 습관화되어버린 분들도 많이 있습니다.

그러니 감사보다는 입만 벌리면 불평하는 것입니다. 우리는 옛 습관을 벗어버려야 합니다. 잘못된 습관을 말씀과 성령으로 찾아 벗어버리고 새로운 것, 즉 새로운 습관을 가져야 합니다. 이것이 축복된 미래를 준비하는 것입니다.

4. 성경에는 습관이라는 단어가 여섯 번 나온다. 삼상2:13에 엘리 제사장의 아들들이 가지고 있는 습관에 대하여 말씀하고 있습니다. 그런데 이들에게 아주 좋지 못한 습관이 있었습니다. 그것은 다름 아닌 하나님 앞에 드리는 제사를 멸시하는 습관이 있었습니다. 이 습관 때문에 하나님의 진노로 홉니와 비느하스가 같은 날 죽게 됩니다.

삼상27:11에 보면 다윗이 사울을 피하여 블레셋에 기거하는 동안 행동을 굉장히 조심했는데 그 이유는 블레셋 사람들이 다윗의 습관에 대하여 잘못 말할 수 있기 때문에 행동을 조심했습니다.

렘22:21에도 이스라엘 백성들이 하나님의 말씀을 잘 청종하지 않는 이유를 설명하기를 "어려서부터 하나님의 말씀을 듣지 않는 습관이 있었기 때문"이라고 했습니다.

눅22:39에 보면 예수님이 감람산에 올라가셔서 땀이 땅에 떨어지는 핏방울이 될 정도로 기도를 하셨습니다. 그런데 이때 습관을 쫓아 감람산으로 가셨다고 말씀하고 있습니다.

왜 기도가 잘 안 되는가? 기도하는 습관이 안 되어 있기 때문입니다. 고전8:7에는 사람들이 우상에 대한 습관이 있다고 말씀하고 있습니다. 그러니 우상을 섬기고 우상의 제물을 탐하는 것입니다. 히10:25 에는 "모이기를 폐하는 어떤 사람들의 습관과 같이 하지 말라"고 말씀하고 있습니다. 이런 것을 보면 습관이 우리의 영적 생활을 좌우한다는 것을 알 수 있습니다..

5. 어떻게 습관을 치유하나. 옛 사람을 벗어버려야 합니다. 즉 나쁜 습관, 잘못된 습관을 벗어버려야 합니다. 골3:9 "너희가 서로 거짓말을 말라 옛사람과 그 행위를 벗어버리고"라고 했고, 엡4:22 "너희는 유혹의 욕심을 따라 썩어져 가는 구습을 쫓는 옛 사람을 벗어버리고"라고 했습니다. 새 사람을 입읍시다. 예수님이 본을 보이신 좋은 습관을 따르자는 것입니다.

엡4:24에 "하나님을 따라 의와 진리의 거룩함으로 지으심을 받은 새 사람을 입으라"고 했습니다. 오늘 우리들은 하나님을 따라 의와 진리의 거룩함으로 새 사람을 입어야 합니다. 골3:10에 "새 사람을 입었으니 이는 자기를 창조하신 자의 형상을 좇아 지식에까지 새롭게 하심을 받는 자니라."

오늘부터 우리는 습관과 전쟁을 해야 합니다. 불신자로 40년을 살다가 어느 날 예수님을 믿고 난 후 제일 안 되는 것이 있다면 그것은 식사 기도를 하는 것입니다. 40년 동안 그냥 밥을 먹는 것이 습관이 되었는데 하루아침에 그 습관이 고쳐지는 것이 아닙니다. 그러니 어떤 때는 밥을 입안에 넣어놓고 기도하는 경우가 있습니다. 저는 밥만 들어오면 눈부터 감습니다. 왜 습관이 그렇게 되어 있기 때문입니다.

그래서 복음적인 습관, 성경적인 습관을 가지기 위해 전쟁을 해야 합니다. 습관은 단번에 고쳐지는 것이 아닙니다. 너무나 오랫동안 체질화되어버린 습관을 고치는 일은 고통이 따르게 마련입니다.

바울이 복음을 위하여 자신의 몸을 쳐서 그리스도께 복종시켰던 것처럼 이제 우리도 하나님의 영광을 위하여 우리의 습관을 쳐서 그리스도께 복종시키고 복음적인 습관으로 새 옷을 입어야 합니다. 오늘 이 말씀은 사사로운 것 같으면서도 굉장히 중요한 말씀입니다. 우리의 삶을 고치는 말씀이기도 합니다. 그러므로 말씀을 따라 응답 받고 성령 안에서 온몸으로 기도를 오래하면서 치유 받는 모두가 되시기를 주님의 이름으로 소원합니다.

25장 갱년기질환 예방하고 완전치유하려면

(잠17:22)"마음의 즐거움은 양약이라도 심령의 근심은 뼈를 마르게 하느니라"

갱년기는 여성에게만 있는 특수한 시기로 난소 기능이 감소되면서 여성 호르몬이 부족하여 월경이 끝나고 여러 가지 증상이 초래되는 시기를 말합니다. 평균적으로 폐경의 시기는 41세에서 51세의 사이로 사람에 따라 정도가 다르겠지만 많은 여성들이 힘들고 불편한 여러 가지 증상(안면홍조, 생식기 위축, 비뇨기 위축, 정신적 증상 등)을 호소하게 됩니다. 이를 갱년기 여성 질환이라고 합니다.

갱년기 여성 질환은 왜 생기나요? 폐경은 여성호르몬(에스트로겐)의 분비 감소로 인해 일어나는 현상입니다. 폐경에 이르면 양쪽 난소의 난자 수가 감소하고 난소기능이 저하되어 에스트로겐 분비도 크게 감소합니다. 그로 인해 얼굴이 화끈거리는 등의 여러 가지 신체적 증상이 나타납니다. 갱년기에 나타나는 증상은 누구나 피해갈 수가 없습니다. 미리 알고 예방하는 것이 최선의 방법입니다.

1.갱년기 여성 질환의 증상은?

1) 안면홍조: 안면홍조는 가장 많은 증상으로 폐경여성의 75% 가량이 경험합니다. 갑자기 얼굴이 달아올라 숨이 가쁘고 가슴이

두근거리며 땀이 나며 두통이 같이 오기도 합니다. 이런 갑작스런 열감은 목과 가슴 얼굴 부위에 먼저 오고 전신적으로 퍼지며 홍조 후에는 혈관의 수축이 뒤따라 오한이 나기도 합니다. 이러한 증상은 대부분 4분 정도면 끝나며 길게는 30분 정도 가기도 합니다. 밤과 낮을 가리지 않고 아무 때나 나타날 수 있으며 피로하거나 긴장을 하거나 예민한 성격을 갖고 있는 사람에게서 더 자주 나타납니다. 증상의 원인은 호르몬 부족에 기인하는 혈관 운동의 불안정 때문입니다.

2) 생식기의 위축: 질은 에스트로겐의 변화에 민감합니다. 에스트로겐은 배란 직전에 많이 분비되어 질과 자궁이 정자를 잘 받아들이고 착상이 잘 되도록 합니다. 에스트로겐이 저하되면 질 표면이 얇아지고 창백해지며 폐경 전에 보았던 주름도 소실되고 감각도 저하됩니다. 이러한 결과로 성교 곤란 증, 냉 및 질 출혈 노인성 질 염이 빈번히 나타납니다.

3) 비뇨기의 위축 : 요도 점막도 에스트로겐에 민감합니다. 폐경 이후의 많은 여성이 소변을 지리는 요실금 증상으로 고생하는 것도 에스트로겐의 감소에 의한 요도 점막의 위축 때문입니다. 요도 점막이 얇아지고 부스러지기 쉬운 상태로 되어 배뇨 중에 통증을 느낄 수도 있습니다. 또한 요도와 방광 신경의 이상으로 소변이 급하게 마렵고 소변을 보아도 시원치 않으며 자주 보게 됩니다.

4) 정신적 증상 : 에스트로겐의 결핍은 여러 가지 정신적인 문제를 야기할 수 있는데, 집중력이 저하되고, 쉽게 흥분하며, 감정이

수시로 변하기도 하고, 고독감, 불안, 두통, 불면의 증상이 나타납니다.

5) 피부 및 골. 관절계 증상: 폐경기 여성의 피부는 메마르고 쉽게 주름지게 됩니다. 노화로 인한 퇴행성관절염도 발생하여 여러 부위의 관절 통증을 호소하기도 합니다. 또한 만성적인 에스트로겐의 결핍으로 골다공증이 발생하여 통증이 있기도 하고 골절의 위험성이 증가합니다.

6) 성적인 문제 : 질 분비물의 저하, 오르가즘 시 자궁 수축에 의한 통증의 유발, 질의 탄력 저하 등으로 성교 곤란증이 올 수 있습니다. 이 때문에 성적인 욕구가 줄어들기도 하고 이 시기의 여러 사회적 통념들이 또한 성적 행위에 영향을 미칩니다.

2.갱년기 증상이 찾아오는 원인. 여자 나이 50을 전후로 하여 흔히 다시 새로운 삶을 살아 간다하여 '갱년기(更年期)'라 부르는데 월경이 없어지며, 생리기능이 변하는 때이기도 합니다. 갱년기는 남성과 여성 모두에게 적용될 수 있는 개념으로 반드시 찾아오는 것이며, 여성의 생식능력의 중단과 남자의 성 활동이 감소되는 중요한 생리적 변화가 일어나는 때, 또는 생식기에서 비 생식기로 이행되는 노화의 단계라고 보기도 합니다.

갱년기는 하나의 노화현상으로, 누구에게나 오는 것이기는 하나, 사람에 따라 오는 시기가 비교적 빠른 사람도 있고, 좀 늦은 사람도 있으며, 또 증상의 정도도 사람마다 각기 다릅니다. 여성의 경우 갱년기는 난소기능이 저하되면서 폐경 전, 몇 년 전부터 서서히 비정상적 생리주기가 시작되는 때부터, 폐경이 된 이후의 수년간의 기간을 일컫습니다. 폐경기 전후로 해서 신체적 자각증상들이 많이 나타나는데, 이를 갱년기 증상이라고 합니다.

폐경기란 의학적으로 난소 기능이 쇠퇴하여 난소에서 생성되는 호르몬의 생성이 감소되고, 월경이 중지되어 더 이상 임신을 할 수 없는 상태를 말합니다. 폐경의 시기는 보통 50세 전후이며 40세 이전에 폐경이 되는 경우는 조기 폐경이라 합니다.

이러한 갱년기를 확인하는 방법으로는 기초체온법으로 쉽게 확인할 수가 있습니다. 생리 시에 체온이 생리 전반부에는 체온이 낮게 생리 후반부에는 높게 나타는 변화를 보이지만 배란이 없는 경우는 체온이 저온으로 일정하게 유지되며 변화가 없습니다. 이럴 때는 생리를 하더라도 배란이 없기 때문에 갱년기의 시작이 되는 때입니다. 여성의 기능을 유지시켜주는 인자는 많지만 그중에서도 난소에서 분비되는 여러 호르몬, 특히 에스트로겐(Estrogen)의 역할이 중요합니다. 월경이 끊어지는 기간인 폐경기에 난소의 역할이 점차 감소하면서 분비되는 에스트로겐의 양도 따라서 줄게 됩니다. 이러한 호르몬의 변화는 여성의 전신에 걸쳐서 영향을 주게 되어 정신적, 육체적 변화가 나타나게 되는데 이러한 변화가 심하게 나타나는 기간을 갱년기라고 합니다. 갱년기는 다음의 3가지 요소로부터 나옵니다.

첫째, 난소 기능의 저하에 의한 호르몬의 결핍과 이로 인한 초기 증상(홍조-얼굴, 목, 가슴에 갑작스럽게 열을 느끼는 것, 식은땀, 위축성 질염)과 말단 장기의 대사성 변화와 관련된 후기 증상이 발생합니다.

둘째, 여성의 환경에 의해 결정되는 사회 문화적 요인으로 발생합니다.

셋째, 여성이 성격에 따른 정신적인 요인입니다. 상처가 있으면 더 빨리 갱년기가 찾아오기도 합니다. 성령으로 충만하게 생활을 하고 내적상처를 치유하면 갱년기를 경험하지 않을 수도 있습니다. 일반적으로 약 85%의 폐경기 여성은 홍조나 혈관운동 증상을 갖지만, 반 이상이 2년 이하의 기간 동안 증상을 보이며 단지 25%의 여성에서만 의학적인 치료를 요하는 만큼의 심한 증상을 보입니다. 폐경기 증상은 대부분 즉각적인 월경의 중단과 관련된 급성증상과 폐경기후 몇 년 뒤 생기는 후기 증상 등으로 나누어지는데 에스트로겐 결핍으로 나타나는 급성증상은 홍조뿐이고 급성 증상 중 에스트로겐으로 치료 가능한 홍조와 질 위축 뿐 입니다.

후기에 나타날 수 있는 질병으로는 성교 통, 요도염, 골다공증, 동맥경화성 심혈관질환등이 있습니다. 홍조는 비록 에스트로겐의 감소로 인한 것이지만 신경내분비의 불균형으로 인한 특정의 체온조절의 이상 증상으로 갑작스런 식은땀, 빈번한 가슴 두근거림, 구토 감, 어지러움, 두통, 오한등과 같은 신체적 불쾌감을 동반하여 보통 약 3분을 지속하며 때때로 피부색깔의 변화를 볼 수도 있습니다.

3.여성갱년기 극복방법

① 성령 안에서 온몸으로 기도하며 성령충만한 믿음 생활입니다. 많은 분들이 교회는 주일날이나 가는 곳으로 알고 있습니다. 아닙니다. 주변에 성령치유나 전문적인 내적치유를 매주 지속적으로 하는 곳이 있을 것입니다. 그곳에 지속적으로 다니면서 영적인 지식도 쌓고 영성도 깊게 하고 내적인 상처 치유를 받는 것입니다. 이렇게 지속적으로 성령 충만한 생활을 한다면 갱년기는 쉽게 극복할 수가 있습니다. 무엇보다도 본인의 마음이 중요합니다. 하나님의 은혜로 갱년기를 극복하겠다는 믿음이 있다면 쉽게 갱년기를 극복할 수가 있을 것입니다.

② 적정한 체중유지

③ 충분한 수면

④ 알코올, 흡연, 스트레스 등을 피하는 것이 좋습니다.

⑤ 평상시에 적절한 운동과 식이요법을 통해 호르몬 균형을 돕고, 면역력을 증감시켜 줍니다.

⑥ 갱년기장애를 숨기고 혼자 있기보다는 적극적인 사회활동을 통해 우울증을 극복하는 것이 중요합니다.

⑦ 성령 안에서 온몸기도를 통하여 하나님과 친밀한 관계유지: 성령으로 온몸기도는 마음의 불안감을 제거하고 심장과 폐의 기능을 활성화하여 순환기 계통을 강화하여 피의 흐름을 맑게 합니다. 젊은 시절부터 성령 안에서 온몸으로 깊은 영의기도를 숙달하여 지속적으로 하면 갱년기를 슬기롭게 극복할 수가 있습니다.

갱년기에는 생선류, 콩류, 우유, 채소류, 과일 등을 충분히 섭취해 주며 지방질, 식염, 설탕, 알코올, 카페인섭취는 줄이는 것이 좋습니다. 특히나 여성호르몬 에스트로겐과 비슷한 작용을 한다는 이소플라본이 들어있어 좋다는 콩의 섭취는 더욱 좋습니다. 보통 10대에서 20대로, 20대에서 30대로 넘어갈 때 스트레스를 받고 우울감을 느낀다고 합니다. 그러나 갱년기 여성들처럼 심한 경우는 거의 없습니다. 갱년기 여성들의 경우는 여성으로서의 삶이 끝이라는 상실감으로 스트레스가 최고조에 이르고 이로 인해서 심한 우울증을 겪게 된다고 합니다. 갱년기는 누구나 찾아오는 과정의 하나입니다. 그렇기 때문에 이 과정을 우울해 하지 말고 슬기롭게 극복해나가면 때늦게 찾아오는 사춘기 갱년기를 잘 보낼 수 있습니다. 허탈감과 상실감에 빠지지 않고 편안한 마음으로 갱년기를 받아들인다면 마음까지도 건강한 중년을 보낼 수 있을 것입니다.

혹시 우리 곁에 계신 권사님, 집사님, 부모님이 겪고 계시진 않으십니까? 아니면 내가 갱년기인가 의심하고 계신가요? 무엇보다 전문가와의 상담이 매우 중요합니다. 갱년기로 인해 찾아오는 수많은 여성 질환들, 그리고 원만하지 못한 부부관계 등, 헤아릴 수 없이 많은 고민들 적극적인 치료와 관심만이 행복한 중년으로 가는 첫걸음입니다. 미리 준비하세요. 모두에게 찾아오는 것입니다. 지금도 늦지 않았습니다. 준비하세요.평소에 깊은 영적생활로 성령으로 충만하게 지내는 것이 습관이 되어야 합니다.

4.갱년기 증상은 어떻게 치료하나요?

1) 약물치료: 갱년기 증상의 치료에 가장 효과적인 방법은 호르몬 대치 요법입니다. 에스트로겐의 투여는 열성 홍조, 비뇨기계의 위축 등에 탁월한 효과가 있을 뿐만 아니라 장기간 복용함으로써 골다공증을 예방할 수 있고 폐경 후에 오는 심혈관계 질환도 예방할 수 있습니다. 생활 가이드로서 술, 담배는 호르몬의 효과를 저하시킬 수 있으므로 삼갑니다. 규칙적인 운동 특히 골다공증 치료에는 매일 걷기 운동이 권장됩니다. 칼슘제제를 같이 복용할 때는 위장장애를 줄이고 흡수를 높이기 위해 식사와 같이 투여 하도록 합니다. 중요한 것은 환자가 폐경기 이후의 생리현상을 잘 이해하고 식이요법, 운동요법, 호르몬 대체요법을 잘 병행하여 적극적으로 건강을 관리함으로써 갱년기의 신체적, 정신적 위기를 극복하는 것입니다.

2) 영적치유: 저는 예방 신앙을 강조합니다. 갱년기가 찾아오기 전에 치유를 받으라는 말입니다. 성령으로 충만하여 깊은 영의기도를 하면 심, 폐기능이 강화되고 순환기 계통이 강화되어 노화를 방지하게 됩니다. 상처를 내적치유 하는 것도 필수입니다. 무엇보다도 성령으로 세례를 받고 성령의 인도를 받는 기도가 되어야 합니다. 우리가 영적인 생활만 정상적으로 하면 인간에게 찾아오는 모든 문제를 미리 예방할 수가 있습니다. 문제는 깊은 차원의 신앙생활을 체질화하지 못하는 것입니다.

많은 분들이 머리로 신앙생활을 하려고 합니다. 기독교 신앙은 체험신앙이라고 합니다. 몸으로 느끼는 믿음 생활을 하라는 것입니다. 하나님은 영이시지만 살아계신 하나님이십니다. 고로 내 안에 계신 하나님을 몸으로 느끼는 신앙생활이 정상적인 신앙생활입니다. 몸으로 느끼는 신앙생활을 하려면 체험해야 합니다. 먼저 성령으로 세례를 받아야 합니다.

성령으로 세례를 받은 다음에 성령의 인도로 자신이 살아오면서 받은 상처를 치유하는 것입니다. 말씀과 성령으로 자아를 부수어 트리는 것입니다. 그리고 혈통으로 흐르면서 역사하는 영적인 문제를 해결하는 것입니다. 많은 분들이 말씀과 성령으로 상처와 자아와 혈통의 문제를 치유 받을 때, 뜨거운 성령의 불세례를 체험하는 것이 보통입니다. 성령의 불세례가 자신의 심령을 정화하기 때문에 나타나는 현상입니다.

성령의 불세례로 자신의 심령을 정화한 후에도 성령으로 기도하며 성령의 충만을 유지해야 합니다. 그러면 갱년기는 떠나가거나 미약하게 나타나게 되는 것입니다. 아무튼 성령으로 충만한 믿음 생활이 중요합니다. 인생백세 시대라고 합니다. 저는 인생백세 시대를 대비하라고 합니다. 인생백세를 대비하는 것이 영적으로 깊은 생활입니다. 영성이 깊어야 건강한 삶을 살아갈 수가 있습니다. 저는 평소에 호흡을 통한 성령 안에서 온몸으로 기도를 하라고 권면하고 싶습니다. 세상에서도 단전호흡이라는 것을 합니다. 단전호흡을 하면 심폐기능이 강해져서 건강에 좋다고 메스컴에서도 발표된 사실입니다. 그런데 우리가 알아야 할 것은 세상에서 하는 단전호흡은 뉴에이지 운동의 일환이므로 조심해야 합니다. 우리는 코로 호흡을 배꼽아래까지 들이쉬고 내쉬면서 예수님을 찾는 것입니다. 코로 호흡을 들이쉬면서 "예수님" 내쉬면서 "사랑합니다." 이렇게 계속 예수님을 찾으면서 지속적으로 장소 불문하고 해보세요. 당신의 영성은 깊어지고 심폐기능이 덩달아 강해지고 상처와 스트레스가 정화되면서 갱년기를 잘 이겨 낼 수가 있을 것입니다. "인생 백세시대 성령충만하고 건강하게 갱년기를 극복하고 날마다 행복하게 지내시며 승리하세요." 온몸기도에 대하여는 **"성령으로 온몸으로 기도하는 법"** 책을 참고하시기를 바랍니다.

갱년기 증상의 발생이유는 마음의 상처로 발생합니다. 마음의 상처가 갱년기 증상을 일으킵니다. 갱년기를 예방하려면 말씀과 성령으로 잠재의식에 쌓여있는 상처를 치유해야 합니다. 지속적으로 상처를 치유하면서 성령 충만하게 살아가노라면 갱년기는 찾아오지 않습니다. 미리 예방하는 것이 중요합니다. 말씀과 성령으로 충만한 생활로 잠재의식의 상처를 표면위로 드러내서 쫓아내야 합니다. 지속적으로 해야 합니다. 성령 안에서 온몸으로 영의기도를 숙달하여 기도가 깊어져야 합니다. 그래서 성도는 주일이 중요한 것입니다. 주일날 성령으로 충만한 예배를 드리면 깊은 영성을 유지하게 됨으로 상처가 쌓이지 않고, 잠재의식의 상처가 성령의 역사로 떠나갑니다. 상처가 떠나가기 마음의 건강을 유지할 수가 있는 것입니다. 무엇보다도 말씀과 성령으로 충만한 생활이 갱년기를 예방하게 합니다.

26장 정신적 영적으로 건강하게 사는 비결

(왕상 19:1-14)"(4) 자기 자신은 광야로 들어가 하룻길
쯤 가서 한 로뎀 나무 아래에 앉아서 자기가 죽기를 원하여
이르되 여호와여 넉넉하오니 지금 내 생명을 거두시옵소서
나는 내 조상들보다 낫지 못하니이다 하고"

정신건강(精神健康)은 정신면에서의 건강을 의미합니다. 세계
보건기구에 의한 정신건강의 정의는 정신 장애뿐만 아니라 자신
의 잠재력을 실현하고 공동체에 유익하도록 기여할 수 있는 것이
라고 되어있습니다. 세계보건기구 (WHO)에 따라 장애 조정 생활
년 (DALY) 중 정신 질환이 차지하는 비중이 큰 것으로 보고 된 이
래 대책의 필요성이 크게 제기되게 되었습니다. 정신 건강은 상당
한 고통과 삶의 기능에 장애를 초래 단계가 된 경우 정신 장애라고
진단될 수 있습니다. 각국은 정신과 의사와 임상 심리사, 정신 보
건 복지사 등 정신건강 전문가(Mental health professional)를 육
성하는 구조를 가지고 있습니다. 예를 들어, 세계 보건 기구에 의
한 인권에 기인한 정신 건강 치료에 대한 정신건강 케어 법 10 원
칙 즉, 정신보건 복지 법은 기본적인 인권으로 정신건강의 증진이
있고 이를 위한 치료도 인권을 배려해야 한다는 원칙을 정리한 것
입니다.

세계보건기구의 질병과 관련된 보건 문제의 국제 통계 분류 제

10판 (IDC-10)으로 정의되는 범위는 정신 및 행동 장애 (Mental and behavioural disorders)이며, 거기에는 알츠하이머형 치매와 같은 인지 기능의 문제에서 중독과 같은 약물 관련 장애 또는 정신분열증이나 우울증과 같은 정신 장애까지를 포함합니다. 즉, 영적 건강을 유지하고 약물 중독과 같은 부적절한 유해한 스트레스 대처법에 빠지지 않고, 인지 능력을 유지해가는 것은 복지 영역에서 관심 대상입니다.

정신 건강이라는 말에 대해 마음의 상태가 좋지 않다는 부정적인 이미지를 가지고 있는 분도 있을 것입니다. 하지만 실제로는 아닙니다. 최근에는 '심신 모두 건강한 상태를 지향한다.'는 의미로 사용되는 경우도 늘고 있지만, 본래는 '마음의 건강'이라는 의미입니다. 번역하면 멘탈은 '정신적인', 헬스는 '건강'을 의미합니다. 스트레스를 느끼기 쉬운 현대에서는 정신 건강이 더 친숙한 화제가 될 것입니다.

정신이 건강하지 못한 분들이 정신을 집중하지 못하고 산란하기 때문에 마음이 안정적이지 못합니다. 따라서 마음이 평안하지 못하니 주변 사람들을 힘들게 하는 것이 보통입니다. 쉽게 말해서 주변에 있는 부모나 형제나 친척이나 친구들을 편안하게 하지 못합니다. 까칠한 성격이라고 말하면 쉽게 이해할 수가 있을 것입니다. 보통사람들은 쉽게 이해하고 지나칠 일인데도 정신이 건강하지 못한 사람들은 그냥 넘어가지 못하고 주변사람들에게 질문하고 따지면서 힘들게 하는 경우가 많습니다. 자꾸 자신의 정신과 마음을 쉬지 못하게 대처하는 것입니다. 자신이 자신의 정신과 마음에 상처와 스트레스를 만드는 것입니다. 그래서 정신이 건강하지 못한 사람 옆에 있는 것조차 힘이 드는 것입니다. 옆에 있는 사람들을 편안하게 하지 못하고 자꾸 질문하고 투사하여 힘들게 한다는 것입니다. 아무것도 아닌 일인데 무슨 큰일이나 생긴 것같이 주변사람들에게 질문을 하는 것입니다. 쉽게 말해서 옆에 있는 사람을 피곤하게 한다는 말입니다. 그런데 정신적으로 건강하지 못한 사람은 자신의 행동이 주변 사람들을 힘들게 하는 줄을 모르는 것입니다. 자꾸 자신의 상태를 주변사람들에게 질문하면서 답을 얻으려고 만합니다. 한마디로 사람을 통하여 자신을 치료하려고 한다는 것입니다.

우리가 알아야 할 것은 주변사람을 편안하게 하는 사람은 정신과 마음이 편안한 사람입니다. 반대로 주변사람들을 피곤하게 하는 사람은 자신의 정신과 마음이 편안하지 못하다는 것입니다. 자신이 편안하지 못하니 주변사람에게 자신의 상태를 물어보고 투사하며 짜증을 내는 것입니다. 정신과 마음에 문제가 있는 사람 옆에 있는 것조차 힘이 드는 것입니다. 정신적으로 마음 적으로 편안하지 못한 사람은 주변 사람을 통해서 자신의 불안과 두려움과 짜증나는 문제를 해결하려고 하지만 주변 사람을 통해서 해결할 수가 없는 것입니다. 정신건강의학과 의사도 자신의 상태를 해결할 수가 없고, 한의사도 해결할 수가 없습니다. 일시적으로 안정은 취하게 할 수는 있을지 몰라도 완전치유는 불가능하다는 것을 인식해야 온전하게 치유하여 자유 할 수가 있는 것입니다. 자신의 정신과 마음을 안정시키고 온전하게 치료할 분은 자신의 주인이신 예수님만이 치료하실 수가 있는 것입니다. 정신과 마음의 문제로 고통을 당하는 분들은 반드시 예수님을 믿고 성령으로 세례를 받아 성령의 역사로 온몸이 지배되고 장악이 되어야 정상적인 삶을 살아갈 수가 있다는 것을 알고 믿고 순종해야 합니다.

우리는 본문을 통해서 하나님께서 정신적으로 마음 적으로 육체적으로 탈진에 빠진 엘리야를 회복시키시는 5가지 과정이 있었다는 것을 알고 대처하는 것이 좋습니다.

1) 잠을 자며 쉬어야 합니다. 본문 5절에 "로뎀나무 아래 누워 자더니"가 나옵니다. 엘리야가 마음으로 기도하다가 잠을 자는 것입니다. 절대로 잠만 자는 것이 아닙니다. 마음으로 기도하며 영육이 쉼을 갖는 것입니다. 사람은 낮에 활동 할 때 혈압이 올라가고 몸의 균형이 깨지는데 8시간 이상 잠을 자므로 자율신경이 균형을 잡아 건강해 집니다. 또한 잠을 충분히 자야 면역 기능이 향상되어 병균을 이길 힘도 생기고 스트레스(Stress)도 날려 버립니다.

2) 먹는 것입니다. 본문 5절에 "천사가 어루만지며 이르되 일어나서 먹으라 하는지라"가 나오고 호렙에 이르러 두 번 먹었다는 기록이 나옵니다. 사람은 영적 존재이고 육체의 존재여서 몸과 영혼은 떨어 질 수 없습니다. 크리스천은 영-혼-육이 균형이 잡혀야 합니다. 한쪽으로 치우치면 문제가 발생합니다. 전인격을 성령께서 지배해야 합니다. 우리는 세상 것으로 만족하지 말고 하나님께서

주시는 것을 먹어야 합니다. 엘리야는 하나님께서 주시는 것을 먹었습니다. 예수님은 낙심한 제자들에게 갈릴리 바닷가에서 구운 생선과 떡을 먹이셨고, 엠마오에서 십자가 죽음을 보고 낙심한 제자들에게 떡을 떼시며 위로해 주셨습니다.

3) 안수와 어루만짐 입니다. 본문 5절 중반에 "천사가 어루만지며", 7절에 "여호와의 사자가 또다시 와서 어루만지며"가 나옵니다. 주님께서 안수를 통하여 잠재의식의 스트레스를 처리하고 소진한 영적능력을 충전한 것입니다. 엘리야가 로뎀나무 아래서 잠잘 때 하나님의 사자가 그를 어루만졌습니다. 이는 안수로 영적충전과 스트레스를 정화했다는 말입니다. 힘들고 아파하는 사람은 말보다 안수하여 영적충전과 스트레스를 정화하면 새 힘을 얻게 됩니다. 동물들 뿐 아니라 사람들도 어루만짐(skin ship)을 통해 영적충전과 스트레스 해소와 위로를 느낍니다. 안수를 통하여 소진한 영력을 보충합니다.

4) 부드러운 말씀의 위로입니다. 탈진을 극복하는 최고의 치료제입니다. 본문 9절 "엘리야가 그 곳 굴에 들어가 거기서 유하더니 여호와의 말씀이 저에게 임하여 이르시되 엘리야야 네가 어찌하여 여기 있느냐", 13절에 보면 "엘리야야 네가 어찌하여 여기 있느냐"라고 하시면서 하나님이 부드러운 터치로 엘리야에게 위로해 주시는 내용이 나옵니다. 하나님은 우리를 몽둥이로 때리시고, 쫓아다니며 심판하시고 골탕 먹이시는 분이 아니라 인자와 자비로 우리를 이끄시는 분이십니다. 필자도 하나님의 음성을 듣고 탈진

이 해소되기 시작을 했습니다.

5) 두 번째 기회를 주시는 소명(Calling)입니다. 하나님께서 함께 하심을 알려주십니다. 혼자가 아니라는 것을 확인 시키십니다. 하나님은 굴에 숨어 있는 엘리야에게 "너는 돌이켜 하사엘과 예후에게 가라! 엘리사에게 기름을 부어 일하게 하라!"고 명령하십니다. 우리는 하나님의 일을 하다가 그만두고 싶은 마음이 있고 탈진이 되어 다 놓고 싶어집니다. 그럼에도 하나님은 우리에게 돌이 킬 수 있는 두 번째 기회를 주십니다.

하나님은 호렙 산의 동굴에 있던 엘리야에게 말씀하십니다. "엘리야야 네가 어찌하여 여기 있느냐(왕상 19:9)" 이 질문에서 핵심은 '여기'라는 부분입니다. 하나님은 엘리야에게 허락하신 사명지인 이스라엘을 떠나 도망하여 여기 호렙 산에 있는 이유를 질문함으로 엘리야에게 자신의 현주소를 다시 생각해 보고 자기의 사명을 다시 붙잡게 하려고 한 것으로 보입니다. 우울증이나 탈진한 예언자는 하나님께 자기중심적인 불평을 터뜨리며 오직 사태의 어두운 면만을 주시하고 있습니다. "오직 나만 남았거늘 그들이 내 생명을 찾아 **빼앗으려** 하나이다(왕상 19:10)"

엘리야의 탄식에는 하나님에 대한 무언(無言)의 비난이 서려 있습니다. 그러나 하나님은 엘리야를 불러 당신 앞에 세웁니다. "너는 나가서 여호와 앞에서 산에 서라(왕상 19:11a)" 하나님은 탈진하여 고장 난 당신의 종 엘리야를 재소환하십니다. 하나님은 엘리야를 '리콜'(recall)하십니다. 고장 난 자동차만 리콜 대상이 아니라, 탈진한 인간도 리콜 대상이 됩니다. 영적 탈진에 빠진 사람들이 보통의 말로 혹은 지금까지의 방식으로 설득되어 그들의 암울한 영적인 동굴 밖으로 걸어 나오는 일은 거의 없습니다. 하나님은 지금까지 엘리야의 사역을 이끌었던 전통적인 방식인 바람과 지진과 불이 아니라(참고 출 19:16~18), 새로운 방식인 '세미한 소리(음성)'를 통하여 그를 다시 세웁니다(왕상 19:11b~12). 영력을 충전하니 소명을 다시주십니다.

그리고 하나님은 엘리야에게 새로운 임무를 맡기십니다. 다메섹의 하사엘에게 기름을 부어 아람 왕이 되게 하고, 예후 장군에게 기름을 부어 이스라엘의 왕으로 세우고, 엘리사에게 기름을 부어 엘리야의 후계자로 삼으라는 것입니다(왕상 19:15~16).

정신건강이 좋지 않아 보이는 주요 증상: 정신 건강이 좋지 않은 상태에 빠지면 다양한 증상이 심신에 나타납니다. 여기에서는 정신 건강 상태가 좋지 않아 나타나는 주요 증상에 대해 다음과 같이 해설합니다.

1)몸의 증상: 정신 건강에 좋지 않으면 몸에 영향을 미칩니다. 몸에 나타나는 주요 증상은 다음과 같습니다. ○두통이나 요통, 어깨 결림을 느낀다. ○설사나 변비가 생기기 쉬워진다. ○밤중에 눈을 뜬다. ○잠이 잘 오지 않는다. ○어지럼증이나 이명이 있다. ○식욕 부진이나 과식이 된다. 이러한 몸의 사인이 나와 있는 것을 알게 되면 빨리 대처하는 것이 중요합니다. 정신 건강이 좋지 않다는 것을 빨리 깨닫기 위해서는 이러한 사인을 파악해 둡시다.

2)**마음의 증상**: 정신 건강 상태가 좋지 않은 것은 마음에도 지장을 초래합니다. 주로 다음과 같은 증상이 나타나기 쉬울 것입니다. ○짜증이 나기 쉬워진다. ○눈물이 많아진다. ○사소한 일로 놀라게 된다. ○기분이 우울해지고, 매사에 무기력해진다. ○교제에 부담을 느끼게 된다. 이처럼 마음이 불안정한 상태가 지속되는 경우는 과도한 스트레스를 느끼고 있을 가능성이 있습니다. 가족이나 친구, 치유 목회자나 성령치유 전문가나 정신건강의학과 전문의사 등에게 빨리 이야기하여 혼자 스트레스를 받지 않도록 합시다.

3)**정신건강 상태가 좋지 않음을 나타내는 3가지 수준**: 스트레스에 의한 정신 건강의 부진에는, 「경고기」「저항기」「피곤기」의 3가지 단계가 있습니다. 여기서는 스트레스에 대한 몸과 마음의 변화에 대해 알아보겠습니다.

①경고반응기: 처음 찾아오는 경고 반응기에서는 컨디션 불량을 느끼기 시작하는 경우가 많을 것입니다. 스트레스를 자각하지 못한 상태에서도 몸에는 스트레스 사인이 나타납니다. 어깨 결림이나 집중력의 결여와 같은 상태가 눈에 띄는 시기입니다.

②저항기: 다음에 찾아오는 것이 저항기입니다. 지금까지 받고 있던 스트레스에 대해 몸이 저항합니다. 일시적으로 심신이 활동적이기 때문에 언뜻 보면 스트레스를 해소한 것처럼 느껴질 것입니다. 그러나 실제로는 몸에 상당한 부담이 있는 상태이며 병이 나기 전 단계라고 할 수 있습니다.

③피로기: 저항기가 지나면 피로기가 됩니다. 피로기에는 지친

상태이기 때문에 자력으로 회복하는 것은 어려울 것입니다. 교회에 나와서 성령 안에서 온몸기도를 하며 성령으로 치유를 하거나 성령치유 전문가에 의한 적절한 치료를 필요로 하는 시기입니다.

4)정신건강 셀프케어 방법: 스트레스를 느껴 정신 건강이 좋지 않을 때에는 스스로 관리하는 것도 가능합니다. 최대한 빠른 단계에서 셀프케어를 할 수 있으면 좋겠습니다. 다음과 같은 방법으로 셀프케어 하는 것을 추천합니다. ○성령 안에서 온몸으로 기도를 한다. ○적당한 운동을 한다. ○복식호흡을 한다. ○충분한 수면 시간을 확보한다. ○마음을 안정시키는 효과가 있는 잔잔한 음악을 듣는다.

성령 안에서 집중온몸기도를 하는 것이 좋습니다. 우리 충만한 교회에서 매주하는 성령 안에서 집중적인 온몸기도를 하면 성령의 역사로 온몸이 성령 충만한 상태가 되면서 세상에서 받은 상처와 스트레스가 정화되면서 온몸이 안정되게 됩니다. 잠깐 잠깐하는 것으로는 효과가 나타나지 않고 매일 2시간 이상해야 쌓인 스트레스가 정화됩니다.

운동을 하면 기분 전환이 가능하고 심신이 편안해지기 때문에 수면 리듬을 조절하는 효과를 기대할 수 있습니다. 격렬한 운동이 아니라 가벼운 달리기나 산책 등 유산소 운동도 효과적입니다.

스트레스를 느껴 호흡이 얕고 빨라질 때에는 복식 호흡을 하는 것이 좋습니다. 코로 숨을 들이쉬고 내쉬면서 배가 움푹 패 일 때까지 숨을 제대로 내쉬고 배가 부풀도록 숨을 들이마시는 것이 포인트입니다.

또한 제대로 잠을 자는 것으로 피로회복과 스트레스 해소 효과를 기대할 수 있습니다. 적절한 수면 시간은 개인차가 있지만, 현대인의 평균 수면 시간인 7시간을 기준으로 하면 좋을 것입니다. 깊은 잠에 들기 위해서는 자기 전에 휴식을 취하는 것이 중요합니다. 피아노나 자연의 파도 소리 등 마음이 차분해지는 음악을 듣는 것을 추천합니다.

5)정신건강을 관리하여 심신건강을 유지하자. 스트레스 사회의 현대에서는 정신 건강에 관심이 쏠리고 있습니다. 정신 건강 상태가 좋지 않은 것은 빠른 단계에서 대처하는 것이 중요한 포인트입니다. 그러나 스트레스보다 몸 상태가 좋지 않다는 것을 먼저 자각하는 사람도 많을 것입니다. 따라서 자신의 스트레스 사인을 알고 일찍 셀프케어를 하는 것이 중요합니다. 셀프케어에는 성령 안에서 온몸으로 기도하고, 적당한 운동과 충분한 수면, 복식호흡, 심신의 휴식 등이 있습니다. 자신에게 맞는 방법으로 정신건강을 관리하고 건강한 심신을 유지합시다.

보건복지부에서 제시한 정신건강을 위한 10가지 수칙에 대해 자세하게 알아보도록 하겠습니다. 정신 건강 문제는 전 세계 질병의 사회적 경제적 부담의 주요 원인 중 하나입니다. 우울증은 전 세계 장애의 두 번째 주요 원인으로 간주되고 있으며 허혈성 심장 질환의 주요 원인이기도 합니다.

1. 감사하는 마음으로 산다. 정신건강을 위한 10가지 수칙 첫 번

째! 우리의 하루 생활을 돌이켜 보면 우린 참으로 많은 사람들의 고마운 손길에 쌓여 있음을 알 수 있다. 밤새 무사히 잘 수 있었다는 것도 경비 아저씨가, 경찰이, 그리고 멀리 있는 군인들이 우리를 잘 지켜주었기 때문이 아닐까? 대문에 배달된 우유, 신문도 새벽길을 달려온 고마운 손길 덕분이다. 버스가 나를 데려다준 것도 정비사가 밤새 기름 묻은 손으로 정비를 잘해주었기 때문이다.

내가 입은 옷, 신발 등등 끝이 없다. 이 모든 분들에게 진정 감사한 기분이 들지 않는가? 감사하는 순간, 우리 마음속엔 한없는 은혜로움과 편안한 물결이 일어난다. 감사하는 순간은 어느 누구도 미워할 수 없다. 마음이 편안해져 참으로 행복한 기분에 젖어 든다. 스트레스 홍수시대를 사는 지혜 중 하나가 매사에 감사하는 마음으로 사는 것인지도 모른다.

2. 긍정적으로 세상을 본다. 정신건강을 위한 10가지 수칙 두 번째! 마음이 어둡고 걱정이 있는 날, 길을 나서면 온통 세상이 잿빛으로 보인다. 어깨가 늘어지고 의욕이 떨어진다. 무엇을 해도 될 것 같지 않다. 실제로 이런 기분에선 될 일도 안 되기 마련이다. 세상살이가 쉽지 않다. 힘들고 어려운 일도 많이 닥친다. 그래서들 쉽게 좌절하지만 그럴수록 세상을 긍정적으로 봐야 한다. 동전에 양면이 있듯이, 어두운 면이 있는가 하면 밝은 면도 있다. 밝은 쪽을 보자는 것이다. 그러는 순간 중추신경이 밝은 무드로 바뀌면서 조화로운 상태로 되면 온몸에 활력이 넘치게 된다. 어렵게 생각되던 일에도 도전해 볼 용기가 생기고 실제로 길이 열리게 된다. 사

람을 만나도 짜증은커녕 여유가 생기고 친절하게 된다. 어떤 난관에도 긍정적으로 생각하는 것만큼 강력한 힘은 없는 것이다.

3. 약속시간엔 여유 있게 가서 기다린다. 정신건강을 위한 10가지 수칙 세 번째! 시간에 쫓기는 것만큼 우리 신경을 피곤하게 하는 것도 없다. 이것이 가장 악질적인 스트레스가 된다. 길은 막히고, 약속시간은 다 되어가고, 그 초조함을 우리 모두가 한 번쯤은 경험한 바 있다. 그러나 이와 같은 순간 자신의 심장은 엄청난 부담을 안게 되며 치명타가 될 수도 있다. 신호등 아래에서 더 큰 사고가 나는 것도 쫓기는 심리 상태 때문에 그런 것이다. 걷든, 차를 몰든 '다음 신호등에서 건넌다.'는 원칙 하나만 지킬 수 있어도 스트레스로 인한 각종 질병 예방에 결정적 도움이 된다. 출근 시간에 쫓긴다면, 30분만 일찍 일어나자. 여유 있는 아침식사, 버스에 앉아 갈 수 있고, 그리고 그 시간에 책을 읽는다면, 그게 쌓여 자신의 운명이 달라질 수 있다. 비즈니스에서 약속시간의 준수 여부는 신용의 척도가 되며, 약속시간을 잘 지키는 것이 곧 성공의 밑천이 되는 것이다.

4. 반가운 마음이 담긴 인사를 한다. 정신건강을 위한 10가지 수칙 네 번째! 만나는 이웃, 동료, 누구에게나 반갑게 인사를 하자. 찾아오는 고객이나 거래처 지인을 만날 때에도 마음이 담긴 인사를 하도록 하자. 이 모든 고마운 이웃들 덕분에 내 생활이 가능한 게 아닐까? 인사는 인간만사의 기본이다. 누구를 보아도 밝은 미소로 인사를 잘하면 항상 인정받을 수 있고, 사람의 기본 도리를 아

는 사람으로 여겨져 사회적으로도 성공할 확률이 높다. 인사하는 것만 보아도 가문의 내력, 가정교육, 그 사람의 품성까지 파악 할 수 있다. 정중하고 예의 바른 인사, 진심이 담긴 인사는 사람을 감동시키는 강한 힘이 있으며, 반가운 인사를 주고받으면 내 마음까지 밝고 따뜻하게 되는 걸 느낄 수 있다. 성공한 사람들은 밝은 미소를 성공의 첫째로 꼽는다. 옛말에 '웃는 얼굴에 침 뱉으랴'라는 속담처럼 인사를 잘하면 상대방에게 긍정적인 모습으로 다가갈 수 있기 때문이다.

5. 누구라도 칭찬한다. 정신건강을 위한 10가지 수칙 다섯 번째! 우리는 칭찬에 인색한 편이다. 질투가 나서, 자존심이 상해서, 아부하는 것 같아서 등등 칭찬을 안 하는 이유는 사람마다 다르다. 그러나 칭찬만큼 훌륭한 윤활제도 없다. 칭찬한다는 건 그만큼 자신이 있다는 뜻이다. 칭찬하고 부러워한다는 건 나를 격하시키는 게 아니고 오히려 상대방을 올려주는 일이다.

자신 없는 사람일수록 칭찬에 인색하다. 그들은 오히려 빈정거리거나 상대방을 낮추려고 험담을 하곤 한다. 하지만, 세상에 누가 이런 사람을 좋아하겠는가? 결국 그는 사람들로부터 소외당하고 만다. 칭찬은 남을 위해서 하는 것이 아니다. 사실, 나를 위해서 하는 것이다. 칭찬 한마디가 씨앗이 되어 나중엔 큰 보상으로 내게 돌아오기 때문이다.

6. 원칙대로 정직하게 산다. 정신건강을 위한 10가지 수칙 여섯 번째! 요즘 세상에 원칙을 지켜 정직하게 살다간 밥 굶는다고들 한

다. 거짓말하거나 법규를 어기면 당장 편리한 건 사실이다. 그러나 문제는 마음이 편치 않다는 사실이다. 행여 들통이 나랴, 행여 걸리지나 않을까, 늘 가슴이 조마조마 한다. 누가 노크를 해도, 전화벨만 울려도 가슴이 철렁 내려앉는다. 침이 마르기도 하고, 소화가 잘될 리도 없다. 이것이 스트레스 병의 결정적 원인이 되는 것이다. 하늘을 우러러 한 점 거리낌이 없어야 마음이 편하다. 물론, 원칙을 지켜 정직하게 살기란 쉽지 않다. 하지만, 그게 결국 이기는 길이다. 목표를 세워 꾸준히 가자. 사실, 우린 그런 사람을 신임하고 존경한다. 탈세도 뇌물도 없는 회사란 소문이 나면 그 회사는 성공의 반열에 확실히 올라서게 된다. 세무감사에 밤잠을 설쳐야 하는 사람과 대조가 되지 않는가? 정직이 돈, 건강, 성공을 가져다준다.

7. 일부러라도 웃는 표정을 짓는다. 정신건강을 위한 10가지 수칙 일곱 번째! 원래 감정은 자신의 의지대로 잘 조절되지 않는다. 슬플 때는 누가 뭐래도 슬프다. 아무리 기쁜 마음을 먹으려고 노력해도 되질 않는다. 그런데, 참으로 신기하게도 웃는 표정을 지으면 그 순간 기분이 밝아진다는 사실이다. 이것은 안면의 웃음 근육이나 신경이 중추의 웃는 신경 영역을 자극하기 때문이다. 실험적으로 당장 한번 해 보자. 즉시 느낄 수 있을 것이다. 한국인은 표정이 굳어있다고들 한다. 그런 속에 밝은 미소를 짓고 선 사람을 보는 순간, 내 기분도 한결 밝아지는 걸 느낄 수 있게 된다. 누구도 우거지상은 싫어한다. 밝은 사람을 좋아하기 마련이다. 밝은 웃음을

짓는 순간, 내 기분도 좋아지고 동시에 주위 사람까지 밝게 할 수 있다. 이것이 웃음이 주는 신통한 효과이다. 그리고 이것은 우리의 노력으로 가능한 일이라니 얼마나 다행인가? 화가 날 때도 돌아서 세 번 심호흡을 하자. 그리고 웃으면서 대화를 다시 시도해 보자. 신통하게 일이 잘 풀리는 것을 발견하게 될 것이다.

8. 집착하지 않는다. 정신건강을 위한 10가지 수칙 여덟 번째! 집착은 어떤 것에 대해 마음이 늘 쏠려서 잊지 못하고 매달리며, 집착하는 대상 이외의 것은 소홀히 대하거나 배척하는 정신적 행위라 할 수 있다. 몰두하는 대상뿐만이 아니라, 그 이외의 것에 대해서도 성실하며, 관대한 집중과는 비슷한 듯 보이나, 그 결과에 있어서는 엄청난 차이가 난다. 예컨대, 집착하는 사랑과 집중하는 사랑은 큰 차이를 지닌다. 집착은 내 안으로 굽어드는 마음이나, 집중은 나를 여는 마음이다. 집착하는 사랑은 아드레날린을 만들고, 집중하는 사랑은 엔도르핀을 만든다. 집착은 습도가 높은 흐린 여름날 같이 칙칙하고, 집중은 푸른 가을 하늘같이 넉넉하고 상쾌하다. 집착은 파멸로 이어지나 집중은 성과로 이어진다.

9. 때론 손해 볼 줄도 알아야 한다. 정신건강을 위한 10가지 수칙 아홉 번째! 땅도 좁고 워낙 코앞에 닥친 불끄기에 급급해서 일까? 우린 작은 일에 핏대를 세우는 일이 많다. 특히, 눈앞에 작은 이익에 연연하다 그만 큰 걸 놓치는 우를 범하고 있는 경우가 많다. 소탐대실, 우리 선현들이 그렇게 경고했건만 오늘도 우리는 작은 이익에 연연해 핏대를 올리며 아웅다웅하고 있다. 양보도 좀처

럼 하지 않는다. 서로가 끝까지 밀어붙이니 교통사고가 나지 않을 수가 없다. 양보하고 나면 상대가 손을 흔들어 감사 인사로 답하고, 얼마나 즐거운 나들이가 될까? 남을 도와주는 일, 봉사에도 인색한 것이 우리이다. 이것은 남을 기쁘게 해주는 일이 자신에게 얼마나 큰 기쁨과 자부심을 준다는 걸 모르기 때문이다. 병실 환자가 확실히 좋아지는 때는 다른 환자를 도와주는 순간부터라고 한다. 때론 손해 볼 줄도 알아야 내 마음이 편하고 그게 언젠가는 큰 보상으로 내게 돌아온다.

10. 상대방의 입장에서 생각해본다. 정신건강을 위한 10가지 수칙 열 번째! "내가 약속을 어기면 사람이 그럴 수도 있는 거고, 남이 약속을 어기면 사람이 그럴 수가 없는 거고"라든지 "남이 하면 스캔들, 내가 하면 로맨스"라는 식으로 사람은 누구나 대인관계에서 자기중심적으로 생각하기 쉽다. 그러기에 서운한 생각도 들고 화가 치밀고 상대방이 밉기도 하고 때론 다툼으로 번질 수도 있다. 그러나 잠시 생각을 돌려 상대방의 입장에서 한번 생각해보자.

그러면 왜 그 사람이 그런 말을 했으며, 또 왜 그런 행동을 했을까 이해할 수 있게 된다. 내가 너무 내 생각만 했구나, 후회도 되고 상대를 용서할 수도 있게 된다. 분노가 화해로 바뀌어 편안한 기분이 된다. 때론, 먼저 사과할 수도 있다. 그런 당신을 상대방은 존경할 것이며, 신뢰가 쌓이면 둘은 참으로 좋은 사이가 될 수 있을 것이다. 우리모두 영적으로 정신적으로 건강하게 살아갑시다.

이 책을 통해 예수님이 땅끝까지 전파 되기를 소원합니다.
(출판으로 인한 이익금은 문서선교와 개척교회 선교에 사용합니다.)

정신질환 불치병이 아닙니다.

발 행 일 l 2023. 9. 06초판 1쇄 발행

지 은 이 l 강요셉

펴 낸 이 l 강무신

편집담당 l 강무신

디 자 인 l 강요셉

교정담당 l 강무신

펴 낸 곳 l 도서출판 성령

신고번호 l 제22-3134호(2007.5.25)

등록번호 l 114-90-70539

주   소 l 서울 서초구 방배천로 2길 53(방배동)

전   화 l 02)3474-0675/ 3472-0191

E-mail l kangms113@hanmail.net

유   통 l 하늘유통. 031)947-7777

ISBN l 978-89-97999-91-0 부가기호 l 03230

가   격 l 16,000원